Einheitsfarbe Ginstergelb

EDITION HENTRICH

EINHEITSFARBE GINSTERGELB

Die Postler in West und Ost als Praktiker der Einheit

Franz Schöll (Hrsg.)

Impressum

Reihe Deutsche Vergangenheit
Band 122

Herausgeber für die Deutsche Post AG:
Franz Schöll

Text, Recherchen, Konzeption:
Uli Schulte-Döinghaus

Redaktion:
Heinz-Hermann Herbers, Dr. Gert Schukies

Produktion:
Kommunikationskontor Dr. Hagemann
Gesellschaft für Public Relations und Event
Marketing mbH, Berlin

Gestaltung: Elke Friedmann

Lithos:
Jup Industrie- und Presseklischee, Berlin

Satz und Druck:
Druckhaus Hentrich GmbH, Berlin

Bindung:
Buchbinderei Heinz Stein, Berlin

ISBN 3-89468-184-5
1. Auflage 1995
Printed in Germany

Bildnachweis

ADN/Bundesarchiv: 49, 59, 60, 69, 70, 74
amw: 143
Archiv: 12, 13, 14, 23, 47, 74 (o.), 86, 87, 155, 156, 160, 161, 163, 165, 170
argus: 145
Biele: 32
Deutsche Post AG: 51, 53, 55, 57, 116, 151, 158, 164, 166, 167, 172, 173, 178, 179, 182, 188, 189, 190, 191, 192
dpa: 17, 78, 88, 90, 98, 105, 106, 121, 123, 130, 131, 133, 135, 183
Draeger: 31
Edition Hentrich: 14
Friedrich: 44
Geister: 39
Glaser: 30
Hesse: 147, 149
Lobbes: 43
Michel-Katalog: 29
privat: 34, 35, 92, 93, 115, 125
Weber: 33
Winkelmann: 80
Zenit (Gust): 122
Rehm: 154
Tagesspiegel: 23

INHALT

Geleitwort

Nach fünf Jahren deutscher Einheit legt die Post ein Buch vor, das die Geschichte der postalischen Vereinigung wiedergibt. Für viele von uns sind die bewegten Jahre zwischen dem Fall der Mauer und der Umwandlung des gemeinsamen Unternehmens zur Deutschen Post AG noch sehr präsent; Zehntausende haben an der Vereinigung der Post in Ost und West unmittelbar mitgearbeitet. Vor allem für die Kolleginnen und Kollegen in den neuen Bundesländern war dies mit einem gewaltigen Umdenkungs- und Anpassungsprozeß verbunden, den sie in kürzester Zeit, mit beherztem Engagement und bewundernswerter Kreativität gemeistert haben. Mit einem bemerkenswerten Erfolg, der sich heute in der Leistungsfähigkeit der Post im Brief-, Fracht- und Filialdienst widerspiegelt. Qualitätsunterschiede zwischen der Post in den alten und neuen Bundesländern sind seit geraumer Zeit dahin.

Vielen Postlern in den alten Bundesländern kommt das Verdienst zu, ihr Know-how mit Sensibilität und Tatkraft im Osten eingebracht zu haben, teilweise unter enormen Schwierigkeiten. Patenschaften und Partnerschaften zwischen Ämtern und Filialen machten den Anfang, und kurz nach der Wende entstanden viele Freundschaften unter Postlern zwischen Anklam und Freiburg, zwischen Zwickau und Emden. Fast 5000 Postler aus dem Westen ließen sich im Rahmen eines Managertausches zeitweise in die neuen Bundesländer versetzen, um der Post zu modernen, wettbewerbsfähigen Strukturen zu verhelfen. Nicht wenige haben ihren angestammten Arbeitsplatz im Westteil Deutschlands für immer mit einer interessanten Tätigkeit im Osten getauscht. Und umgekehrt.

Die Vereinigung der gelben Post muß natürlich vor dem Hintergrund der deutschen Einheit insgesamt gesehen werden – auch sie ist, alles in allem betrachtet, auf einem soliden Erfolgsweg, der sich nach fünf Jahren durchaus sehen lassen kann. Wir Postler standen freilich unter einem doppelten Erfolgsdruck: Es galt – einerseits – das Unternehmen in die Wettbewerbsfähigkeit zu führen, neue Brief-, Fracht- und Filialkonzepte in Gang zu bringen. Und – dies alles überlagernd – mußte die Post in den neuen Bundesländern unter erheblichen Schwierigkeiten an gemeinsame kundenorientierte und auch technische Standards herangeführt werden. „Schafft das die Post?" habe ich mich damals bisweilen gefragt. Sie hat's geschafft, den Postlern in Ost und West sei's gedankt.

Dr. Klaus Zumwinkel
Vorstandsvorsitzender der Deutschen Post AG

Vorwort

Der Zusammenschluß der Post in Ost und West bildet einen nicht unwichtigen Teilaspekt des Zusammenschlusses beider deutscher Staaten. Eine gemeinsame Post in Ost und West ist mittlerweile zur Selbstverständlichkeit geworden.
Fünf Jahre sind eine relativ kurze historische Vergangenheit. In dieser Zeit hat sich aber unsere Kenntnis und unser Wissen über zurückliegende Vorgänge durch Vergessen teils verdunkelt, teils durch besseres Verstehen der Zusammenhänge erweitert, und damit unsere Wertung. Das Buch „Einheitsfarbe Ginstergelb" ist ein lebensnah geschriebenes Dokument. Es hält fest, was Beteiligte und Betroffene nach fünf Jahren in Erinnerung behalten haben und wie sie die Ereignisse von damals heute sehen.
In den einzelnen Abschnitten werden Sachkenntnis, unterschiedliche Lebenswege in Ost und West sowie – in gewissen Grenzen – unterschiedliche Bewertungen des Geschehens deutlich. Der Herausgeber dankt allen, die zum Gelingen des Buches beigetragen haben. Zu danken ist in erster Linie den Damen und Herren, den Kolleginnen und Kollegen, die bereit waren, ihre Erlebnisse, Erkenntnisse und Erfahrungen mit einzubringen. Die meisten waren ja Akteure in diesem Spiel, und wenn das Sprichwort „Der Erfolg hat viele Väter (und Mütter)" im positiven Sinne zutrifft, dann für das gemeinsame Werk, das Gegenstand dieses Buches ist.

Franz Schöll
Ehem. Vorstandsmitglied
der Deutschen Bundespost POSTDIENST

Im Nachtpostamt, als die Mauer fiel

Als die Nachkriegszeit auf so überraschende Weise zu Ende ging, herrschte im Berliner Postamt 120 normaler Betrieb. Hier, vor den Schaltern im Bahnhof Zoo drängelte sich auch an diesem Abend im November 1989 zunächst noch die ortsübliche Kundschaft, die sich vielsprachig und wie immer ein wenig ungeduldig zu verständigen suchte. Einschreiben nach Senegal, Fax nach Hückelhoven, Eilbrief nach Südtirol, „Telefon? Zelle 3 wäre dann frei, bitte. Für Überweisungen auf ein neuseeländisches Konto bräuchte ich noch ein paar persönliche Angaben, Madam, please. Nein, für Zloty kann ich Ihnen keine Briefmarken verkaufen, tut mir leid."

Für die beiden Postler hinter dem Schalter, Bernd Kaufhold und Tom Kretschmann, war das alles natürlich nichts Ungewöhnliches: Die erfahrenen Männer taten seit vielen Jahren in diesem Postamt der größten Stadt Deutschlands Dienst, das damals noch traditionell rund um die Uhr geöffnet war. Und das war gut so, wie sich wenige Stunden später herausstellen sollte.

Die beiden Kollegen richteten sich aber zunächst auf eine eher ruhige Nachtschicht hinter den Glaswänden ein, die sie vom Publikum trennten. Beide waren Urberliner, langjährige Postbeamte in der Millionenstadt, und sie ließen auf ihr kleines Amt nichts kommen. Wechselschicht hin, Schlafstörungen her: Wo sonst konnte man in diesem unruhig-vibrierenden Berlin (West) das Leben so präzise studieren wie von diesem Mini-Postamt aus, in dem die Sozialräume an Schuhkartons erinnerten, zugegeben für Fußwerk mit Übergröße? Das alles mochte ein bißchen weniger komfortabel sein als irgendwo in einer schicken Münchener Schalterhalle, aber es hatte Weltläufigkeit und kreative Unruhe.

Nächtliche Postkunden sind ein Spiegelbild der Großstadt, die Personifizierung von Streß, Hektik, Krankheit, Verzweiflung, Einsamkeit – aber auch von Lebenslust, Weltläufigkeit und Liberalität. Berlin (West), Vorposten und Speerspitze der westlichen Welt, war seit geraumer Zeit wieder zum Dorado von Besuchern und Durchreisenden aus östlichen Nachbarländern geworden. Das kommunistische Polen beispielsweise hatte, auch unter dem Druck der Gewerkschaft Solidarnosc, die Ausreisebestimmungen für den Westen gelockert. Ungarn hatte wenige Wochen zuvor, am 10. September 1989 um 19 Uhr, die Grenzen zu Österreich geöffnet, und Tausende von DDR-Flüchtlingen, die wochenlang auf Ausreisemöglichkeiten gehofft hatten, wurden von lächelnden Zöllnern einfach durchgewunken.

Die Öffnung der ungarisch-österreichischen Grenzen löste prompt den „größten Exodus aus Ost-Deutschland seit dem Mauerbau"[1] aus.

Innerhalb von 24 Stunden gelangten 8000 Menschen aus Ostdeutschland in den Westen, die über die CSSR, Bulgarien und Rumänien angereist waren. Die DDR-Machthaber, die dabei waren, den 40. Jahrestag der Gründung ihres Staates zu inszenieren, reagierten auf den Exodus in klassischer Manier: Sie verboten ihren Bürgern Ungarn-Reisen. Das Land zwischen Elbe und Oder glich mehr und mehr einer Wagenburg, hinter der sich die Partei-Elite versteckte und ihr Volk als Geisel zwischen Mauer und Stacheldraht hielt.

In der Tschechoslowakei schickte sich derweil Vaclav Havel an, das alte Regime abzulösen. In der Sowjetunion war Michail Gorbatschow dabei, die Parolen von Glasnost und Perestroika politisch, so gut es ging, mit ein wenig Leben zu füllen. Nur ein paar hundert Kilometer weiter westlich, in der Deutschen Demokratischen Republik, schien im November 1989 äußerlich eher wenig für echte Veränderungen zu sprechen, die den Menschen und ihrer Sehnsucht nach Freiheit und Freizügigkeit hätten zugute kommen können.

1 Konrad H. Jarausch: Die unverhoffte Einheit, Frankfurt (Main) 1995, S. 30

Der massive und friedliche Druck, den die Bürger in Leipzig und anderswo Montag für Montag auf den Straßen ihrer Städte entfalteten, hatte noch keine unmittelbare Wirkung gezeigt – abgesehen davon, daß ein gewisser Egon Krenz die Stelle des abgesetzten Erich Honecker im Staats- und Parteiapparat einnahm.
Seit Wochen wanden sich die Politbürokraten, verhießen Reisegesetze, eine Vorlage fragwürdiger als die nächste, modulierten und verwarfen beständig die Aussicht auf echte Reisefreiheit, die allen Bürgern der DDR zugute kommen müßte. Selbst auf ihre Getreuen konnte sich die Führung nicht mehr verlassen, als es um echte Demokratie und (Reise-)Freiheit ging.

Die Rebellion zeigt Wirkung

Am 4. November forderten Hunderttausende (Ost-) Berliner, darunter zahlreiche SED-Mitglieder, auf dem Alexanderplatz in Berlin bürgerliche Freiheiten ein, und das parteifromme Fernsehen, die volksferne Volkskammer und der Jugendverband FDJ waren in punkto Reiseerlaubnis auf Distanz zur Polit-Bürokratie gegangen.
Krenz und Genossen ahnten wohl: Diese Maßnahme wäre der Anfang vom Ende ihrer Ära gewesen. Also zögerten und lavierten sie, schienen dem Druck der Bürger und dem Drängen der Nachbarn beharrlich zu widerstehen.
Die Aufbruchs- und Auflösungserscheinungen der kommunistischen Hemisphäre spiegelten sich seit geraumer Zeit auch in der Zusammensetzung der Kundschaft wider, die sich im Schalterbereich des Postamts drängelte. Zu ihrer Stammkundschaft, notorische Berliner Nachtschwärmer, vereinzelte DDR-Rentner mit Ausreiseerlaubnis, durchreisende Interrail-Youngsters, Studenten, die ihre Examensarbeit rechtzeitig einreichen wollten, kamerabewehrte Japaner und aufgedrehte USA-Touristen, hatten sich in letzter Zeit auch polnische, ungarische, tschechische, slowakische und vereinzelt russische Bürger gesellt, ratlos zumeist und radebrechend.
Rasch hatten sich die Postler vom Bahnhof Zoo auf diese neue Klientel eingestellt – der Zoo war und ist der Sammelplatz vieler Nationen, und das Postamt dort sorgt für die notwendige Verbindung nach draußen. Ende der achtziger Jahre im Bahnhof Zoo zu arbeiten bedeutet: Mit Überraschungen ist stets zu rechnen. Nichts ist so, wie es vor drei Minuten noch zu sein schien.
Erwachsene Amerikaner wissen noch genau, wie und wo sie von der Ermordung ihres Präsidenten John F. Kennedy erfuhren. Ein ähnlich einschneidendes Datum, das Leben und Denken vieler Menschen hierzulande verändert hat, ist der 9. November 1989. Jeder Berliner, wenn nicht gar jeder Deutsche, erinnert sich heute an den Abend dieses Tages, als sich Mauer und Stacheldraht öffneten.
Die Ouvertüre begann mit einem eher banalen Papier-Geraschel, dem eine verklausulierte Erklärung von Günther Schabowski (SED) folgte, als Chef der Abteilung Agitation und Propaganda im Politbüro der SED gleichzeitig Sprecher des zerbröselnden Politapparates unter Egon Krenz. Unter dem Druck der Bürger, der sich in 387 178 abgelehnten Ausreiseanträgen und 160 785 noch zu bearbeitenden Gesuchen niederschlug, hatte das Zentralkomitee (ZK) der SED eine Lösung ausgearbeitet, die zuvor hastig mit den Ministerien für Staatssicherheit und Justiz abgestimmt war und über die auch Moskau in Kenntnis gesetzt wurde.
„Es ist die einzige Lösung“, so Egon Krenz am Tag darauf, „die uns die Probleme erspart, alles über die Drittstaaten zu machen.“

Kernsatz der „Lösung“: „Privatreisen nach dem Ausland können ohne Vorliegen von Voraussetzungen (Reiseanlässe und Verwandtschaftsverhältnisse) beantragt werden. Die Genehmigungen werden kurzfristig erteilt.“ Visa zur ständigen Ausreise sollten unverzüglich und ohne noch geltende Voraussetzungen erteilt werden können.

Nachdem Schabowski diesen Beschluß eher einer zunächst ratlosen Journalistenschar verkündet und ausdrücklich Berlin (Ost) in den Beschluß einbezogen hatte, und nachdem das Fernsehen die Pressekonferenz live übertragen hatte, wagten sich Ostberliner Bürger bis vor die Mauer und begehrten, unter Berufung auf den Beschluß, Durchlaß. Der wurde ihnen gewährt, und eine historische Nacht nahm ihren Lauf, der die Beteiligten, trabbiklopfend und sektschlürfend, ein treffliches Motto gaben: „Wahnsinn!“

Eines der ersten Ziele der Ostberliner, die von ihrer neuen Freiheit in dieser Nacht Gebrauch machten, war der Westberliner Kurfürstendamm, in dessen unmittelbarer Nähe der Bahnhof Zoo liegt, bis dahin das Westberliner Tor zur Welt, jedenfalls auf Schienen. Es dauerte nicht lange, bis die ersten Ostberliner „Spaziergänger“ zum dortigen Postamt fanden, um telefonieren, telegrafieren, Eilbriefe aufgeben zu können. Clevere oder geschichtsträchtige, in jedem Fall aufgeregte Kunden baten um Tagesstempel mit dem historischen Datum. Erfolgreiche Philatelisten wissen die Gunst der Geschichtsstunde zu nutzen – immer und überall.

Via Radionachrichten und „Buschfunk“ hatte auch die Besatzung des Postamts im Bahnhof Zoo an diesem Abend von der Maueröffnung Wind bekommen, und die beiden Nachtdienstler reagierten ebenso aufgedreht wie der Rest ihrer 4 Millionen Mitbürger. Daß dies für sie eine arbeitsreiche Nacht wurde, verstärkte ihre Euphorie nur noch: „Ich dachte immer nur: Es ist was los, und ich bin dabei“, erinnert sich einer der beiden heute.

Hunderte von Ostberlinern belagerten, diszipliniert und geduldig, wie sie es in langjährigem Schlangestehen nach „Waren des täglichen Bedarfs“ gelernt hatten, die wenigen Telefone des kleinen Amtes, um Freunde und Verwandte anrufen zu können. Wer keine Münzen hatte, bekam von irgendwem welche in die Hand gedrückt, und irgendwie kam man zurecht. Das beherrschende Gefühl jener Nacht, im Bahnhof Zoo wie anderswo: Grenzenlose Euphorie. Es schien, als ob die Stadt in einer Nacht alles nachholen wollte, was sie seit Jahrzehnten versäumt hatte.[2]

2 **Jarausch: Die unverhoffte Einheit, S. 44**

Schlangesteh'n fürs Begrüßungsgeld

Am Morgen danach mischten sich die praktisch veranlagten DDR-Bewohner unter die unentwegt Jubelnden: Vor Banken und Sparkassen bildeten sich Trauben und Schlangen von Menschen, die um ihr sogenanntes Begrüßungsgeld in Höhe von 100 D-Mark anstanden, das jedem Ostdeutschen zustand. Manche verjuxten ihre harte DM sofort – sei es für Schokolade, billige Elektronik oder im Wunderland der Sex-Shops. Andere beließen es beim Staunen und Schauen in der faszinierenden Warenwelt der kapitalistischen Hochburg Berlin (West) und sparten eisern ihre paar D-Mark.

Die Kapazität der Banken und Sparkassen, sei es in Berlin (West) oder in den grenznahen Städten und Dörfern der Bundesrepublik, reichte allein bald nicht mehr aus, um dem Andrang der Begrüßungsgeld-Empfänger Herr zu werden. Rasch wurden auch

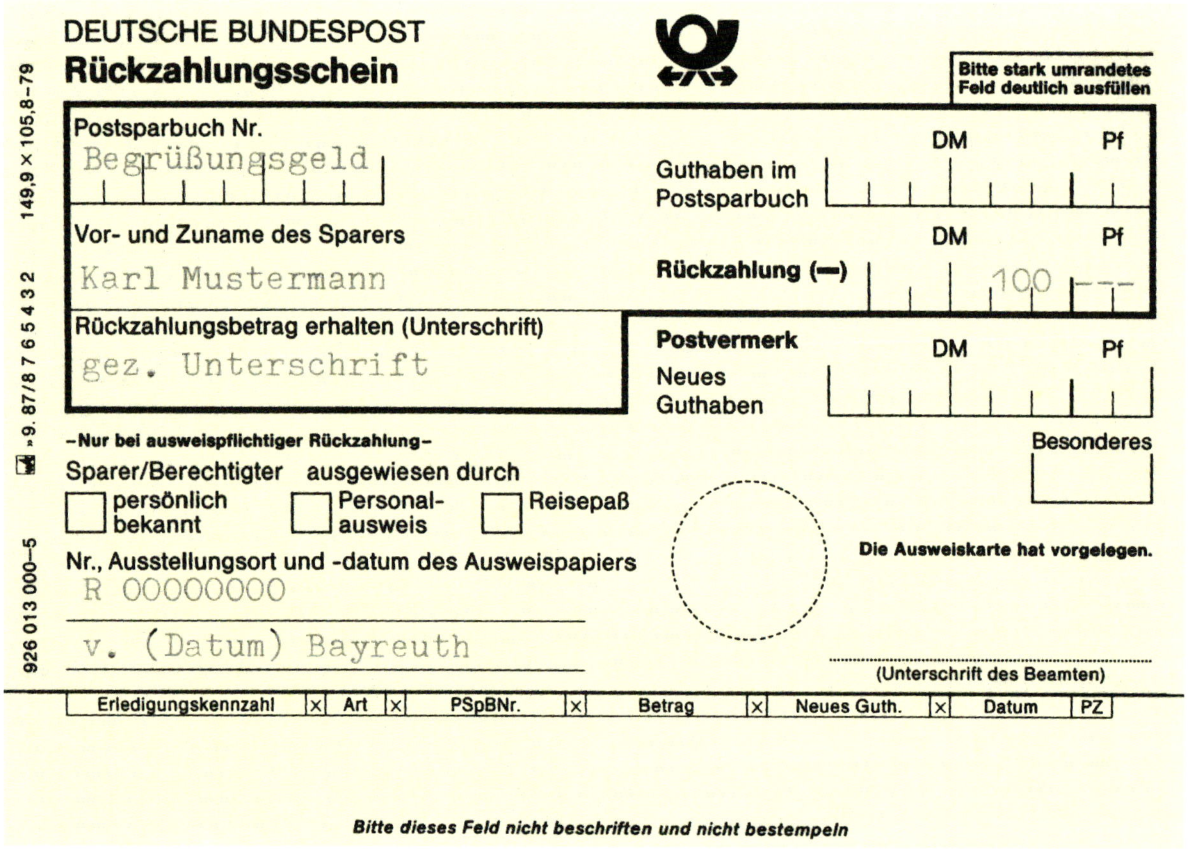

DEUTSCHE BUNDESPOST
Rückzahlungsschein

Bitte stark umrandetes Feld deutlich ausfüllen

Postsparbuch Nr.: Begrüßungsgeld

Guthaben im Postsparbuch — DM — Pf

Vor- und Zuname des Sparers: Karl Mustermann

Rückzahlung (—) — DM — Pf: 100 ,--

Rückzahlungsbetrag erhalten (Unterschrift): gez. Unterschrift

Postvermerk

Neues Guthaben — DM — Pf

-Nur bei ausweispflichtiger Rückzahlung-

Sparer/Berechtigter ausgewiesen durch

☐ persönlich bekannt ☐ Personalausweis ☐ Reisepaß

Nr., Ausstellungsort und -datum des Ausweispapiers

R 00000000

v. (Datum) Bayreuth

Besonderes

Die Ausweiskarte hat vorgelegen.

(Unterschrift des Beamten)

Erledigungskennzahl	x	Art	x	PSpBNr.	x	Betrag	x	Neues Guth.	x	Datum	PZ

Bitte dieses Feld nicht beschriften und nicht bestempeln

926 013 000–5 „9. 87/8 7 6 5 4 3 2 149,9 × 105,8–79

Postämter in diesen Geldtransfer einbezogen, und auf die beteiligten Postler kamen aufregende, bisweilen aufreibende Bewährungsproben zu. Bis Ende Dezember 1989 wurden insgesamt 436,2 Mio. Bargeldhilfen (Begrüßungsgeld) durch die Postämter an Besucher der DDR und Berlin (Ost) ausgezahlt (Geschäftsbericht der Deutschen Bundespost 1989, S. 50).
Überstunden waren an der Tagesordnung, Dauerstreß ersetzte Pausenregelungen. Manche Postler entdeckten an sich selbst Eigenschaften, die bis dahin im Verborgenen geschlummert hatten: Bürokratieferne und Improvisationstalent. Viele ahnten, daß diese Talente in den nächsten Monaten und Jahren noch häufiger gebraucht würden.

DEUTSCHE BUNDESPOST

Auszahlungsschein

Begrüßungsgeld für DDR-Bürger

Karl Mustermann

Vor- und Zuname

gez. Unterschrift

Betrag erhalten

Betrag:
100,— DM

Personalausweis-Nr. R 00000000

Paß-Nr.

Ausstellungsort Bayreuth

Datum der Ausstellung v. (Datum)

(Unterschrift des Beamten)

909 800 126-8 11.89 OPD Nürnberg

Besonders in „grenz"-nahen Postämtern standen DDR-Bürger, die ihre eben erst gewonnene Freiheit genießen wollten, nach dem „Begrüßungsgeld" an, auf das jeder Bürger, ob groß oder klein, Anspruch hatte. Für die Postler waren Überstunden im Hochbetrieb angesagt – kein Problem.

Deutsche Post und Bundespost

Die Post nimmt die Arbeit wieder auf.

Das Postamt in der Möckernstraße in Berlin-Kreuzberg im Jahre 1946.

Die Wurzeln der Teilung

Als der Krieg zu Ende war, lagen die Postverwaltungen in ganz Deutschland ebenso darnieder wie das gesamte öffentliche Leben. „Unconditional surrender": Die Siegermächte bestanden auf einer bedingungslosen Kapitulation, und dazu gehörte es auch, daß in den ersten Wochen und Monaten nach Kriegsende der Post- und Fernmeldeverkehr völlig lahmgelegt blieben. In Krisen- und Kriegszeiten streben die Machthaber immer zunächst die Herrschaft über die öffentlichen Kommunikationsmittel an, seien es postalische Verbindungen, Fernmelde- oder Rundfunknetze.

Millionen von Menschen waren auf der Flucht oder aus ihrer Heimat vertrieben worden. Familien wurden getrennt und suchten verzweifelt nach Möglichkeiten der Kontaktaufnahme.

Die strikten Kommunikationssperren der Alliierten verstärkten aber auch die Ratlosigkeit der Deutschen, die auf Nachricht über den Verbleib ihrer Familien warteten, deren Männer und Söhne, wenn sie Glück gehabt hatten, irgendwo auf europäischen Kriegsschauplätzen in Gefangenschaft geraten waren. Praktisch alle Angehörigen der Streitkräfte des Dritten Reiches befanden sich bei Ende des Krieges in Gefangenschaft, „eine in der Geschichte der europäischen Staaten höchst ungewöhnliche Situation".[3]

Die wichtigsten Einrichtungen der Reichspost, die sich zumeist in unmittelbarer Nähe bombardierter Bahnhöfe befanden, waren restlos zerstört, Verkehrswege unterbrochen. Die Beförderungsfahrzeuge der Post, Lastwagen und Bahnpostwagen, konnten nicht genutzt werden. Der Krieg hatte die deutsche Post, übrigens an ihrer Spitze eine verläßliche Stütze im nationalsozialistischen Herrschaftsapparat[4], verwüstet und führungslos zurückgelassen.

3 Weidenfeld/Zimmermann (Hrsg.): Deutschland-Handbuch, Bundeszentrale für Politische Bildung, Bonn 1989, S. 36

4 Gerd R. Ueberschär: Die Deutsche Reichspost im Zweiten Weltkrieg, in: Wolfgang Lotz (Hrsg.), Deutsche Postgeschichte, Nicolaische Verlagsbuchhandlung, Berlin 1989, S. 289 ff.

Postsysteme: Spiegelbild der Besatzungspolitik

Eher zögerlich lockerten die alliierten Besatzungsmächte die postalischen Restriktionen im Verlauf des Herbstes 1945, in der Regel wurden zuerst Postkarten, dann Briefe, danach die übrigen Briefsendungen zugelassen.[5] Ende Oktober 1945 gab es Briefpostverbindungen zwischen allen Besatzungszonen und Berlin. Der Paket- und Päckchenverkehr freilich wurde erst viel später freigegeben, in der sowjetischen Besatzungszone erst im Frühjahr 1946. Dort fiel die letzte Beschränkung im Päckchen- und Paketversand erst im Laufe des Jahres 1948.

Die unterschiedliche Zulassung im Postverkehr der Besatzungsmächte widerspiegelt ein wenig auch die allmählich auseinanderdriftenden Wege, die Deutschland unter der Verwaltung der westlichen Alliierten einerseits und unter dem Regime der Sowjets andererseits nahm.

Die Teilung Deutschlands in Besatzungszonen bzw. Sektoren (Berlin) war bei Konferenzen der Alliierten in Teheran und Jalta vorbereitet und in Potsdam im Sommer 1945 besiegelt worden. Von einer Zerstükkelung Deutschlands war aber nicht die Rede. Als Klammer für Gesamtdeutschland sollte der alliierte Kontrollrat seine Entscheidung bezüglich Deutschland einstimmig treffen. Dazu kam es aber nicht. Schon der formelle Kapitulationsakt – die Rote Armee bestand auf Berlin-Karlshorst, die Amerikaner ließen in Reims unterzeichnen – ließ auf Dissens unter den Siegermächten schließen. Die Teilung der Welt gewann Konturen, der kalte Krieg nahm seinen Lauf, Ost- und Westdeutschland entwickelten sich politisch und gesellschaftlich, mehr gezwungenermaßen als freiwillig auseinander.

Das bekamen auch die Postverwaltungen zu spüren, die Beamten und Mitarbeiter in den Ämtern und – nicht zuletzt – ihre Kunden. Die Post und ihre Dienstleistungsstrukturen reflektierten schon bald, je nach Standort, die unterschiedlichen Systeme, in denen sie aufgebaut wurden: Im Osten dienten sie vornehmlich als Verteil-, Transport-, Verkaufs- und Zustellorganisation für politisch-ideologische Botschaften, die unters Volk gebracht werden mußten (wenig funktionierte so perfekt wie der Vertrieb der dem Regime genehmen Zeitungen und Zeitschriften). Die permanente Mangelsituation führte zu einem Verschleiß der vom Krieg verschonten und der Demontage nicht anheimgefallenen Einrichtungen sowie zu völlig unzureichenden Ersatzinvestitionen. Geld für Neuinvestitionen gab es allenfalls für Prestigeobjekte. Um so mehr verdienen die Leistungen der Postbediensteten Anerkennung, die mit begrenzten Mitteln und organisatorischem Geschick (Aufbau eines modernen Systems von Postleitzahlen) ein systemadäquates Leistungsniveau aufrechterhalten und ohne Rückgriffsmöglichkeiten auf das Know-how des Westens auch technische Fortschritte (Briefverteilmaschinen) erzielen konnten.

Wirtschaftswunder in Gelb

In den Westzonen wurde das Kommunikationsinstrument Post bald zu einem der wichtigsten Motoren des „Wirtschaftswunders“, beide ergänzten und bedingten sich gegenseitig. „So hat vor allem die ständige Zunahme des Sendungsaufkommens dazu geführt, daß der Post das Tempo und das Ausmaß ihrer betrieblichen Expansion weitgehend aufgezwungen, zugleich allerdings auch die Grundlage für die Entwicklung rationeller, am Massenverkehr orientierter Betriebsverfahren geschaffen wurde.“[6] Stolz konstatieren die Autoren der offiziellen Geschichte ihrer Deutschen Bundespost (DBP), „gerade durch die

5 Steinmetz/Elias: Geschichte der Deutschen Post, Bd. 4 1945–78, Bundesmin. Post und Fernmeldewesen, Bonn 1979, S. 146

6 ebenda, S. 144

konsequente Steigerung ihres Leistungsstandes einen wesentlichen Beitrag zu der für die Wirtschaft lebenswichtigen Infrastruktur geliefert zu haben". Freilich hatten die Postler mit den meisten ihrer Mitbürger in „Trizonesien", wie Kabarettisten ulkten, das Glück, unter amerikanische, britische oder französische Herrschaft gekommen zu sein.

Zwar orientierte sich auch die Besatzungspolitik der Westmächte zunächst an den im Potsdamer Abkommen im Abschnitt „Reparationen aus Deutschland" enthaltenen Beschlüssen (Begrenzung der industriellen Produktion auf 50 % des Standes von 1938, Desindustrialisierung, Produktionsverbote, Beschlagnahme von Patenten, Ersteigerung des deutschen Auslandsvermögens). Die im Zeitablauf immer deutlicher zutage tretenden ideologischen Meinungsverschiedenheiten sowie Interessengegensätze zwischen den Besatzungsmächten ließen es den Westmächten etwa ab Mitte 1947 opportun erscheinen, in ihren Besatzungszonen ein wirtschaftlich und politisch stabiles Staatengebilde als Bollwerk gegen den kommunistischen Osten zu schaffen.

Die Sowjets hatten zunächst versucht, mit einem Programm, das die deutsche Einheit in den Vordergrund stellte, und über den Hebel „Viermächteverantwortung für ganz Deutschland", die durch den alliierten Kontrollrat wahrgenommen werden sollte, Einfluß auch auf Westdeutschland zu nehmen. Mit der Währungsreform vom Juni 1948 wurde zwischen den westlichen Besatzungszonen und der Sowjetzone eine ökonomische Grenze gezogen, die 1949 mit der Gründung der BRD auch politisch wirksam wurde. Die Sowjets hatten vorher vergeblich versucht, diese Entwicklung durch die Blockade Westberlins zu verhindern. Schon in den Jahren vorher waren sie zielstrebig darangegangen, das marxistisch-leninistische System in ihrer Besatzungszone einzuführen: Entsprechende politische Organe wurden aufgebaut, Unternehmen und Grund und Boden enteignet, die Einheitsschule sowie Arbeiter-und-Bauern-Fakultäten eingeführt. Die Entwicklung mündete ein in die Gründung der DDR im Oktober 1949. Zusammenfassend läßt sich sagen, daß die Interdependenz von Wirtschafts- und Gesellschaftsordnung zwangsläufig eine Integration der Post in Ost und West in die jeweilige wirtschaftliche, politische und gesellschaftliche Ordnung des Staates zur Folge hatte.

Mit Beginn der fünfziger Jahre spürten die Bürger Westdeutschlands allmählich den Lohn ihrer Mühen, merkten bald auch im eigenen Portemonnaie, wie sich die Aufbauarbeit der ersten Nachkriegsjahre auszahlte. Schnell war auch die Post wieder abgegangen, ein Erfolg, „der zu einem wesentlichen Teil der persönlichen Initiative und Einsatzbereitschaft des Personals zu verdanken war".[7]

In der Arbeit am Aufschwung (West) verlor das allgemeine Bewußtsein für die Nation Deutschland an Schwungkraft. Adenauers Politik der deutsch-französischen Versöhnung, der westeuropäischen Integration und der Wiederbewaffnung der Bundeswehr fand in den 50er Jahren eindrucksvolle und klare Mehrheiten unter den Bundesbürgern.

Die dauerhafte Teilung Deutschlands, ein Schreckgespenst, vor dem vor allem Sozialdemokraten wie Kurt Schumacher und (später) Gustav Heinemann warnten, machte den Westdeutschen weniger zu schaffen als die Sorge, etwa als neutraler Staat zum Spielball der Mächtigen in Mitteleuropa zu werden oder den Anschluß an die wirtschaftliche Entwicklung des Westens zu verpassen. Europa, nicht Deutschland, war das Thema der Zeit.

Eher pflichtschuldig und mit pathetischem Gestus gedachte man regelmäßig der „Brüder und Schwestern in der Sowjetzone", die freilich auf tatkräftige Unterstützung durch Freunde und Verwandte ange-

7 Steinmetz/Elias, S. 146

wiesen waren – vornehmlich mit Hilfe der Post. Keine Litfaßsäule der 50er Jahre, auf der nicht an die „Gesamtdeutsche Brücke" erinnert wurde, auf der nicht gemahnt wurde: „Oft schicken, viel schreiben, beisammen bleiben".[8] Die Bundesbürger unterstützten ihre Freunde und Verwandten drüben nach Kräften.

Der Ruf nach Wiedervereinigung gehörte zwar lange Zeit, bis weit in die 60er Jahre hinein, zum ideologischen Grundbestand der Bonner Republik , „freilich nur im Deklamatorischen. Die Bürger des Weststaats waren von Anfang an mit ihrer Republik (...) zufrieden."[9]

8 Nikolaus Jungwirth, Gerhard Kromschröder: Die Pubertät der Republik, rororo, Reinbek 1983, S. 83

9 Wolfgang Benz: Die Entstehung der Bundesrepublik Deutschland, Fischer Taschenbuch, Frankfurt (Main) 1983, S. 33

Nicht nur zur Weihnachtszeit schickten Bundesbürger ihren Freunden und Verwandten in der „Sowjetzone" Geschenkpakete, deren Inhalt oft aus Lebensmitteln und Gebrauchsartikeln bestand, die in den 50er und 60er Jahren im Ostteil knapp waren. Nicht selten wurde der Brief-, Päckchen- und Paketverkehr aus politischen Gründen behindert, wenn der kalte Krieg zwischen Ost und West gerade mal wieder einem Höhepunkt zustrebte.

Als Ulbricht die Mauer bauen ließ, war Franz Schöll, später Vorstandsmitglied in der Generaldirektion, Amtsvorsteher der Post in Schwäbisch Gmünd.
Unter Postlern gilt, etwas romantisierend vielleicht, der Posten eines Amtsvorstehers (wie er bis 1994 hieß) als mindestens vorläufiger Höhepunkt einer gelben Karriere – „man hat als Amtsvorsteher ein verhältnismäßig freies Aufgabenfeld zur Gestaltung gehabt, vor allem in der Personalführung und im Personaleinsatz" (Schöll).
Der gelernte Diplomvolkswirt – damals beinahe ein Exot unter den Postlern des höheren Dienstes, die fast durchweg vom unausgesprochenen „Juristenmonopol" des wiederbelebten Berufsbeamtentums profitierten – hielt als Amtschef nicht nur Kontakt zu Behörden und benachbarten Bürokratien, sondern beharrlich und frühzeitig zur Industrie der Region in und rund um Schwäbisch Gmünd, zu den Großkunden der Schmuck- und Uhrenindustrie, zu den Produktionsstätten der Pharma-Industrie, zur Zahnradfabrik Friedrichshafen, zu Glasbläsereien und zur Triumph-Miederfabrik in Heubach.
„Kundenfreundlichkeit haben wir Postler auch in den fünfziger und sechziger Jahren praktiziert. Wir haben diese Selbstverständlichkeit nur zu wenig in der Öffentlichkeit verkauft." Als der Amtsvorsteher, der aus München über Speyer und Stuttgart nach Schwäbisch Gmünd gekommen war, 1962 nach Bonn, ins damalige Ministerium für Post- und Fernmeldewesen berufen wurde, waren rund 360 000 Postler bei der Deutschen Bundespost beschäftigt, 100 000 mehr als noch zehn Jahre zuvor.
Die Post mußte immer stärkere Personalkosten tragen – und teilte damit das Schicksal aller Dienstleistungsfirmen und -behörden, die wesentlich auf Fleiß und Qualifikation ihrer Mitarbeiter angewiesen sind. Die Möglichkeiten, dem Kostendruck durch Rationalisierung zu begegnen, sind in service-orientierten Einrichtungen notgedrungen begrenzt – man muß sich strukturell etwas einfallen lassen, um die betrieblichen Abläufe zu straffen.

Modernisierungsschübe in Technik und Logistik

Unterdessen hatten die Zentralisierung des Verteildienstes, der Aufbau eines innerdeutschen Nachtluftpostnetzes oder die Automatisierung des Briefverteilgeschäftes das traditionelle Bild des Postbeförderungsdienstes stark verändert.
1954 deutete sich an, daß die bis dahin praktizierte Form der Briefsortierung nicht länger haltbar war. Bis dahin war der Abgangsdienst weitgehend auf die Einlieferungspostanstalten dezentralisiert – diese hatten grundsätzlich die bei ihnen aufkommenden Sendungen selbst zu bearbeiten und Bunde und Beutel der Bahnpost zuzuführen.
Einer zeitgenössischen Statistik zufolge gab es vor Beginn der Zentralisierungsmaßnahmen im Westen mindestens 3600 Ämter und Amtsstellen, die die Funktion einer Briefabgabestelle wahrzunehmen hatten. Diese Atomisierung des Briefabganges hielt mit dem sprunghaften Anwachsen des Verkehrsaufkommens – ein eigentlich willkommener Begleiter des Wirtschaftswunders – nicht mehr Schritt, der Bahnpostdienst war bald heillos überlastet, weil ihm von Tausenden von Absendestellen Versande zugingen, die oft im Zug fein zu verteilen waren.
1970, 16 Jahre nachdem die Verfügung mit der typischen Behördenbezeichnung BPM-Vfg I a B 4 2461-0 in Kraft getreten war, war die Zahl der Briefabgangsstellen in der Bundesrepublik auf erträgliche 350 zusammengeschmolzen; weitere 25 Jahre später, mit Inkrafttreten des Briefkonzepts 2000 der Deutschen Post AG, kommt die gelbe Post – im vereinten

Deutschland! – mit 37 Briefzentren aus, in denen täglich 52 Millionen Sendungen verarbeitet werden.
Die Zentralisierung der Brieflogistik – die die Zahl der Briefabgangsstellen im Laufe von 40 Jahren um ein Tausendfaches reduzierte – gilt unter Posthistorikern als Erfolgsstory: „Die betrieblichen und wirtschaftlichen Vorteile, die man sich von der Zentralisierung versprochen hatte, sind in vollem Umfang eingetreten", frohlockten Ende der siebziger Jahre hohe Postmanager. Nichts ist so erfolgreich wie der Erfolg, und deshalb knüpft die Post gerne an die eigenen Erfolgsstorys an.
Zu Beginn der fünfziger Jahre ergaben sich im Paketdienst häufig kaum noch vertretbare Paketlaufzeiten, unter anderem wegen eines komplizierten zweispurigen Verfahrens, das die Frachtstücke entweder in (schnellen, aber kostspieligen) begleiteten Bahnposten bearbeitete oder im langsamen Rhythmus, den der Umschlag zwischen ortsfesten Paketumschlagsstellen (Pakum) und Schienen-Sackwagen bedingte.

Die Post geht auf der Straße ab

Über den Weg entschied bisweilen der pure Zufall. Bald aber bestätigten sich Befürchtungen, andere Wettbewerber könnten günstiger und teilweise auch besser anbieten: „Man fürchtete, daß ein allzu schlechter Leistungsstand im Postpaketdienst einen Einbruch privater Konkurrenten in den Verkehrsanteil der Post erleichtern und somit, da die Gefahr von Verkehrsverlusten gerade die lukrativen Relationen betrifft, die Ertragslage im Paketdienst ungünstig beeinflussen werde."[10]
Mehr und mehr verlagerte die Bundespost ihren Paketdienst auch auf die Straße, die zunächst nur als Notlösung bei Engpässen im Eisenbahntransport gedacht war.
Es stellte sich auch heraus, daß der Haus-Haus-Verkehr die Postbeförderung im Zubringer-, Nah- und Endverkehr beschleunigte, er verringerte auch den Personal- und Sachaufwand erheblich und verbesserte die Arbeitsbedingungen für das Personal. Die Umstellung auf die Straße kam natürlich auch der Postversorgung des „flachen Landes" zugute, das teilweise nach Kriegsende einen sprunghaften Anstieg an Briefen, Päckchen und Paketen verbuchte, weil Vertriebene, Ausgebombte und Evakuierte sich auf Dauer dort niedergelassen hatten.
Der Postverkehr breitete sich allmählich aus den klassischen Industriezentren der Vorkriegsjahre in die Provinz aus – und die Post hatte dem angemessen zu begegnen. Spiegelbildlich zur allgemeinen Motorisierung der Bundesbürger begab sich auch die Post – mehr und mehr zu Lasten der unflexiblen Schiene – auf die Straße. Überlandposten machten den Bahnposten zunehmend innerpostalische Konkurrenz.
Themen wie Umweltverträglichkeit spielten im Aufbaufieber der fünfziger und sechziger Jahre keine Rolle – Schnelligkeit und Wettbewerbsfähigkeit prägten die Anforderungen, die das Publikum an den Paketdienst der Post richtete.

Die endliche Geschichte der Rohrpost

„Unter der Erde" kam die Post ins Stocken, gab bald vollständig ihre Bemühungen auf – jedenfalls im Westen, im Bereich der Deutschen Bundespost. Eine der abenteuerlichsten Episoden in der deutschen Postgeschichte ging Ende der sechziger Jahre zu Ende, als in Berlin und Hamburg Probebetriebe für neue Rohrpostsysteme eingestellt wurden. Mit Hilfe dieser Großrohrposten, nach dem Vorbild der Rohrpost der Vorkriegszeit entwickelt, hatte man zunächst

10 Wolfgang Benz: Die Entstehung der Bundesrepublik Deutschland, Fischer Taschenbuch, Frankfurt (Main) 1983, S. 33

gehofft, ungehindert und unabhängig von dem immer dichter werden Straßenverkehr, dringende Briefpost, Luftpost und kleine Päckchen rasch und zeitgerecht zu den Abgangs- beziehungsweise Zustellämtern befördern zu können.
Die Hoffnung trog, die Rohrpost erwies sich als unwirtschaftlich und außerordentlich reparaturanfällig.
Dafür war die Zeit seit 1952 der Beginn einer beispielhaften Karriere durch die Luft – die Luftpost setzte zum Steigflug an. Anfang der fünfziger Jahre fielen alle Beschränkungen der Alliierten für den Luftpostbriefverkehr, und im Herbst 1961 wurde ein inner(west)deutsches Nachtluftpostnetz für den Transport von Briefsendungen eingerichtet. Verkehrsträger war die Deutsche Lufthansa.

Startbahn frei fürs NLPN

Da die Kranich-Linie Berlin (West) nicht anfliegen durfte – dem standen alliierte Vorbehaltsrechte entgegen, die die Wirtschaftstätigkeit der Linien Air France, BEA, PanAm nachhaltig stärkten –, wurde die Stadt per Frachtflug der Pan American World Airways mit dem Nachtluftpostnetz innerhalb Deutschlands verbunden.
Auf diese Weise war Berlin auch in den internationalen Luftpostverkehr integriert, in den die Bundesrepublik Deutschland seit 1948 (Briefdienst) bzw. 1951 (Paketdienst) wieder eingebunden war. Die zunehmende internationale Verflechtung der jungen Bundesrepublik fand auch im schnellen Anwachsen des weltweiten Postverkehrs, dessen Drehscheibe bald der Frankfurter Flughafen wurde, ihre Entsprechung. Die Post sorgte zu Lande, zu Schiene, zu Luft und weiterhin auch zu Wasser dafür, daß die Kommunikationswege zwischen der Bundesrepublik und dem „Rest der Welt“ stabil blieben und sich ausbauten.

Der stete Zwang, die Kosten in Grenzen zu halten, aber auch die Mitarbeiter von schweren körperlichen Arbeiten zu entlasten, beförderte bald nach Ende des Krieges Mechanisierungs- und Automatisierungsprozesse im Betriebsdienst der Deutschen Bundespost.
Den organisatorischen Hintergrund dafür lieferte seit 1949 das Posttechnische Zentralamt (PTZ) in Darmstadt. Am augenfälligsten bot sich die Technisierung des Betriebsdienstes am Beispiel mechanischer, später halb- und vollautomatischer Briefverteilanlagen dar, die teilweise noch lange in den großen Briefumschlagzentren der Bundesrepublik in Betrieb waren. Anläßlich der Verkehrsausstellung 1953 in München konnten Besucher erstmals eine neuartige mechanische Briefverteilanlage bestaunen, die die Wegeleistungen von der Stempelmaschine, den Verteilplätzen der einzelnen Verteilgänge zu den Abbindestellen ebenso mechanisierte wie den Transport der Briefbunde zu den Versackstellen.

Das Zeitalter der Automation

„Wir sind wieder wer“, dieses selbstbewußte Motto der westdeutschen Wunderländler schien auch für die gute, alte gelbe Post zu gelten, deren logistische und technische Leistungsfähigkeit der der westdeutschen Industriegesellschaft in nichts nachstehen sollte.
Auch im Paket- und Päckchengeschäft wurden in den sechziger und siebziger Jahren zunehmend automatische Verteilverfahren eingesetzt. Als erstes Umschlagzentrum wurde das Postamt München 3 mit neuer Fördertechnik ausgewählt, in die die Post bereits vor 25 Jahren 20 Millionen Mark investierte.
Auch die Post wirkte in dieser Zeit tatkräftig daran mit, daß die Bundesrepublik schließlich zur zweitwichtigsten Exportnation der Welt wurde, deren Ma-

schinen- und Anlagenbau besonders begehrt war. Stolz bilanzieren die Geschichtsschreiber der Post 1979: „Eine Reihe von Maschinen, die von der deutschen Industrie in enger Zusammenarbeit mit der DBP entwickelt und erprobt worden sind, haben heute ihren Platz in mehreren Ländern Europas und in Übersee."[11]

Die Bemühungen, Menschenkraft im Brief- und Paketbetrieb einzusparen und zu schonen, immer schnellere Umschlaggeschwindigkeiten zu gewährleisten, um die Sendungsmengen immer zeitiger zustellen zu können – diese Bemühungen fanden ihre Entsprechung auch in der Verwaltung. „Die Deutsche Bundespost", erinnert sich Franz Schöll, „war Ende der sechziger, Anfang der siebziger Jahre größter Anwender von Datenverarbeitungsanlagen. Jedenfalls haben wir darauf immer in unseren Geschäftsberichten hingewiesen."

Die Aufbauphase der Nachkriegspost im Westen war mit Einführung der vierstelligen Postleitzahlen abgeschlossen, eine Organisation war entstanden, die auf bewährten Strukturen aufbaute.

Behördenpost? Bürgerpost?

„Der neugeformte Organismus hatte bald einen Leistungsstand erreicht, der an die besten Traditionen der früheren Deutschen Reichspost anknüpfte und auch nach internationalen Maßstäben einen führenden Rang beanspruchen konnte. Dabei wurde nicht nur die Betriebsgüte – namentlich die Schnelligkeit und Zuverlässigkeit der Briefbeförderung – erheblich gesteigert, sondern auch in der Methodik des Beförderungsdienstes eine Reihe richtungweisender Akzente gesetzt."[12]

Immer hatte die Bundespost, die sich stets auch als Bürgerpost verstand, mit kritischen Kunden und Verbrauchern zu tun. Die Postbenutzer reagierten traditionell zunächst unverständlich auf Rationalisierungsmaßnahmen in den sechziger und siebziger Jahren, die womöglich noch „Einschränkungen dessen brachten, was gemeinhin als Service bezeichnet wird"[13].

Die teilweise Skepsis der Bürger mag auch durch den Umstand genährt worden sein, daß sich die Bürgerpost im Verbraucheralltag vielfach als Behördenpost darstellte (und auch so an Traditionen der Reichspost anknüpfte), in der Rechtsakte vollzogen wurden und hoheitliches Tun zur Entfaltung kam. Die Post war im Laufe der Zeit ein wenig aus der Mode gekommen.

Am Gängelband der Politik

Als die Bundesrepublik Deutschland in den fünfziger Jahren noch in den Kinderschuhen steckte, gab es keine ernsthaften Diskussionen um den Status der großen Staatseinrichtungen wie Bahn und Post. Sie zu privatisieren und in Aktiengesellschaften zu überführen – wie etwa Volkswagen, Veba, Salzgitter oder Lufthansa – galt als undenkbar. Die Post, ebenso wie die Bundesbahn, blieb Behörde. Ihr Tun sollte hoheitlichen Charakter bewahren.

Dies hatte nicht nur historische Gründe – bei den Preußen etwa waren Bahn und Post schon deswegen Instrumente staatlichen Handelns, weil sie für die Logistik des Militärs bedeutsam waren. Sondern sie dienten auch der sozialen Integration. Kriegsteilnehmer, die aus der Gefangenschaft zurückkamen, wurden bei der Post übernommen, als zu Beginn der fünfziger Jahre die freie Wirtschaft noch darniederlag und Arbeitslosigkeit grassierte. Frauen und Männer, die während der NS-Zeit im Postdienst tätig waren, wurden auf der Grundlage einer sogenann-

11 **Steinmetz/Elias, S. 155**

12 **Steinmetz/Elias, S. 158**

13 **Steinmetz/Elias, S. 250**

14 Steinmetz/Elias, S. 146

15 H. Steinmetz: Die Deutsche Bundespost im Schatten des Wohlstandes, in: Jahrbuch des Postwesens 1965, Verlag für Wissenschaft und Leben Georg Heidecker, Bad Windsheim 1965, S. 19

ten 131-Regelung bei der Post untergebracht. Für viele Vertriebene und Flüchtlinge, die millionenfach im Westen Lohn und Brot suchten, waren die Staatsbehörden die ersten Arbeitgeber.
Der staatliche Arbeitgeber Post wurde zum wichtigen sozialen Netz, das Zehntausende, Hunderttausende Bundesbürger vor Erwerbslosigkeit bewahrte und ihnen einen Start in Demokratie, Rechtsstaatlichkeit, Marktwirtschaft und „Wohlstand für alle" ermöglichte.

Sondervermögen des Bundes

Die Kehrseite der Medaille: Die Post mußte allzu nah staats- und politiknah operieren, weil sie seit ihrer Neugründung immer gleichzeitig „Sondervermögen" des Bundes und Bundesbehörde war. Mehr noch als die Bundesbahn – gleichfalls „Sondervermögen des Bundes" – mußte die Post staatliche Weisungen exekutieren statt unternehmerisch handeln zu dürfen. Das wird schon dadurch deutlich, daß der Bundespostminister immer gleichzeitig oberster Postler und oberster Postaufseher zu sein hatte. Die so entstandene Janusköpfigkeit der Post wurde schon aus den Gesetzeswerken deutlich, die ihre Tätigkeit begründeten. Sie war einerseits, laut Postverwaltungsgesetz, zur Eigenwirtschaftlichkeit verpflichtet. Das heißt, sie mußte ihren Haushalt so aufstellen und durchführen, daß sie die zur Erfüllung ihrer Aufgaben und Verpflichtungen notwendigen Ausgaben aus ihren Einnahmen bestreiten konnte. Andererseits schrieben ihr Art. 73, Nr. 7 und Art. 87 Abs. 1 des Grundgesetzes ins Stammbuch, daß sie Teil der allgemeinen Bundesverwaltung sei. „So haben Grundgesetz und Postverwaltungsgesetz", schrieb der damalige Staatssekretär im Postministerium Hans Steinmetz, „der Deutschen Bundespost einen zwiespältigen institutionellen Charakter gegeben, indem sie ihre staats- und verwaltungsrechtliche Stellung festlegten als unmittelbare Bundesverwaltung, aber mit Funktionen eines Unternehmens der gewerblichen Wirtschaft."[14]
Vehement beklagte die Führung „das Siechtum der Post"[15], „die ernsthaft in ihrem Fundament bedroht ist und deren Substanz als Sondervermögen immer mehr ausgehöhlt wird durch das starre Festhalten an unzeitgemäßen Bestimmungen, durch Verpflichtungen und Lasten, die der Post auferlegt werden, obwohl diese ihrem Wesen nach fremd sind."

Investitionsbremse Abgabenzwang

Dazu zählten zum Beispiel die 131-Regelung, besondere Leistungen im Verkehr mit Berlin und der damaligen DDR, Vergünstigungen im Postreise- und Postzeitungsdienst, Zinsverlust bei der Wohnungsfürsorge. Größte Last war freilich der Abgabezwang, der der Post die Pflicht auferlegte, jährlich bis zu zehn Prozent aller Einnahmen (nicht etwa Gewinne!) an den Bundeshaushalt abzuführen.
Auf diese Weise waren zwischen 1948 und 1964 fast 4,7 Milliarden Mark in die Bundeskasse geflossen. Jahrelang mußte die Post diese Abgabe durch Kredite finanzieren, weil eigene Erträge nicht in Sicht waren: Das Haushaltsjahr 1963 schloß die Deutsche Bundespost mit einer „Kostenunterdeckung" (Verlust) von 439,1 Millionen Mark ab, die wesentlich aus Verlusten der gelben Post (Postdienst) resultierten. Besonders hier tat sich traditionell ein krasses Mißverhältnis zwischen Leistungen und Kosten auf, besonders hier wirkte sich fatal aus, daß das Briefporto zum politischen Preis hochstilisiert worden war, mit dem man Flagge zeigen und Wahlkämpfe gewinnen wollte.

So wenig souverän die Post, wegen ihrer politischen und sozialen Verpflichtungen, mit ihren Ausgaben umgehen durfte, so unselbständig war auch ihre Einnahmepolitik. Post- und Fernmeldegebühren galten unter der Regierung Adenauer als politische Preise, mit denen der Staat Signale gegenüber seinen Bürgern setzen wollte. Stets wurde eine stabile Gebührenpolitik als wesentlicher Beitrag zur Stützung der allgemeinen Preispolitik der Bundesregierung empfunden.

Sündenfall Gebührenpolitik

Den politischen Sündenfall mußte die Post im Westen bereits 1948 über sich ergehen lassen, als die Briefgebühr von 24 auf 20 Pfennig gesenkt werden mußte, um dem damals einsetzenden Preisauftrieb von Staats wegen entgegenzuwirken. Milliardenausfälle waren das Ergebnis, von denen die Post sich bis in die sechziger Jahre nicht erholte. Postgebühren galten als politische Waffe im Kampf gegen Inflationsängste, die den Bundesbürgern (bis heute) traumatisch in den Knochen stecken. Am 2. Januar 1958 schrieb der damalige Bundeskanzler, Konrad Adenauer, seinem Postminister, Richard Stücklen, einen in Form und Inhalt kategorischen Brief: „Wenn wir das Preisniveau stabil erhalten wollen, ist es ausgeschlossen, daß die Deutsche Bundespost in diesem Jahr eine Gebührenerhöhung vornimmt.“ Der daraufhin einsetzende Streit um die mögliche Erhöhung der Fernmeldegebühren 1964 nahm so hektische Formen an, daß Postkunden mit Verbraucherboykotts drohten und die Bundestagsabgeordneten aus der Sommerpause nach Bonn zu einer Sondersitzung des Bundestages beordert wurden. Die Post war das Thema der Saison.
Parallel zum Streit um die Gebühren nahm eine Expertenkommission der Bundesregierung auf Geheiß des Deutschen Bundestages ihre Arbeit auf, deren Aufgabenstellung zugleich das strukturelle Dilemma der Post klar umriß:
„Die Deutsche Bundespost muß in der Lage sein, die ihr durch das Grundgesetz und das Postverwaltungsgesetz übertragenen Aufgaben erfüllen zu können. Unter Berücksichtigung der Möglichkeit, daß eine Erhöhung der Gebühren auf die Dauer nicht ausreicht, die hierfür erforderlichen Finanzmittel sicherzustellen, erwartet der Bundestag von der Bun-

DER TAGESSPIEGEL BERLIN, DONNERSTAG, 30. JULI 1964

Nach siebenstündiger Telephondebatte:

Knapper Sieg für Erhard

Stürmische Sondersitzung des Bundestages
Beratung über Postfinanzen wird fortgesetzt

Von unserem Bonner Büro

wg. Bonn. Es bleibt bei der Erhöhung der Telephongebühren zum 1. August. Mit knapper Mehrheit hat die Bundesregierung gestern abend in der Sondersitzung des Bundestages die indirekte Billigung des Parlaments für ihre Entscheidung gefunden. In der entscheidenden Abstimmung fiel die FDP-Fraktion in einen „Ministerflügel" und einen Abgeordnetenflügel auseinander, wobei der Ministerflügel die CDU/CSU unterstützte. Ein Antrag der FDP, die Bundesregierung zur vorläufigen Aussetzung der Gebührenerhöhung aufzufordern, wurde mit einer Mehrheit von sieben Stimmen an die Ausschüsse überwiesen und kommt damit nicht zum Zuge.

Die Entscheidung fiel am Ende einer ungewöhnlich lebhaften Sondersitzung, die auf Verlangen der SPD-Fraktion einberufen worden war. Drei Anträge standen am Ende dieser Sitzung, während deren Verlauf Bundeskanzler Erhard und andere Politiker der CDU ständig bemüht waren, die Regierung vor einer Abstimmungsniederlage zu bewahren:

1. Der Antrag der SPD, die für den 1. August beschlossene Erhöhung der Telephongebühren rückgängig zu machen. Dieser Antrag wurde in namentlicher Abstimmung mit 252 Stimmen der Regierungsparteien gegen 165 Stimmen der SPD abgelehnt.

2. Der Antrag der FDP, die Erhöhung der Telephongebühren vorläufig auszusetzen. Dieser Antrag wurde mit 201 zu 194 Stimmen an die Ausschüsse überwiesen. Er kommt damit nicht zur Wirkung.

3. Der Antrag der CDU/CSU, das Ergebnis der Prüfung der Bundespost abzuwarten, die in den nächsten Monaten von einer unabhängigen Kommission vorgenommen werden soll, und danach neue Entscheidungen zu treffen, darunter auch eine etwaige Entlastung der Bundespost. Dieser Antrag ging gleichfalls an die Ausschüsse.

Gestern im Bundestag: Bundespostminister Stücklen bei seinen Ausführungen über die Gebühren und das Defizit der Post. AP-Photofax

Auszug aus Tgsp. 30. 7. 64

desregierung, daß sie eine Kommission (...) beauftragt zu untersuchen, wie die Deutsche Bundespost ihre Aufgaben auf die Dauer in optimaler Weise ohne Defizit erfüllen kann.
Die Kommission soll insbesondere prüfen,

1. wie eine grundlegende Verbesserung der Kapitalstruktur bei der Bundespost zu erreichen ist;
2. welche betriebswirtschaftlichen Maßnahmen notwendig sind, um einen Ausgleich der Betriebsrechnung herbeizuführen;
3. wie die erforderlichen Investitionen finanziert werden können;
4. wie die rechtlichen und organisatorischen Grundlagen der Deutschen Bundespost den veränderten Verhältnissen angepaßt werden sollen."

Um es vorwegzunehmen: So revolutionär die Empfehlungen der Kommission klangen, so zaghaft war das, was die Bundesregierung davon übernahm. Der Bund sorgte lediglich dafür, daß die Eigenkapitalquote der Post wieder auf ein Viertel des Gesamtkapitals angehoben wurde. Die weitreichenden Empfehlungen zur Gebührenpolitik wurden einstweilen ebensowenig umgesetzt wie Vorschläge zu einer grundlegenden Organisations- und Verfassungsreform. Die Zeit dafür war Mitte der sechziger Jahre, als das Gutachten debattiert wurde, noch nicht reif.
Es zeigte freilich zeitversetzt Wirkung, weil es der Post ansatzweise Strukturen empfahl, die heute, knapp dreißig Jahre später, so oder so ähnlich realisiert werden.

1965: Ruf nach Management statt Ministerium

So empfahl 1965 die Sachverständigenkommission unter anderem, das Management der Post dem Ministerium zu entziehen und die Führungsspitze der Deutschen Bundespost in Form eines Vorstandes umzugestalten. „Die Vorstandsmitglieder sollen hervorragende und erfahrene Kenner der Wirtschaft und der Unternehmensführung oder besonders bewährte Sachverständige des Post- und Fernmeldewesens sein."[16] Die Mittelinstanzen, also die damaligen Oberpostdirektionen, sollten zu Gunsten eigenständiger Postdirektionen und Fernmeldedirektionen aufgelöst werden – mit jeweils eigenen Bezirken und Standorten. Im Rahmen eines modernen Rechnungswesens sollten die Betriebsbereiche – also Post-, Fernnmelde- und Postbankwesen – rechnerisch getrennt behandelt werden, „um wenigstens insoweit unverzerrte Unterlagen für Investitionen, Personal- und Betriebsmitteleinsatz sowie für die Gebührenregelung aus dem Rechnungswesen gewinnen zu können".
Insgesamt plädierte die Sachverständigenkommission für eine unternehmerische Verfassung der Deutschen Bundespost, wenn auch „dem Bund unmittelbar zugehörig". Eine Neuregelung des Postverwaltungsgesetzes, so die Kommission 1965, sei überfällig, um eine Staatsverwaltung, die überwiegend nach administrativen Gesichtspunkten geleitet würde, die zahlreichen politischen Einflüssen ausgesetzt sei und die von der Mitwirkung anderer staatlicher Stellen allzusehr abhängig sei, in ein Unternehmen zu überführen, das in unabhängiger Verantwortung und Entscheidungsfreiheit zu führen sei.
Auch den Nachfolgern des engagierten Postministers Richard Stücklen (CSU), der über die Gebührenfrage in ständigem Clinch mit Kanzlern und Ministerkollegen lag, war in der Frage der Postreform nur wenig Glück beschieden. Kurz nachdem Georg Leber (SPD) ins Amt berufen wurde, setzte auch er eine „Kommission Deutsche Bundespost" ein. Die SPD/FDP-geführte Bundesregierung machte sich

16 Deutscher Bundestag Drucksache V/203: Gutachten der Sachverständigenkommission für die Deutsche Bundespost, Dr. Hans Heger, Bonn 1966, S. 138 ff.

die Kommissionsvorschläge zu eigen und legte sie als Regierungsentwurf vor. Er lief hinaus auf eine

- Vorstandsregelung nebst Aufsichtsrat für die Post; dem Ministerium sollte die politische Aufsicht vorbehalten bleiben.
- Die Post sollte sich als selbständiges Unternehmen weitestgehend von der Politik abnabeln – der Bund sollte einen finanziellen Ausgleich leisten, wann immer politische Zilsetzungen das Wirtschaftsergebnis nachhaltig und erheblich beeinflussen würden.
- Das Eigenkapital der Post sollte dauerhaft auf ein Drittel des Gesamtkapitals aufgestockt werden, um die finanzielle Unabhängigkeit zu gewährleisten.

Ende 1976, sieben Jahre, nachdem sich die Kommission konstituiert hatte, stellte der damalige Bundeskanzler Helmut Schmidt (SPD) in einer Regierungserklärung fest, daß das Vorhaben einer neuen Unternehmensverfassung der Deutschen Bundespost nicht weiter verfolgt werde. Hintergrund: Die Postreform war zuvor an der Frage der Zusammensetzung des Aufsichtsrates gescheitert. Große Teile der SPD, gestützt durch die Deutsche Postgewerkschaft (DPG), beharrten auf paritätischer Mitbestimmung à la Montanindustrie. Der Koalitionspartner FDP sprach sich dagegen aus. Damit blieb es beim Postverwaltungsgesetz von 1953, das der Aufgabenstellung der Deutschen Bundespost nicht mehr gerecht wurde und schon bei Beschlußfassung als unzulänglich angesehen wurde.
Kurt Gscheidle (SPD), zwischenzeitlich vom beamteten Staatssekretär zum Minister aufgerückt, war dennoch überzeugt, „daß der Gesetzentwurf und die dadurch ausgelösten Diskussionen innerhalb und außerhalb der Deutschen Bundespost erhebliche Auswirkungen hatten. Die Deutsche Bundespost begreift sich seitdem in allen Bereichen stärker als ein Unternehmen.“[17]

Elektronik erzwingt Reform der Post

Erst die dymanische Entwicklung des Telekommunikationsmarktes, die sich technisch und wirtschaftlich geradezu in Quantensprüngen vollzog, bahnte der Postreform in der Bundesrepublik endgültig den Weg. Zu hoch waren im Laufe der Zeit die Kommunikationskosten in der Bundesrepublik im internationalen Vergleich geklettert – der Industrie- und Dienstleistungsstandort geriet durch Monopole und mangelnden Wettbewerb in Gefahr. Was für die Nachrichtentechnik galt, fand seine Entsprechung auch bei den gelben Postdiensten: Auch die Kommunikationswege und -mittel für den physikalischen Transport von Nachrichten breiteten sich zunehmend global aus; die Postunternehmen mußten sich mehr und mehr im internationalen Wettbewerb um Kapital und Kunden behaupten.
Der Post, den Postlern und den Postkunden war insofern nicht länger zuzumuten, daß große Bereiche der gesellschaftlichen Kommunikation mittelalterlichen Strukturen folgen, sich weiterhin nach den absolutistischen Prinzipien von Regalgewährung und Monopolwirtschaft entfalten sollten, während um sie herum die Zukunft organisiert wurde. Der „gelernte“ Unternehmer Christian Schwarz-Schilling (CDU), seit 1982 Bundesminister für das Post- und Fernmeldewesen, schrieb: „Durch die Integration von Telekommunikation, Datenverarbeitung, Bürotechnik und Unterhaltungselektronik ist neben dem klassischen Telefondienst, der über Jahrzehnte das Fernmeldewesen nahezu ausschließlich bestimmte, eine breite Palette neuer, erweiterter Telekommunikationsdienst-

17 Kurt Gscheidle: Damit wir in Verbindung bleiben. Seewald Verlag Stuttgart, 1982, S. 101

leistungen getreten. (...) Noch immer werden Fernmeldedienste von der Deutschen Bundespost in einem weitgehenden Monopol vorwiegend nach staatlichen Leistungs- und Versorgungsgrundsätzen erbracht. Wettbewerb (...) mit seiner besonderen Fähigkeit, technologische Innovation rasch in marktgerechte und kundennahe Angebotsvielfalt umzusetzen, stellt bisher (...) die Ausnahme dar."[18]
Auch diesem Gesetzentwurf war wieder die Arbeit einer Regierungskommission vorausgegangen, die im März 1985 von der Bundesregierung beauftragt worden war, nach notwendigen organisatorischen, wirtschaftlichen und rechtlichen Anpassungsprozessen der Deutschen Bundespost an die Erfordernisse des Marktes Ausschau zu halten. Die „Witte-Kommission" legte Empfehlungen vor, die in vielen Grundzügen in die später so genannte Postreform I mündeten.
Wichtigste organisatorische Konsequenz: Die unternehmerischen Aufgaben werden aus dem Ministerium für Post- und Fernmeldewesen ausgegliedert und auf die drei öffentlichen Unternehmen Deutsche Bundespost Postdienst, Deutsche Bundespost Postbank und Deutsche Bundespost Telekom übertragen. Die Unternehmen werden von Vorständen geführt und von Aufsichtsräten kontrolliert. Hoheitsaufgaben und politische Aufgaben blieben dem Ministerium vorbehalten, das weiterhin gegenüber dem Parlament politische Verantwortung tragen sollte, und das unter anderem die Wirtschaftspläne der Unternehmen sowie die Leistungsentgelte im Briefdienst genehmigen sollte.
Die Postreform I sah zwar nicht die Abschaffung von Beamtenkarrieren in den Unternehmen der Deutschen Bundespost vor, zielte aber deutlich auf Systeme von Leistungsanreizen und Belohnungen ab, die oftmals eine gewisse Novität im öffentlichen Dienst darstellten.

Die neuen Unternehmensziele

Mit dem Inkrafttreten des Poststrukturgesetzes am 8. Juni 1989 wurde im Westen ein neues Kapitel Postgeschichte aufgeschlagen, war den Post„töchtern" ein wesentlich größerer Freiraum für ein Handeln nach marktwirtschaftlichen Prinzipien gegeben. Als grundlegende und langfristige Ziele der Deutschen Bundespost Postdienst formulierte Klaus Zumwinkel, erster Vorstandsvorsitzender in der Geschichte der „gelben" Post in Deutschland:

„– Führerschaft in der Service-Qualität, auch im internationalen Maßstab
– Umgestaltung von einer Behörde in ein modernes Unternehmen mit eigener Wirtschaftlichkeit
– Einheitliches Angebotsspektrum und Qualitätsniveau für 79 Millionen Einwohner und die Wirtschaft in ganz Deutschland bei gleicher Produktivität (...) in den alten und neuen Bundesländern."[19]

Mitten in die – für öffentliche Unternehmungen – revolutionären internen Strukturreformen war 1989 und 1990 eine wahrhaftige Revolution geplatzt, mit der in Deutschland eigentlich niemand mehr gerechnet hatte. Das Volk der Deutschen Demokratischen Republik entschied sich für eine Vereinigung mit der Bundesrepublik in Freiheit und für die Übernahme ihrer staatlichen und wirtschaftlichen Strukturen. Das bedeutete für die „gelbe" Post und ihre Mitarbeiter – nicht anders wie für Telekom und Postbank – den Zwang, interne und externe Reformprozesse zugleich rasch und behutsam, wirtschaftlich und sozial angemessen, sinnvoll auf einen Nenner zu bringen.
Wie war es um das Erbe, das dem Postdienst zugefallen war, bestellt? In welchem Zustand kam die Deutsche Post der DDR zur Deutschen Bundespost Postdienst?

18 Gesetz zur Neustrukturierung des Post- und Fernmeldewesens und der Deutschen Bundespost. Text und Einführung, R. v. Decker's Verlag, Heidelberg 1989, S. 5 f.

19 Deutsche Bundespost POSTDIENST: Geschäftsbericht 1990, Bonn 1991, S. 2

Die gelbe Post im kalten Krieg

Die Sowjets trieben den kalten Krieg zu seinem ersten Höhepunkt, als sie am 24. Juni 1948 die totale Blockade über den Westteil Berlins verhängten – Antwort auf die Einführung der westlichen DM-Währung in den Westsektoren Berlins. Fast ein Jahr lang, bis zum 12. Mai 1949, war Berlin (West) von Straßen-, Schienen- und Wasserwegen her abgeschnitten. Das bedeutete natürlich auch: An Brief- oder Paketpost auf diesen Wegen war von Stund an nicht mehr zu denken.

Die Bevölkerung der Westhälfte Berlins, so schien es, sollte durch Hunger erpreßt, die Westmächte sollten zur Preisgabe der Stadt gezwungen werden. Die Sowjets hatten freilich nicht mit dem Widerstandswillen der Berliner und der Festigkeit des westalliierten Bündnisses gerechnet. Über die legendäre Luftbrücke wurde die Stadt mit allem Nötigen versorgt, gegen Ende der Blockade auch mit Post aus dem Westen.

Not macht auch Postler erfinderisch: Die Blockade zwang die Postverwaltung zu erheblichen Improvisationen, aus denen im Laufe der Zeit Dauereinrichtungen wurden. So wurde während der Blockadezeit das „Postscheckamt Berlin West" etabliert, mit dessen Hilfe „die postalische Geldbrücke zwischen Berlin (West) und Westdeutschland geschlagen werden konnte".[1]

Ähnlich wegweisend und kompensativ erwies sich die Blockade für die Nachrichtentechnik, die für den Beginn einer Art Funkbrücke zwischen Berlin (West) und Westdeutschland sorgte. „Diese nachrichtentechnische Eingliederung von Berlin in das Fernmeldenetz Westdeutschlands", schreiben Steinmetz und Elias, „hat sich zu einer der stärksten Klammern entwickelt, die diese Stadt mit der Bundesrepublik verbinden."

Mit dem Viermächtekommuniqué hatte der Spuk ein Ende. Es wurde am 4. Mai 1949 unterzeichnet. In ihm war unter anderem festgehalten, „daß die Besatzungsbehörden die Verpflichtung haben, in ihren eigenen Zonen die nötigen Maßnahmen zu ergreifen, damit ein normales Funktionieren und ein normaler Gebrauch der Schienen-, Wasser- und Straßenverbindungen für den Personen- und Güterverkehr sowie der Post-, Telefon- und Telegrafenverbindungen sichergestellt wird."

Nach der Blockade kein Ende der Nadelstiche

Nach Beendigung der Blockade verkehrten wieder Postzüge zwischen Berlin und Helmstedt, freilich niemals total ungehindert. „Von Verkehrsstörungen, Unterbrechungen durch Kontrollen, Beschlagnahmen blieb auch in der Folgezeit der Verbindungsweg nicht verschont."[2]

Diese Nadelstiche, die freilich – selbst 1961, nach dem Bau der Mauer – niemals wieder die Dimension der Blockade erreichen sollten, waren die Reaktion auf regelrechte Schübe, die West-Deutschland und die westliche Allianz diplomatisch und bündnispolitisch erfuhren – die Berliner Blockade hatte die internationale Entwicklung in der atlantischen Welt bis hin zur NATO-Gründung beschleunigt, der Marshallplan begann als Europäisches Wiederherstellungsprogramm Wirkung zu zeigen (besonders in der Bundesrepublik), und in den westlichen Besatzungszonen vollzog sich die Staatsbildung der Bundesrepublik.[3]

Postler (Ost) und Postler (West): Der Mensch im Mittelpunkt

Postbeziehungen zwischen West und Ost waren – im kalten Krieg, in Entspannungszeiten und während

1 Steinmetz/Elias: Geschichte der Deutschen Post – 1945–69, Bundesm. für das Post- und Fernmeldewesen, Bonn 1979, S. 44 f.

2 Karl-Heinz Deutsch, Gerd Gnewuch, Karlheinz Grave: Die Post in Berlin 1237–1987, Berlin 1987, S. 104 f.

3 Karl Dietrich Erdmann: Das Ende des Reiches und die Neubildung deutscher Staaten, 6. Aufl., dtv wissenschaft, München 1988, S. 295

der Wende – ein Politikum von allerhöchster Bedeutung. Konstante Post- und Telekommunikationsverbindungen und damit den Kontakt zwischen den Deutschen in der SBZ (später DDR) und der Bundesrepublik zu erreichen und zu halten, darauf richteten sich in den folgenden Jahrzehnten die Anstrengungen der Fachleute wie der Politiker.

Bei allen Anstrengungen besonders in den siebziger und achtziger Jahren, die Beziehungen zwischen der DDR und der Bundesrepublik zu etablieren, zu stärken und auszuweiten, ging es immer auch um die Verbesserung der postalischen Verbindungen. Den Anfang machte der Berliner Senat, der zwischen 1963 und 1966 direkt mit den östlichen Machthabern über die Probleme der Stadt und ihrer Bewohner verhandelte. Bisweilen mußten Postler, dem Ruf politischer Neutralität und Hilfsbereitschaft entsprechend, dabei politische Hilfestellung leisten, etwa bei der ersten Passierscheinaktion für Westberliner Bürger 1963.

Damals übte das Westberliner Postpersonal faktisch und formell in zwölf Passierscheinstellen das Hausrecht aus und half so den Westberlinern, erstmals nach dem Mauerbau mit ihren Verwandten im Ostteil der Stadt zusammenzutreffen.[4] Acht Jahre später gab wiederum die geteilte Stadt das Tempo der deutsch-deutschen Beziehungen an: Mit dem Berlin-Abkommen 1971, das die Verantwortung der drei Westmächte für die Westsektoren festschrieb sowie die Kommunikationswege zwischen den beiden Teilen der Stadt einerseits und Berlin (West) und der DDR andererseits deutlich verbesserte. Diesem Berlin-Abkommen folgte der Grundlagenvertrag zwischen der DDR und der Bundesrepublik. Begleitet wurden alle Vertragswerke durch Regelungen, insbesondere für den Telefonverkehr zwischen Berlin, der DDR und der Bundesrepublik. An ihnen waren Post- und Fernmelde-Experten beiderseits intensiv beteiligt.

Zu den schriftlich fixierten Vertragsbestandteilen gehörte in den siebziger Jahren auch, daß der innerdeutsche Postverkehr mit Briefen und Paketen beschleunigt und politisch entrümpelt werden konnte. Der war zuletzt nach dem Mauerbau dadurch erheblich beeinträchtigt worden, daß auch die DDR ein vierzahliges Postleitsystem entwickelt hatte, das sich mit dem westdeutschen System häufig überschnitt. (Siehe Kapitel Vorbild DDR-Post: Die Sache mit der fünfstelligen Postleitzahl, S. 158.)

Damals entstanden merkwürdige Unterscheidungsmerkmale: Um Verwechslungen und Fehlleitungen möglichst auszuschließen, ordnete die DDR-Postverwaltung an, bei allen Postsendungen, die nach Bestimmungsorten im Bereich anderer Postverwaltungen gerichtet sind, vor der betreffenden Postleitzahl des Bestimmungsortes die Ziffer „0" als Unterscheidungsmerkmal anzugeben. Umgekehrt führte die Deutsche Bundespost (DBP) für die nach der DDR und Ostberlin bestimmten Sendungen eine Kennzeichnung in Form des römischen „X" ein.

Dennoch klagen Steinmetz/Elias 1979[5]: „Obwohl die Sendungen im Verkehr mit der DDR von der Bundespost genauso schnell wie die Inlandssendungen befördert werden, haben sich die Laufzeiten der Sendungen vor allem wegen der Kontrollen der DDR-Organe immer mehr verschlechtert und führen ständig zu Beschwerden der Postbenutzer. Durch eine seit dem Bau der Berliner Mauer immer strenger werdende Auslegung der Geschenksendungsverordnung seitens der Zolldienststellen der DDR stieg die Zahl der beschlagnahmten und zurückgewiesenen Pakete und eingeschriebenen Sendungen in außergewöhnlicher Weise an. Die Bundespost mußte daher von Jahr zu Jahr erhebliche Ersatzzahlungen an die Absender leisten."

4 ebenda, S. 32

5 Steinmetz/Elias: Geschichte der Deutschen Post – 1945–69, Bundesm. für das Post- und Fernmeldewesen, Bonn 1979, S. 422

Scharmützel um die kleine Kunst

Unterdessen gebar der kalte Krieg bizarre Kriegsschauplätze, die selbst über das unschuldige Medium Briefmarke ausgetragen wurden. „Gelegentlich", heißt es in der offiziellen Geschichte der Bundespost, „ergaben sich auch dadurch Schwierigkeiten, daß beide Seiten verschiedene Postwertzeichen gegenseitig nicht anerkannten und die Sendungen zurückwiesen oder mit Nachgebühren belegten oder mit Überstempelungen versahen." Briefmarken wurden zum miniaturisierten Spiegelbild der unterschiedlichen politischen und wirtschaftlichen Entwicklung hüben und drüben.[6] Regelrechte Briefmarkenkriege brachen aus und wurden zumeist um den politischen Standort von Berlin (West) ausgetragen. Nach Teilung der Stadt in Ost(sektoren) und West(sektoren) wurden zeitweise Briefe mit im Westen der Stadt gekauften Marken nicht befördert, Sonderstempel nicht akzeptiert. Später verweigerte auch die West-Berliner Postverwaltung den Transport bestimmter, im Osten frankierter Sendungen. Erst im September 1949 erkannten beide Seiten ihre Marken gegenseitig als gültig an.[7]

Milliarden mit der Postpauschale

Die Postbeziehungen wurden teilweise mit Hilfe beträchtlicher „Postpauschalen" am Laufen gehalten, mit denen sich die DDR ihre Bemühungen um die deutsch-deutschen Kommunikationswege honorieren ließ. Der Pauschalregelung waren Mitte der sechziger Jahre Scharmützel zwischen dem DDR-Postministerium (MPF) und dem bundesdeutschen Postministerium vorausgegangen, die auf Rechnungsformularen ausgetragen wurden. Darin wurde – rückwirkend ab 1948 – die Begleichung von Kosten in Höhe von angeblich 1,8 Milliarden DM angemahnt. Das Hickhack führte schließlich – auf Drängen des damaligen bundesdeutschen Postministers Dollinger – zur Vereinbarung über die Postpauschale, die zunächst 30 Millionen Mark jährlich betragen sollte. Das – vor der Wende – letzte Abkommen dieser Art wurde am 15. 11. 1983 unterzeichnet und sicherte der DDR jährlich 200 Millionen DM, statt bisher 85 Millionen DM. Zur steten Freude von Staats- und Parteichef Erich Honecker, wie wir heute ausweislich eines Gesprächsprotokolls zwischen Ex-Bundeskanzler Helmut Schmidt und Honecker nachlesen können, das am 12. September 1983 angefertigt wurde: „Zum Postabkommen meinte E. H. lachend, 600 Millionen seien natürlich sehr schön. Die Hälfte davon sei angemessen."[8]

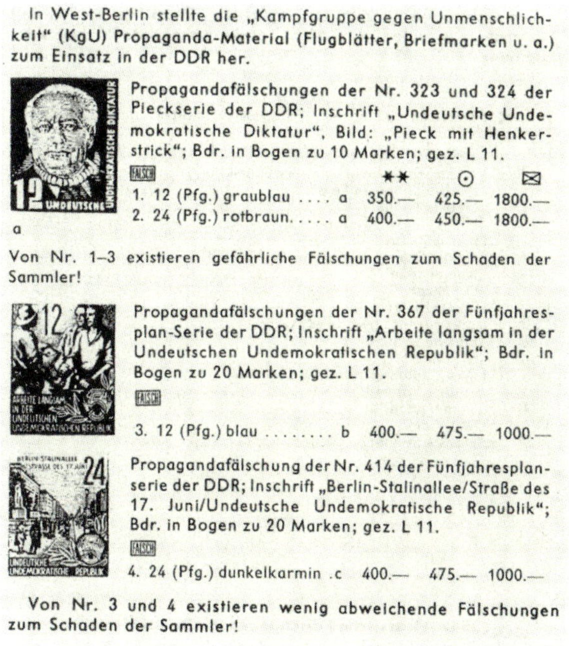
In West-Berlin stellte die „Kampfgruppe gegen Unmenschlichkeit" (KgU) Propaganda-Material (Flugblätter, Briefmarken u. a.) zum Einsatz in der DDR her.

Propagandafälschungen der Nr. 323 und 324 der Pieckserie der DDR; Inschrift „Undeutsche Undemokratische Diktatur", Bild: „Pieck mit Henkerstrick"; Bdr. in Bogen zu 10 Marken; gez. L 11.

FALSCH

		**	⊙	✉
1. 12 (Pfg.) graublau	a	350.—	425.—	1800.—
2. 24 (Pfg.) rotbraun.....	a	400.—	450.—	1800.—

a

Von Nr. 1–3 existieren gefährliche Fälschungen zum Schaden der Sammler!

Propagandafälschungen der Nr. 367 der Fünfjahresplan-Serie der DDR; Inschrift „Arbeite langsam in der Undeutschen Undemokratischen Republik"; Bdr. in Bogen zu 20 Marken; gez. L 11.

FALSCH

3. 12 (Pfg.) blau .... b 400.— 475.— 1000.—

Propagandafälschung der Nr. 414 der Fünfjahresplanserie der DDR; Inschrift „Berlin-Stalinallee/Straße des 17. Juni/Undeutsche Undemokratische Republik"; Bdr. in Bogen zu 20 Marken; gez. L 11.

FALSCH

4. 24 (Pfg.) dunkelkarmin .c 400.— 475.— 1000.—

Von Nr. 3 und 4 existieren wenig abweichende Fälschungen zum Schaden der Sammler!

Im kalten Krieg der Postbehörden kursierten sogar philatelistische Fälschungen, die es heute – laut Michel Deutschland-Spezial 1995 – zu beträchtlichem Sammlerwert gebracht haben.

6 Werner Breunig: Markenzeichen Deutschland, Frankfurter Allgemeine Zeitung, 8. 6. 1995, S. 9 f.

7 ebenda, S. 10

8 zitiert nach: Heinrich Potthoff: Die Koalition der Vernunft, dtv dokumente, München 1995, S. 174

Deutsche Post der DDR

Im Würgegriff der Politik

Anders als in der Bundesrepublik Deutschland, wo die Post nach Krieg und Wiederaufbau Dienstleistungsfunktionen für die marktwirtschaftliche Wirtschafts- und die demokratisch strukturierte Gesellschaftsordnung zu versehen hatte, war die Post in der DDR von vornherein als politisches Vehikel in der Hand der „Arbeiterklasse" und ihrer Führerin, der SED, ausersehen.

Motto: Ein gut funktionierendes Nachrichtenwesen bildet eine Machtposition des Sozialismus. An der Hochschule für Verkehrswesen „Friedrich List" in Dresden, wo die meisten mittleren und oberen technischen und betrieblichen Führungskräfte der Deutschen Post studierten, wurde den Studenten gleich zu Beginn beigebracht, „daß die führende Rolle der Partei der Arbeiterklasse bei der Entwicklung der sozialistischen Gesellschaft alle Bereiche des gesellschaftlichen Lebens umfasse, also auch die Leitung und Entwicklung des sozialistischen Fernmeldewesens".[1] Alle Leiter, so das Lehrbuch, seien verpflichtet, bei ihrer Leitungstätigkeit die Beschlüsse der Partei der Arbeiterklasse zu verwirklichen und im Auftrage des sozialistischen Staates die der Deutschen Post gestellten Aufgaben zu erfüllen.

Das Postamt Bad Liebenstein (Thüringen) galt und gilt als eine der schönsten Filialen der Post in ganz Deutschland. Liebevoll wurde das Fachwerkgebäude zu Zeiten der Deutschen Post der DDR saniert – ein Vorzeigeobjekt der Post.

Das bedeutet, vom sozialistischen Kampfjargon entrümpelt: „Sieh zu, daß du SED-Mitglied wirst. Sonst kannst du dir eine Karriere bei der Deutschen Post abschminken!" Diesem Zwang zum Parteieintritt folgten die Post-Chefs meist in gutem Glauben, weil sie sich als Bürger „ihres" Staates DDR verstanden und überzeugte Sozialisten waren. „Wir wollten beim Aufbau der DDR dabei sein, und wir wollten nicht in irgendeiner Nische – auf was auch immer – warten", bestätigt Gerhard Troschke, heute wie zu DDR-Zeiten Präsident der Postdirektion Schwerin.

Monopolist für Medienkommunikation

In der Theorie stellten die Post und ihre Organisationen denn auch Stützpfeiler der „entwickelten sozialistischen Gesellschaft" dar, die sich nach DDR-Verständnis immer kurz vor Erreichen des Kommmunismus befand. Schon deswegen kam der Post so entscheidende Bedeutung im DDR-Gefüge zu, weil sie das Monopol der Medienversorgung innehatte: Die Deutsche Post betrieb gleichzeitig den Rundfunk und versorgte die DDR-Bürger mit Zeitungen und Zeitschriften.

„Der Vertrieb der Presse-Erzeugnisse und die Übertragung und Abstrahlung der Rundfunk- und Fernsehprogramme sichern die massenhafte Verbreitung sozialistischer Ideologie, deren ständige Entwicklung eine Gesetzmäßigkeit beim Aufbau von Sozialismus und Kommunismus ist."[2] Nur ein funktionierender Postbetrieb konnte die kontinuierliche Versorgung mit Propaganda sicherstellen. Dialektische Ironie der deutsch-deutschen Postgeschichte: Die DDR-Post, Treibriemen für die Staatspropaganda, sorgte seit Beginn der siebziger Jahre sogar offiziell für die Versorgung des DDR-Volkes mit westdeutschen Rundfunk- und Fernsehprogrammen und und schuf somit die

1 Gerhard Rehbein: Ökonomie des Nachrichtenwesens, transpress VEB Verlag für Verkehrswesen, Berlin 1979, S. 27

2 ebenda, S. 30

Eine der wichtigsten Aufgaben der Deutschen Post (DDR) war der Zeitungsvertrieb, zu dem auch der Verkauf von Zeitungen und Magazinen in Tausenden posteigener Kioske gehörte. Gedruckte Periodika waren im Land, das sich gerne als Leseland sah, häufig knapp und nur als „Bückware" zu bekommen.

Besonders in den Ballungsgebieten kam die Post zweimal täglich: Frühmorgens, um die Bezirkszeitung zuzustellen, mittags, um Briefe, Päckchen und Pakete zu bringen. Fast neun von zehn Postlern waren in der DDR Frauen – ihre Arbeit wurde zwar schlecht bezahlt, aber sie konnten sich die Arbeit besser einteilen, um sich um Familie und Kinder kümmern zu können.

Voraussetzungen für den Zusammenbruch des Staates gleich mit, dessen Existenz sie doch eigentlich propagandistisch abzusichern hatte...

Siegermacht Sowjetunion: Entwicklungshemmnis Reparation

Die Organisationsformen, die der Deutschen Post der DDR verpaßt wurden, erinnerten zunächst an die Strukturen des sowjetischen Staatsapparates, spiegelten später aber die klassisch gewordenen Strukturelemente preußischen Staats- und Verwaltungshandelns wider, die auch im Post- und Fernmeldewesen der Bundesrepublik etabliert waren. Zunächst stand der DDR-Post die Abteilung Nachrichtenwesen der Sowjetischen Militäradministration (SMAD) vor, sie übergab im September 1945 an die „Zentralverwaltung für das Post- und Fernmeldewesen“ (ZVPF), die sich 1948 zur Hauptverwaltung Post- und Fernmeldewesen (HPF) und schließlich, nach DDR-Staatsgründung 1949, zum „Ministerium für Post- und Fernmeldewesen“ häutete.
Nach damals offizieller Lesart wurde erst durch das „Entgegenkommen der SMAD die Post in den Stand gesetzt, die unzähligen, auseinandergefallenen Maschen des Nachrichtenverkehrs (wieder) zu einem geschlossenen, wenn auch häufig mit primitivsten Mitteln verflochtenen Netz zu vereinigen.“ Inoffiziell besteht aber Klarheit darüber, daß sich die geschundene Siegermacht Sowjetunion mit ihren Reparationsforderungen auch an den unzerstörten Maschinen und Anlagen der Post schadlos hielt.

Postler: Trotz vieler Mängel engagiert

Briefe, Päckchen und Pakete wurden deshalb unter schwierigsten Bedingungen verteilt und zugestellt, und der „hohe Anteil an weiblichen Beschäftigten im Post- und Zeitungswesen – rund 75 Prozent in 1969 – erforderte ganz besonders im Zustelldienst, rationelle Verfahren zur Arbeitserleichterung zu finden“.[3] Die Post drängte deshalb darauf, in den neu entstehenden Plattenbauten an den Peripherien der großen Bezirksstädte Zustellstützpunkte einzurichten und ausreichend Hausbriefkästen vorzusehen. Dieser postalische Modernisierungsschub der fünfziger und sechziger Jahre hatte freilich bis zur Wende an Schwungkraft eingebüßt: Statt kundenfreundlicher Hausbriefkästen feierten Hausbriefkastenanlagen unfröhliche Urständ – eine Rationalisierungsrolle rückwärts, die dem eklatanten Mangel an Zustellerinnen und Zustellern im Postdienst Ende der achtziger Jahre geschuldet war.[4]

Die Zustellung an der Haustür war weithin abgeschafft. Arbeitskräftemängel zwang die Post der DDR zum Einsatz von Zustellfachanlagen, die vor den Wohnkomplexen installiert wurden.

3 Dokumentationstext zur Ausstellung: Das sozialistische Post-, Fernmelde- und Funkwesen im 20. Jahr der Deutschen Demokratischen Republik, Postmuseum Berlin (DDR), Berlin 1969, S. 13

4 Dieter Heinrich: Der Postdienst in der DDR, in: Postpraxis, 10/90, S. 224

schier wirkungslos; weder heuerten mehr Postler an noch wuchs die Produktivität des Dienstleistungsunternehmens an: Zu gering waren die Anreize, zu verschlissen der Fahrzeug-, Maschinen- und Ausrüstungspark, zu unerträglich die Arbeitsbedingungen für die Postler der DDR.

Wenig Mittel für Modernisierung

„Die Post hatte bei den Fahrzeugen eine Erneuerungsrate von 1 Prozent jährlich", erinnert sich Dieter Fischer, „das heißt, in 100 Jahren sollten alle Fahrzeuge ausgewechselt sein. Die Zahl zeigt, daß die gelbe Post das letzte Rad am Wagen des DDR-Wirtschaftsgefüges war."[7]

Das eher dürftige Image der DDR-Post hing wohl auch mittelbar mit einer preußischen Tradition zusammen, der der Staats- und Parteiapparat unter dem Preußenhasser Walter Ulbricht absolut mißtrauisch gegenüberstand. Unter den Preußen wie in der Nazizeit wurden ausgemusterte Berufssoldaten von der Post übernommen. Sie sorgten für eine konservativ-autoritäre Grundhaltung bei der Post. Solchen angeblichen „Traditionen" aus der klassengegnerischen und/oder faschistischen Vergangenheit stand die offizielle DDR natürlich skeptisch gegenüber. Staats- wie Parteiführung waren lange geneigt, auf die gelbe Post verächtlich herabzuschauen.

Im Sozialismus, erinnert sich Rudolf Prewing, heute Post-Infopartner in Berlin, hatte die Post in erster Linie „Aufgaben von Staats wegen. Klar: Wir sollten Post befördern, aber was wirklich Bedeutung hatte, waren die Zeitungen. Bei den Briefen war wichtig, daß man sie kontrollieren konnte – wann und ob die zugestellt wurden, das hatte keine Priorität."[8]

So kam es, daß bei der gelben Post immer häufiger auch Leute eingestellt werden mußten, die woanders wegen aller möglichen Verfehlungen rausgeworfen worden waren, „nach dem Motto: Wer nichts wird und wer nichts kann, der geht zur Post oder zur Bahn. Das wurde in der DDR systematisch praktiziert" (Prewing).

Die Fluktuation bei der Deutschen Post der DDR war beachtlich, neben der unterdurchschnittlichen Bezahlung litt die Post unter einem eher schlechten Image in der Bevölkerung – verursacht zumeist durch Mißstände, für die die Postler selbst nicht verantwortlich waren: Die notorische Unterversorgung der Bevölkerung mit Telefonanschlüssen wie mit Zeitungen und Zeitschriften wurde regelmäßig der Post angelastet, die sich einer wahren Flut von Eingaben und Beschwerden zu erwehren hatte. Hinzu kam: Die Post mußte immer auch schwierige und sperrige Zeitgenossen einstellen.

Diebstahlsrate war beträchtlich

Diese wurden meist in den großen Verteilzentren, zum Beispiel im Berliner Bahnpostamt, zu körperlich schweren Arbeiten herangezogen. Nicht selten kreidete man diesen „Asis" auch Diebstähle von Postgut an, deren Verursacher freilich meist ganz andere Damen und Herren waren. Diebstahl von Amts wegen fand nahezu flächendeckend statt, und Diebstahl durch Postler wurde lauthals geahndet. Immerhin fischten DDR-Postler beispielsweise im Jahr 1988 mehr als 330 000 Mark aus Briefen und Paketen, und sie wurden entsprechend abgeurteilt. Die Leitung der Deutschen Post sah sich immer wieder genötigt, ihre Werktätigen zu ermahnen, wie aus einer Analyse der Verluste im Postverkehr hervorgeht, die für das III. Quartal 1989 angefertigt wurde. Als notwendig wurde erachtet

- eine weitere Intensivierung der Erziehungsarbeit zur Achtung vor dem Eigentum des Postkunden,

7 Interview mit Uli Schulte-Döinghaus, 4. 4. 1995

8 Interview mit Uli Schulte-Döinghaus, 5. 4. 1995

- Aktivierung der Prüf- und Kontrolltätigkeit,
- Anwendung des stückzahlmäßigen Nachweises im Paketverkehr in Amtsbereichen mit Verlustkonzentration bis zur Aufklärung der Straftat,
- ständige aktuelle Analyse der monatlichen Verlustentwicklung und sofortige Reaktion und
- Überwachung der ordnungsgemäßen Ausfertigung der Aushändigungsunterlagen.[9]

Entsprechend litt der Ruf der Post und der Postler unter der Herde schwarzer Schafe, die zwischen ihnen regelmäßig zu weiden pflegte.

Miese Entlohnung, schwere Arbeit – dürftiges Image

Postler als Dienstleister waren, zumal in einem Staat, der sich der Warenproduktion und der „Tonnenideologie" verschrieben hatte, nicht sonderlich gut angesehen. Immer wieder wurde auch parteiöffentlich beklagt, „daß verschiedene gesellschaftlich notwendige Berufe weniger Wertschätzung genießen als andere. Das betrifft zum Beispiel verschiedene Berufe der Dienstleistungen und des Handwerks."[10]
Im Jahr der Wende nahm fast jeder zehnte Postler seinen Hut (ohne Ruheständler) – insgesamt 10 579. 18,7 Prozent gaben als Grund an: Wohnungs- oder Wohnortswechsel. Für 17,6 Prozent war der Wunsch „nach anderer Tätigkeit" Grund genug, von der Post Abschied zu nehmen.[11] Die Mitarbeiter reagierten auf den allgemeinen Trend zur Tristesse, der sich 1989 in verbreiteter Frustration und Orientierungslosigkeit niederschlug. Die Katastrophe der Wirtschaft allgemein wurde in einer Analyse des Chefs der SED-Plankommission, Gerhard Schürer, deutlich, deren einigermaßen ungeschminkte Sprache die alten Herren im Politbüro bei Vorlage Ende Oktober 1989 zunächst nicht verstehen wollten.
Endzeit der DDR – und ihre Post bot sich, gleichzeitig erscheinender Prüfberichte zufolge, ähnlich desolat dar wie der Rest des DDR-Staats- und Wirtschaftsapparates.
Originalton vom 15. November 1989, sechs Tage nach Fall der Mauer und Öffnung der Grenzen; Verfasser: Abteilung Rechnungsführung und Statistik, Sektor Analyse und Preise im Ministerium für Post- und Fernmeldewesen:
„Die qualitätsgerechte Versorgung der Bevölkerung, des Staates und der Wirtschaft mit Nachrichtenverkehrs- und Dienstleistungen war auch im III. Quartal ein Schwerpunkt in der Führungs- und Leitungstätigkeit (...) des Post- und Fernmeldewesens.
Trotz dieser leitungsmäßigen Einflußnahme und intensiver Bemühungen der Mitarbeiter konnte oftmals und in vielen Bereichen eine den berechtigten Forderungen der Bürger und den Anforderungen des Staates und der Wirtschaft entsprechende Qualität nicht erreicht werden. Ein Ausdruck hierfür ist die weiterhin sehr hohe Anzahl an Eingaben der Bevölkerung."[12]
„Ursachen der bestehenden Unzulänglichkeiten in der Qualität liegen insbesondere in fehlenden Arbeitskräften und unzureichenden technischen Voraussetzungen, aber auch im Fehlverhalten von Mitarbeitern.
Im Post- und Zeitungswesen konnte (...) die rückstandsfreie Bearbeitung in wichtigen Verkehrsknoten nicht immer gewährleistet werden. Ein weiterer Anstieg der Zahl zu bearbeitender Bankschecks insbesondere in der Urlaubszeit brachte zusätzliche Belastung für den Annahmedienst.
Anschlußverfehlungen der Deutschen Reichsbahn, Überalterung, fehlende Ersatzteile und dadurch unzureichende Einsatzfähigkeit der Kraftfahrzeuge sowie ein hoher Verschleiß der technischen Anlagen führten nach wie vor zu Problemen bei der Einhal-

9 BV PZ/PÖK: Übersicht über die Qualität ausgewählter Leistungen im Post- und Fernmeldewesen 1988–89; in Bundesarchiv, Außenstelle Coswig, Bestände des Ministeriums für Post- und Fernmeldewesen der DDR, Archivnummer 5743

10 Hermann Weber: DDR. Grundriß der Geschichte, Fackelträger, Hannover 1991, S. 142

11 Ministerium für Post- u. Fernmeldewesen: Statistischer Jahresbericht der Deutschen Post 1989, Berlin 1989, S. 86

12 siehe dazu: „Die Post – Kummerkasten der Nation", S. 40

13 BV PZ/1: Information 23, in Bundesarchiv, Außenstelle Coswig, Bestände des Ministeriums für Post- und Fernmeldewesen der DDR, Archivnummer 5743

14 Egon Hölder (Hrsg.): Im Trabi durch die Zeit – 40 Jahre Leben in der DDR, Metzler-Poeschel, Stuttgart 1992, S. 173

15 zitiert nach: Armin Mittler, Stefan Wolle (Hrsg.) „Ich liebe euch doch alle". Befehle und Lageberichte des MfS, BasisDruck, Berlin 1990, S. 85

16 „Sie kriegen hier nur Prügel", Der Spiegel, 22. 7. 1991, Nr. 30/1991, S. 75 ff.

tung der normativen Laufzeiten der Postsendungen."[13]
Sehr ausgeprägt zeigte sich dies innerhalb Berlins, der (noch) „Hauptstadt der DDR". Dort erreichten im III. Quartal 1989 nur 87,2 Prozent der Briefe ihre Empfänger innerhalb von ein oder zwei Tagen.
Besonders bei der Verarbeitung von Briefen und Paketen aus der Bundesrepublik, einschließlich Berlin (West), war es im III. Quartal 1989, also noch vor Fall der Mauer, zu erheblichen Verzögerungen und zu einem rapiden Verfall der Laufzeitgeschwindigkeit gekommen – im Bezirk Frankfurt/Oder erreichten nur 45,3 Prozent aller Sendungen aus dem Westen einigermaßen pünktlich die Empfänger in der DDR.
Die volkseigenen Betriebe und Industrie-Kombinate warben bis zuletzt der Post nach Kräften Werktätige ab, obwohl dies zentrale Direktiven aus dem SED-Zentralkomitee ausdrücklich untersagten. Die Industrie litt zuletzt, ebenso wie der Dienstleistungsapparat Post, unter enormen Produktivitätsrückständen, die sie dadurch zu kompensieren suchte, daß sie die Beschäftigtenzahl aufblähte – Menschen statt Maschinen.
Nach Berechnungen von Statistikern der DDR war in den achtziger Jahren in der DDR für ein vergleichbares Volumen der Industrieproduktion gegenüber der Bundesrepublik erforderlich ein

- um 60 Prozent höherer Personalaufwand,
- um 20 Prozent höherer Aufwand an Elektroenergie,
- um 50 Prozent höherer Aufwand an Anlagegeräten.[14]

Der Jahresbericht 1989 der Deutschen Post der DDR ist offenbar noch unter dem Einfluß des real existierenden, wenn auch untergehenden Sozialismus entstanden. Unter denen, die 1989 von der DDR-Post beruflich Abschied genommen haben, sind vermutlich einige Hunderte, die 1989 aufgrund eines bewilligten Ausreiseantrags oder über die ungarische Grenze in die Bundesrepublik übergesiedelt sind.
Allerdings hält eine Statistik des „Ministeriums für Staatssicherheit" im Juli unter „Streng geheim" fest, daß von den mehr als 50 000 registrierten Ausreisewilligen im arbeitsfähigen Alter lediglich 638 Werktätige aus dem Post-, Funk- und Fernmeldewesen kommen.[15]

Frauenfirma Deutsche Post

Die Organisation der Zustellung war, wie Heinrich schreibt, auf die Frauen zugeschnitten, die sich, weil sie sich zu Hause um Kinder oder ältere Familienmitglieder kümmerten, keine längeren Arbeitswege erlauben konnten. Zuletzt waren 1535 von insgesamt 2466 Postämtern zugleich Zustellämter.
Diesen Ämtern wurden dann noch sogenannte Zustellstützpunkte zugeordnet, in denen auch Post ausgegeben wurde. Der Euphemismus „Stützpunkt" verklärt ein wenig den wahren Sachverhalt. Dahinter verbargen sich meist kleine Ein- oder Zweiraumwohnungen, die ein Spiegel-Reporter so beschrieb:
„In Berlin-Hellersdorf, einer Trabantenstadt mit 109 000 Einwohnern, hat ein Zusteller 1000 Haushalte zu versorgen. Das war schon vor der Wende so, nur gab es damals nicht die Briefestapel aus dem Westen. In einem der gesichtslosen Beton-Kästen ist, auf 65 Quadratmetern, ein Postamt untergebracht, zuständig für immerhin 30 000 Bürger. Zwölf Zustellerinnen bereiten in einem Zimmer dieses Wohnungspostamts ihre Tour vor. Sie haben die Säcke vor sich ausgeschüttet."[16]
Zu Anfang seiner Amtszeit als Partei- und Staatschef der DDR hatte Erich Honecker die Parole von der Einheit von Wirtschafts- und Sozialpolitik ausgegeben. Damit war der Anstoß für ein gigantisches Woh-

nungsbauprogramm, für Anhebung der Renten, die Verlängerung des Urlaubs, die Verkürzung der Wochenarbeitszeit und verbesserte Regelungen für Mütter verbunden.

Vor allem das betriebsnahe System von Kinderkrippen, Kindergärten und Kinderhorten hätte weltweit Vorbildcharakter haben können, wenn es bezahlbar gewesen wäre. So aber mußten die sozialen Errungenschaften aus dem volkswirtschaftlichen Bestand finanziert werden, der für Erneuerungsinvestitionen dringend gebraucht worden wäre. Die DDR hat sich, wenn man so will, abgeschrieben.

„Betriebe waren nicht allein Produktionsstätten", staunt das westdeutsche Forscher-Ehepaar Gerlinde und Hans-Werner Sinn, „sondern sie hatten auch den Charakter sozialer Klubs, in denen die Produktionstätigkeit bisweilen eine untergeordnete Rolle spielte. (...) Die hohe Arbeitsmoral, die man auf diese Weise hatte schaffen wollen, blieb ein Wunschtraum."[17]

17 Gerlinde Sinn und Hans-Werner Sinn: Kaltstart: volkswirtschaftliche Aspekte der deutschen Vereinigung, Mohr, Tübingen 1992, S. 35

Handstempelung abgehender Briefe im Bahnpostamt Leipzig.

Die Post – Kummerkasten der Nation

In der DDR machte die Postbotin meist zweimal, manchmal sogar dreimal täglich die Runde: Neben der Zustellung von Briefen und Karten mußten Rundfunkgebühren einkassiert werden, wenn die Werktätigen von der Arbeit zurückgekehrt waren. Und frühmorgens, im Idealfall vor 7 Uhr, mußten die Zeitungen ins Haus gebracht werden.

Nicht wenige Chronisten sehen im Zeitungsvertrieb die eigentlich wichtige Bedeutung der Post für das sozialistische System der DDR – die Deutsche Post quasi als Vertriebsapparat mit angeschlossener Brief-, Päckchen- und Paketabteilung.

Zunächst sollte die Verbreitung gedruckter Medien klassischen Vertreibern vorbehalten bleiben. Die nach Kriegsende begründeten verlagseigenen Vertriebsgesellschaften in den Ländern Brandenburg, Mecklenburg-Vorpommern, Sachsen-Anhalt, Sachsen und Thüringen wurden aber am 1. September 1949 eingestellt, die Mitarbeiter in den neuen Postzeitungsvertrieb und in das Zeitungsvertriebsamt übernommen.[1]

Zeitungsvertrieb war Sache der gelben Post

Dienststellen des Postzeitungsvertriebs (PZV) wurden in jedem Postamt der rund 220 politischen Kreise eingerichtet. Sie übten auf örtlicher Ebene alle Funktionen der Abonnenten-Verwaltung und des Einzelverkaufs von Presse-Erzeugnissen aus. Die Funktion des Großhandels wurde durch das Zeitungsvertriebsamt (ZVA) zentral ausgeführt. Organisatorisch stand das ZVA auf gleicher Ebene mit den Bezirksdirektionen der Deutschen Post (BDP). Es war dem Ministerium direkt unterstellt.

Zuletzt, beim Übergang der Deutschen Post zur Deutschen Bundespost, beschäftigte der Dienstzweig PZV noch rund 5500 Mitarbeiter, hinzu kamen rund 650 Beschäftigte beim ZVA und 120 in den Direktionen.

„Die Tatsache, daß die DDR-Bürger zu den eifrigsten Lesern Europas zählen, ist nicht zuletzt ein Verdienst des Postzeitungsvertriebes", priesen Ausstellungstexter eines Museumskataloges zum 20. Jahr der DDR 1969 pflichtschuldig. Tatsächlich war die Leistungsfähigkeit des Postzeitungsdienstes beträchtlich, er versorgte 6,9 Millionen DDR-Bürger mit täglichen Abonnementszeitungen oder anderen Periodika. Jeder Kunde hatte im Durchschnitt 3,4 Presse-Erzeugnisse abonniert.

Hinzu kam ein Netz von Kiosken und Läden, von Postschaltern und Einzelhandelseinrichtungen, wo Druckwerke im Auftrag des Postzeitungsvertriebs über den Ladentisch gingen.

1989 stellte die Post rund 3,3 Millionen Zeitungsexemplare zu. In größeren Städten mit mehr als 10 000 Einwohnern wurden – organisatorisch und zeitlich von der Zustellung der übrigen Postsendungen getrennt – zumeist in der Zeit bis 7.00 Uhr Tageszeitungen durch die Postzusteller ausgeliefert.

Anders als in den klassischen Bereichen des Post- und Fernmeldedienstes, wo es zuletzt zu erheblichen „Unzulänglichkeiten in der Qualität" (so ein Kontrollbericht über das III. Quartal 1989) gekommen war, waren bei der Zustellung der Druckwerke regelmäßig weniger Beanstandungen zu verzeichnen.

Die Statistik weist pro Quartal mal 160 Transportverluste im Postzeitungsvertrieb auf, mal 174 (III./89); 60mal sei es zum Zustellausfall infolge Verspätungen der Transportverbindungen gekommen. Daß sich dennoch Tausende DDR-Bürger regelmäßig mit sogenannten Eingaben an die Obrigkeit wandten, um über den Postzeitungsvertrieb Klage zu führen, hat weniger mit der Zustellqualität als mit einer DDR-Spezialität namens Sperrzeichenvermerk zu tun.

1 Die Ausführungen stützen sich auf: Franz-Josef Neuhoff, Die Abwicklung des Postzeitungsvertriebs im Verkehrsgebiet Ost, Postpraxis, Nr. 11/1993, 268 ff.

Sperrzeichen bremsen Lesewut

Alle Rohstoffe waren knapp oder wurden für Devisen ins westliche Ausland gebracht, und da machte Papier keine Ausnahme. Das bedeutete, daß die Auflagen bestimmter Druckerzeugnisse kontingentiert waren, auf der Postzeitungsliste mit einem Sperrzeichen versehen.

Dazu gehörten das begehrte Satireblatt „Eulenspiegel", die einigermaßen niveauvolle „Wochenpost", die Programmzeitschrift „FF-Dabei", die erotisch eingefärbte Postille „Magazin", aber auch praxisnahe Zeitschriften für Kraftfahrzeugtechnik, das Ratgeberorgan „Guter Rat" oder die heißbegehrten Zeitschriften für Modelleisenbahner und Philatelisten.

Wer diese Druckwerke abonnieren wollte, mußte entweder über exzellente Beziehungen (im Parteiapparat, beim Postzeitungsvertrieb) verfügen oder sich mit jahrelanger Geduld wappnen. Zwischendurch schrieb der wartende DDR-Bürger geduldig Anträge auf Abonnements oder formulierte dieserhalb Eingaben – praktischerweise gleich an das Politbüro des Zentralkomitees der Sozialistischen Einheitspartei Deutschlands (SED), zu Händen des Genossen Vorsitzenden Erich Honecker.

„Sehr geehrter Genosse Postminister..."

Typisch dafür die Eingabe des Bürgers R. vom April 1989, dessen Abo-Bitte über das Büro Honecker und den Postminister schließlich in der Abteilung Postzeitungsvertrieb landete:

„Seit September wohne ich in Berlin-Hohenschönhausen und versuche seit 8 Monaten, Zeitungen und Zeitschriften beim PZV zu bestellen – die 17 abgelehnten Scheine sind alle von mir gesammelt worden. (...)

Um sich über das tägliche politische, kulturelle und lokale Geschehen zu informieren, muß es doch möglich sein, Tageszeitungen u.ä. zu bekommen. Bei meinem späten Arbeitsbeginn ist es mir nicht möglich, um 7.15 Uhr am Bahnhofszeitungskiosk noch Zeitungen zu kaufen.

Vom Leiter des hiesigen Hauptpostamtes wurde ich zuletzt so beschieden: Die Annahme von Abonnementsbestellungen wäre nur zu Lasten des Angebots im Einzelverkauf möglich. Da damit nicht zu vertretende Einschränkungen des Angebots verbunden wären, werden grundsätzlich keine Abonnementsbestellungen angenommen. Es muß auch eingeschätzt werden, daß die volkswirtschaftlichen Möglichkeiten ein kurzfristiges Ausgleichen der Auflagen aus dem vorhandenen Bedarf nicht zulassen.

Soweit der Chef meines Hauptpostamtes – ich halte seinen Bescheid für unverständlich. So kurz vor den Kommunalwahlen am 7. Mai, im 40. Jahr unserer Republik, ist kein Vorankommen zu erkennen. Auf das Verständnis kann man doch nicht ewig hoffen, wo man andererseits doch so viel von ‚unseren Erfolgen' und dem ‚Weltniveau' hören kann."

Der Brief beschäftigte, wie aus dem Aktenarchiv hervorgeht, eine Reihe von Postoberen und -ministerialen, die sich gegenseitig „mit sozialistischem Gruß" ihre Ausflüchte zur Kenntnis gaben. Rund zwei Monate nach seiner Eingabe wurde der „werte Herr R." endgültig abschlägig beschieden.

„Alle Bemühungen der Deutschen Post bei den Verlagen und Druckereien um die Bereitstellung höherer Auflagen blieben bisher erfolglos. Daher kann die Deutsche Post Abonnementsbestellungen nur annehmen, wenn Exemplare dieser Zeitschriften durch Abbestellungen frei werden. Danach werden vorrangig Bestellungen aus zwingenden sozialen Gründen (z.B. für schwerstbeschädigte und behinderte Bürger) angenommen.

(...) Eine generelle Verbesserung der Versorgungssituation ist nur zu erreichen, wenn der Deutschen Post durch entsprechende Maßnahmen in den Verlagen und Druckereien höhere Auflagen für den Vertrieb zur Verfügung gestellt werden. Wir können Ihnen aber keinen Termin nennen, an dem solche Maßnahmen wirksam werden könnten. Hochachtungsvoll (unleserlich) PZV."

Eingaben an Staat und Partei waren für den Herrschaftsapparat ein probates Spiegelbild der Stimmung im Volk, und manchmal waren sie wohl auch der Beginn einer regelrechten Bespitzelung. Der Bürgerin (und Genossin) B. wird, wie später beschlossen wird, ein Partei-Agitator ins Haus geschickt, nachdem sie sich in einer sehr präzisen und alarmierenden Eingabe mit dem fast nicht mehr zu organisierenden sozialistischen Alltag im April 1985 auseinandergesetzt hat (unter anderem mit der Unmöglichkeit, die „Berliner Zeitung" zu abonnieren): „In meiner Eingabe liegt der Kern der Dinge, weshalb so viele Menschen die Ausreise aus der DDR beantragen." Die Genossin, eine prämiierte Maschinistin und verdiente Gewerkschaftsfunktionärin, prangert in ihrem Brief „uferlose Korruption" an und belegt dies. Sie beklagt: „Es ist aber so, daß zwischen der Kindheit und dem Alter ein ganzes Leben liegt, und dieses Leben ist völlig unbefriedigend."[2]

Zehntausende DDR-Bürger beantragten Jahr für Jahr auf diese Weise Abonnements, schrieben Eingaben an die DDR-Obrigkeit und machten ihrem Unmut Luft. Meist fügten sie Kopien ihrer bisherigen Ablehnungen bei; das Coswiger Archiv der Deutschen Post „zieren" heute bis zu 20 abgelehnte Abos pro eingebendem Bürger. Mit der Antwort auf ihre Beschwerden mußten sich eigens beauftragte, wortgewandte Sachbearbeiter in den Postdirektionen, im Ministerium und im Postzeitungsamt herumschlagen.

Antwortschreiben im Akkord

Zum Beispiel Rudolf Prewing, damals wie heute Postler in Berlin:

„Ich hatte die zweifelhafte Ehre, ein halbes Jahr zum Ministerium für Post- und Fernmeldewesen abgeordnet zu werden, um diese sogenannten Eingaben zu bearbeiten.

Wir mußten die Akte des Beschwerdeführers von vorne bis hinten durchlesen, und wir haben dann geschrieben, manchmal seitenlange Geschichten, in denen wir auch auf persönliche Dinge eingegangen sind und natürlich versprochen haben, schnellstmöglich tätig zu werden. Nach einer Einarbeitungsphase mußte man täglich sechs solcher Beschwerden abarbeiten; manchmal hatte man Glück und brauchte nur kurz zu schreiben, aber meist mußte ich gewundene Erklärungen abgeben.

Machen Sie mal jemandem verständlich, warum der Nachbar sogar in seiner Wochenend-Datsche einen Telefonanschluß hat, der Antragsteller, trotz einer kränkelnden Großmutter, keinen Anschluß bekommen kann. Kurzum, ich habe alles mögliche geschrieben!"[3]

Prewings Abordnung in die kafkaesk anmutende Eingabenabteilung währte nur ein halbes Jahr.

Ein (ungenannter) Kollege, im Beantworten von Eingaben ergraut, aber nicht abgestumpft, bescheidet Ende 1989 in einem Brief einen Postkunden mit der auch damals noch üblichen Ablehnung eines Abonnements. Er verbindet seine gewohnheitsmäßigen Floskeln allerdings mit guten Wünschen für die Zukunft des Bürgers und der Hoffnung auf neue Entwicklungen, die sich offensichtlich bald abzeichneten.

Er sei, so schreibt der Sachbearbeiter, ein Postler und könne sich deswegen Sinnvolleres vorstellen, als Kunden ständig irgendwelche sinnlosen Abfuhren zu erteilen.

2 MPF: Eingaben der Bürger zur Ablehnung von Abonnementsbestellungen, in Bundesarchiv, Außenstelle Coswig, Bestände des Ministeriums für Post- und Fernmeldewesen der DDR, Archivnummer 17444

3 Interview mit Uli Schulte-Döinghaus, 5. April 1995

Gegen Ende der DDR wurde es immer schwieriger, Zeitungen zu abonnieren: Papiermangel. In den Postämtern waren zwar Zeitungen und Zeitschriften zu kaufen – aber die Vorräte waren sehr schnell ausverkauft. Nur das „Neue Deutschland" war immer zu haben.

Die post war lotto

1 Die folgenden Absätze orientieren sich an Wolfgang Reball: Toto-Lotto-Dienst bei der Deutschen Post, in: Archiv für deutsche Postgeschichte, 1993, Heft 2, S. 87–94

Fast 40 Jahre lang wurden die kleinen Hoffnungen von der Deutschen Post ebenso gut bedient wie die großen Enttäuschungen. Wer etwas schneller zu einem Trabant oder Wartburg kommen wollte, wer sich einen etwas luxuriöseren Urlaub an der bulgarischen Schwarzmeerküste erlauben oder sich einen dieser voluminösen Farbfernseher von RFT Staßfurt zulegen wollte – der pilgerte regelmäßig zur Post oder deponierte dort einen Dauerschein: Die Post war Lotto, der Schalter zum kleinen Glück.[1]

Mit der Gewinnabrechnung für die 39. Spielwoche 1992 endete der Dienstzweig „Toto-Lotto-Dienst" bei der Post in Ostdeutschland – und damit ein bemerkenswertes Stück DDR-Sozial- und Postgeschichte. Es fing damit an, daß der Toto-Lotto-Dienst bei der Deutschen Post (DP) 1954 eingerichtet wurde. Er wurde in der Folge fester Bestandteil des Betriebsdienstes bei Postämtern und Poststellen, und zeitweilig war jeder zehnte DDR-Postler mit Toto und Lotto beschäftigt.

Der kleine Weg zum großen Glück führte in der DDR übers Postamt. Im Auftrag wickelte die gelbe Post dort Lotto- und Toto-Spiele ab, nahm die Wetten an und bezahlte eventuell die Gewinnsummen aus. Der Dienst erwies sich nach der Vereinigung als wenig rentabel, das Toto- und Lotto-System wurde – wie im Rest der Bundesrepublik – regionalen Unternehmen übertragen.

Der Toto-Lotto-Dienst der Deutschen Post wurde über einen längeren Zeitraum bei fast 3000 Annahmestellen in Postämtern und Lottoläden sowie in 9500 kleineren Poststellen auf dem Lande durchgeführt. Nirgendwo sonst sind derartige Dienstleistungen eines Fremdunternehmens mit postalischen Aufgaben verknüpft. Auch in anderen Ostblockstaaten war ein solches System, das Postverwaltungen und Spielbetriebe kombinierte, so nicht bekannt.

12 500 gelbe Annahmestellen

Wiewohl Glücksspiel gemeinhin als kapitalistische Entartung gebrandmarkt wurde, erwies sich der Spieltrieb der DDR-Bürger als durchaus nützliche Einrichtung für die Wirtschaft.

So gelang es der Führung, einerseits Kaufkraft abzuschöpfen und, damit verbunden, andererseits Mittel zur Finanzierung für Theater, Kulturklubs und Sportplätze lockerzumachen. 40 Prozent aller Einnahmen gingen für gute Zwecke ins Land, die restlichen 60 Prozent wurden unters Volk als Ausschüttung gebracht. Ausrichter der Wettspiele war der „VEB Vereinigte Wettspielbetriebe", der durch einen Globalvertrag, eine Art Dienstleistungsabkommen, mit der Deutschen Post verbunden war. Die Post war zivilrechtlich eine Art Erfüllungsgehilfe der Wettspielbetriebe.

Besonders beliebt unter den DDR-Zockern waren das Spiel „6 aus 49" sowie das Telelotto „5 aus 35". Ein ähnlich kümmerliches Dasein wie in der Bundesrepublik Deutschland fristete hingegen das Fußballtoto.

Um den mittwochs und freitags einsetzenden Schlangen vor den Postschaltern besser Herr zu werden, rührte man die Reklametrommel für das „Dauerspiel im Abbuchungsverfahren" („1mal getippt – immer dabei") und hatte damit beträchtlichen Erfolg. 1989 betrug der Anteil des Dauerspiels am Gesamtumsatz mehr als 30 Prozent.

Umsatzentwicklung Wettspiele (in Mio. M)	1974	1979	1984	1989
Gesamtumsatz des Wettspielbetriebes	949,8	1122,9	1438,7	1573,4
darunter				
Toto-Lotto-Spielarten in DP-Annahmest.	887,7	994,8	266,7	461,5
Toto-Lotto-Spielarten im Dauerspiel	–	39,9	266,7	461,5
Lotterien	62,1	88,2	46,0	46,0

Die Deutsche Post zahlte in der Regel bei Annahmestellen oder Gewinnauszahlungsstellen Gewinnbeträge bis 20 000 Mark aus. Für die Auszahlung höherer Beträge und die Ausgaben anderer Gewinne, die bei Sonderauslosungen ausgespielt wurden, zum Beispiel Autos oder Reisen ins sozialistische Ausland, waren die Bezirksdirektionen des Wettspielbetriebes zuständig.

Die ausgezahlten Gewinne wurden in einer Toto-Lotto-Liste erfaßt und über die Hauptannahmestellen abgerechnet. Die Spielscheine wurden vorwiegend von Dienstag bis Freitag angenommen, die Gewinnauszahlung begann in der Regel mittwochs nach der Ziehung und wurde spätestens 28 Tage danach beendet.

Neben den Gewinnen auf Grund der Ziehungsergebnisse gab es auch immer wieder etwas über Losbrieflotterien und besondere Aktionen zu gewinnen,

2 Ministerium für Post- u. Fernmeldewesen (Hrsg.): Statistischer Jahresbericht der Deutschen Post 1989, S. 204

die zugunsten des Deutschen Roten Kreuzes, der Gesellschaft zur Förderung des Olympischen Gedankens, merkwürdigerweise aber auch zugunsten eines Pressefestes der Zeitung „Neues Deutschland" oder einer Solidaritätsaktion des DDR-Journalistenverbandes veranstaltet wurden.

Die Provisionen, die Wettspielbetrieb und andere Veranstalter den Annahmestellen für ihre Dienstleistungen bezahlten, deckten nur, den damaligen Berechnungen zufolge, bis Mitte der achtziger Jahre die Selbstkosten. Danach schrieb der Wettspielbetrieb rote Zahlen, jedenfalls im Rahmen seiner Kooperation mit der Post. Die Erlöse aus dem Wettspieldienst beliefen sich zuletzt für die Post auf 53,2 Millionen Mark bei einem Spieleinsatz (bei postalischen Annahmestellen) in Höhe von rund 634 Millionen Mark.[2] Die unzureichende Höhe dieser Provisionen konnte freilich nicht neu ausgehandelt werden, sie war vom DDR-Ministerium der Finanzen ein für allemal festgelegt worden.

Nach der Wende wurden die Karten neu gemischt, aus den „VEB Vereinigte Wettspielbetriebe" wurde zunächst eine Firma der Treuhandanstalt (Ostdeutsche Lotto-GmbH). Deren Vermögen und Tätigkeit ging bald, am 31. Juli 1991, für einen symbolischen Preis von 1 DM, in die Lottogesellschaften der neuen Länder über. Der Dienstleistungsvertrag mit der Bundespost lief aus, man hatte sich u. a. über die Höhe der Gebühren nicht einigen können.

Devisenbeschafferin Philatelie

Die Telefonleitung zwischen Leipzig und der Hauptstadt der DDR war, wie üblich, schlecht. Mächtig aufgeregt schwoll die Stimme des Anrufers an, wie fast alle Telefonstimmen in diesen bewegten Tagen.

„Holen Sie doch erst mal Luft, Genosse Fleege", beruhigte der Oberdirektor Heinrich in der Zentrale der Deutschen Post seinen Gesprächspartner aus dem sächsischen Wermsdorf bei Leipzig.

Hier in Berlin, dachte Heinrich, geht seit gestern abend alles drunter und drüber. Sie tanzen auf der Mauer und spazieren durch die Grenzübergänge mit Sektflaschen in der Hand. Was kann da schon aus Wermsdorf, diesem Nest, Wichtiges kommen?

Ganz einfach: Es war der Vorschlag, Weltgeschichte mit Briefmarkensammlerei, Devisenknappheit und einem gehörigen Maß an Geldgier zu einer philatelistischen Großtat so zu verbinden, so daß man Millionen scheffeln könnte, in harter, richtig wertvoller D-Mark, wohlgemerkt.

Der Genosse Fleege aus Wermsdorf berichtete, an ihn sei soeben, unter den üblichen Mühen des deutsch-deutschen Telefonverkehrs, der Geschäftsführer der bundesdeutschen Firma Fünfstern herangetreten, eine Briefmarkenhandelsfirma aus Lindau am Bodensee, die die Interessen seines Betriebes in Westdeutschland wahrnehme. Der Angerufene, Genosse Fleege, war Direktor des Außenhandelsbetriebes AHB Philatelie Wermsdorf, des staatlichen Briefmarkenexporteurs der DDR. Sein westdeutscher Gesprächspartner von Fünfstern habe ihm eine Bombenidee unterbreitet, und die wolle er nunmehr der Post nahelegen.

Makabres Motiv zum Mauerfall?

„Erinnern Sie sich, Genosse Oberdirektor", fuhr Fleege fort, „daß wir vor drei Jahren eine Sondermarke veröffentlicht haben mit dem Titel ‚25 Jahre antifaschistischer Schutzwall'?"
„Keine Frage, natürlich erinnere ich mich, Genosse Fleege. Ist im Westen nicht absetzbar gewesen."
„Aus Sicht des Außenhandels war die Marke eine absolute Katastrophe. Aber das könnte man heilen."
„Wie das?"
„Unsere Vertreter in der BRD regen an, die alten Bestände der Sonderpostwertzeichen ‚25 Jahre antifaschistischer Schutzwall' aus der Versenkung zu holen und 20 000 Briefumschläge damit zu bekleben. Das Ganze müßte – und das ist der Clou – mit dem Tagesstempel 9. Nov. 1989, 21.00 Uhr versehen werden, also mit Datum und Uhrzeit von gestern abend ..."
„... dem Tag der Grenzöffnung ..."
„Genau. Am Tag, als die Mauer fiel, geben wir eine Sondermarke zum Gedenken an den sozialistischen Friedenswall heraus. Wenn das keine Ironie ist, die Devisen bringt! Ein philatelistisches Zeitdokument, sagt unser Mann von Fünfstern, das uns sechs-, wenn nicht siebenstellige Summen von westdeutschen Sammlern bringen könnte."
„Hört sich interessant an, Genosse Fleege."
„Ist hochinteressant, Genosse Oberdirektor. Aber nur wenn ihr im Ministerium euch blitzschnell entscheidet."
So oder so ähnlich wird wohl ein Gespräch geklungen haben, von dem wir nur wissen, daß es zwischen Fleege, dem obersten Briefmarkenhändler der DDR, und Oberdirektor Heinrich, dem zweithöchsten gelben Postler der DDR, am Morgen nach dem Mauerfall stattgefunden hat.
Jedenfalls hat Heinrich damals einen Vermerk angelegt und diesen auf die Reise durch die DDR-Postbürokratie geschickt, von wo er kürzelübersät zurückfand. Dem Vermerk beigelegt war tatsächlich ein Muster, ein neutraler Briefumschlag, der mit der Sondermarke „25 Jahre antifaschistischer Schutzwall" geschmückt war, einer miniaturisierten Monstrosität, auf der ein sozialistischer Teenager drei grinsenden Grenztruppensoldaten einen Blumenstrauß überreicht.
Die Marke ziert ein handgemalter, nicht sonderlich ebenmäßiger Stempel, Verfasser unbekannt, mit dem Datumsaufdruck 09. 11. 89.

Das zynische Motiv „Antifaschistischer Schutzwall" in Kombination mit einem Tagesstempel vom 9. November 1989, dem Tag der Maueröffnung, wurde nicht publiziert – obwohl geschäftstüchtige und devisensüchtige Kader der DDR-Post (in Zusammenarbeit mit westdeutschen Briefmarkenhändlern) auf derartige Emissionen drängten. So blieb es bei einem hingekrakelten Entwurf, der heute im Original unter den Akten des Volkseigenen Betriebs (VEB) Philatelie Wermsdorf im Bundesarchiv zu bestaunen ist.

Im Vermerk dazu hieß es: „Die BRD-Firma Fünfstern (kommerzieller Vertreter des AHB in der BRD) möchte anläßlich der am 9.11.1989 in Kraft getretenen Maßnahmen zum Reiseverkehr 20 000 Briefumschläge (neutral ohne Zudruck) importieren, die mit dem SPwz[1] ‚25 Jahre antifaschistischer Schutzwall' freigemacht und mit dem Tagesstempel eines Berliner Postamtes vom 9.11.1989 abgestempelt sind. Diese Briefe könnten bei kurzfristiger Lieferung als Zeitdokumente günstig und gewinnbringend auf dem BRD-Markt abgesetzt werden."[2]
Lange überlegten die Herren in der Mauerstraße, waren hin- und hergerissen zwischen der Aussicht auf dringend benötigte Devisen aus dem Westen und der Möglichkeit, zum Gespött der Zeitgeschichte zu werden. Oberdirektor Heinrich kam mit einem Kompromiß: Tagesstempel zur Maueröffnung, ja, „Schutzwall", nein. Der Vorschlag, dafür eine Marke mit neutralem Brandenburger-Tor-Motiv zu nehmen, setzte sich nicht durch. Das westdeutsche Briefmarkenhandelshaus bestand auf dem Schutzwall-Motiv.

Die Post als Dienstleisterin der KoKo

Damit war ein Projekt gestorben, das sich in eine beträchtliche Reihe von abenteuerlichen Aktionen und Versuchen eingereiht hätte. Die waren vom Außenhandelsbetrieb (AHB) VEB Philatelie Wermsdorf, von Dienststellen des Ministeriums für Post- und Fernmeldewesen sowie des DDR-Außenhandelsministeriums und dem Bereich Kommerzielle Koordinierung des Stasi-Obersten Schalck-Golodkowski angezettelt worden.
VEB Philatelie Wermsdorf war ursprünglich in den sechziger Jahren als Privatfirma gegründet worden und wurde 1972 in einen volkseigenen Betrieb (VEB) umgewandelt. 1981 wurde der Betrieb dem DDR-Wirtschaftsrat unterstellt, fünf Jahre später dem Herrschaftsapparat des DDR-Außenhandelsministeriums, Bereich Kommerzielle Koordinierung, angegliedert.
Damit war klar: Die philatelistischen Bestände des Wermsdorfer Betriebes sollten genutzt werden, um der wirtschaftlich darniederliegenden DDR westliche Devisen zu beschaffen, harte D-Mark, kostbare Dollars, unvergängliche Schweizer Franken. In der Folge, so schrieb der Spiegel 1991, machte das Wermsdorfer Unternehmen, bislang nur in der Briefmarkenfachwelt ein Begriff, nicht etwa Kleckerbeträge, sondern Millionengeschäfte mit Sammlerbeständen, die, wie anderes Kulturgut auch, häufig den Vorbesitzern abgepreßt oder enteignet, vom DDR-Zoll beschlagnahmt oder bei den Familien von Republikflüchtigen konfisziert worden waren.[3]
Dafür spricht die enge Zusammenarbeit der volkseigenen Philatelisten mit einer anderen Firma des Schalck-Golodkowski-Apparates, der Kunst und Antiquitäten GmbH (KuA), deren Generaldirektor, Joachim Farken, die Vorschläge der Philatelisten regelmäßig mitunterzeichnete.
Farkens KuA war bei Plünderungs- und Enteignungsaktionen immer dann dabei, wenn Kunstschätze oder Antiquitäten erwartet wurden, die auf dem Westmarkt gut unterzubringen waren. In enger Kooperation mit seinen sachverständigen Plünderern gelangte auch die Philatelie Wermsdorf regelmäßig in den Besitz wertvoller Sammlungen.
Dazu bediente man sich auch der Unterstützung konspirativer Helfer von der Staatssicherheit. Das sei dringend erforderlich gewesen, räumte der Boß der Truppe, Alexander Schalck-Golodkowski, später ein, „weil in verschiedensten Vorgängen, zum Beispiel bei Pfändungen und der Zurverfügungstellung von Waren, Probleme entstanden und in diesem Zusammenhang eine notwendige sachliche Klarstellung notwendig war ..."[4]

1 Sonderpostwertzeichen

2 MPF, Sektor Postwertzeichen, Bundesarchiv (Außenstelle Coswig), Archivnummer 17920

3 „Wat denn, lauter Hitler-Köppe?", in: Der Spiegel, 16.9.1991, S. 71

4 Koch, Egmont R.: Das geheime Kartell, Hoffmann und Campe, Hamburg 1992, S. 89

Die Schätzchen des Herrn Schalck

Auf dem (westlichen) Sammlermarkt war der VEB Philatelie Wermsdorf wegen seiner Briefmarken aus der Zeit des Nationalsozialismus bekannt und als Geschäftspartner begehrt. Über Marken verfügte die DDR zur Genüge, weil in Ostberlin die riesigen Bestände der ehemaligen Reichsdruckerei gelagert waren, die später von der DDR-Staatsbank übernommen und zu großen Teilen „von 1985 an systematisch von KoKo-Trupps geleert wurden".[5]
Philatelistische Raritäten waren bei den Großabnehmern, vor allem westdeutschen Briefmarken-Handelsunternehmen, sehr begehrt. „Das Geschäft lief", so zitiert der „Spiegel" den renommierten Hamburger Auktionator Wolfgang Jakubek, „hochkorrekt."
Die Wermsdorfer Markenhändler waren der DDR bis zuletzt erstklassige Devisenbeschaffer – die Schätzungen schwankten zunächst zwischen zehn bis zwölf Millionen DM pro Jahr und Milliardenwerten, die von Staats wegen umgesetzt wurden.
Einer der wichtigsten Kunden war natürlich die Deutsche Post der DDR, die mit dem VEB Philatelie Wermsdorf beträchtliche Geschäfte machte, deren Erlöse aber samt und sonders an den Staatshaushalt zurückführen mußte.
Manchmal gebärdete sich der volkseigene Betrieb sogar als Konkurrent des Monopolisten Post auf dem Inlandsmarkt und versuchte ganz offensichtlich, überzählige Briefmarkenkontingente aus dem eigenen Bestand irgendwie abzusetzen.
Heftig beschwerte sich das Postministerium im November 1987 beim Stellvertreter Schalck-Golodkowskis, Seidel, darüber, daß der VEB Philatelie Wermsdorf seit Jahren in Presseorganen der DDR Postwertzeichen zum Frankieren von Geschäftspost feilbiete. Das sei („mit sozialistischem Gruß") gegen die Vereinbarungen.

Quasi im Schlußverkauf wurden noch zur Herbstmesse 1990 in Leipzig große Mengen an DDR-Briefmarken feilgeboten, als sie nur noch wenige Wochen gültig waren. Später tauchten beträchtliche Bestände an DDR-Briefmarken in den alten Ländern auf – und prompt rankten sich die wildesten Gerüchte um ihre Herkunft.

5 „Wat denn, lauter Hitler-Köppe?", in: Der Spiegel, 16. 9. 1991, S. 71

Die VEB-Exportumsätze mit (gültigen) Briefmarken, Sonderbriefmarken, Jahrbüchern, Einschreibzetteln, Ersttagsausgaben usw. der Deutschen Post der DDR beliefen sich 1988 auf 8,2 Millionen DM, und sie nahmen 1989 geringfügig um 4 Prozent zu. Stets drängte die Partei, besonders der oberste Wirtschaftslenker, Günther Mittag, und verlangte nach immer mehr Devisen aus Post- und VEB-Kanälen. Die Parteiführung war von einem Planziel von 13 Millionen DM ausgegangen, das freilich nie erreicht wurde.

Meißen Top, Agitprop Flop

Im Juni 1988 warnte Postminister Schulze (CDU) den „werten Genossen Dr. Mittag" vor einer Ausweitung des philatelistischen DDR-Angebots, „um auch in den folgenden Jahren das Sammelgebiet ‚DDR' stabil und attraktiv zu erhalten". Man denke vielmehr daran, den Emissionsplan 1989 zu verändern, „mit dem Ziel der Erhöhung der Nominalwerte bei exportinteressanten Ausgaben (z. B. ‚Berühmte Dekors auf Meißner Porzellan' und ‚Blattkakteenzüchtungen')".
Meißner Porzellan ging immer gut, solange es die DDR gab. Auch auf Briefmarken, wie sich zeigte, und per Poststempel. Der Meißner Stempel zum Ausgabetag am 18. April 1989 wurde deswegen, für den Export, nicht per Hand im Postamt Meißen auf angeforderte Umschläge gedrückt, sondern maschinell in der Zweigstelle Dahme des VEB Philatelie Wermsdorf.
Es sei, so ließen die Wermsdorfer Profis die Meißner Postler wissen, mit langen Bearbeitungszeiten durch das Postamt Meißen zu rechnen, „was im Export problematisch ist". Ähnlich eilig hatte es Fleege (Wermsdorf) mit einem Auftrag, der seiner volkseigenen Firma von einem westdeutschen Importeur zugekommen war. Es ging darum, 8000 vorgefertigte Briefe mit der Briefmarkenausgabe „Gebäude aus den Staatlichen Schlössern und Gärten Potsdam-Sanssouci" zu bekleben und stempeln zu lassen. Fast flehentlich bat man nun die Postverwaltung:
„Wir sind informiert, daß es derzeit keinen Werbestempel für Sanssouci in Potsdam gibt. Bitte sorgen Sie dafür, daß kurzfristig ein solcher Stempel hergestellt wird. Von diesem Auftrag hängen 37 500 VM ab." (VM = Valutamark)
Die wichtigsten „nicht-sozialistischen" Geschäftspartner des VEB Wermsdorf und damit auch der Deutschen Post der DDR waren westdeutsche Briefmarken-Handelshäuser. Sie durften unter keinen Umständen noch mehr vergrätzt werden. Das DDR-Geschäft der Handelshäuser aus der Bundesrepublik litt seit einigen Jahren zunehmend unter unliebsamer, nach DDR-Recht sogar illegaler Konkurrenz. Davon waren besonders solche West-Händler betroffen, die teilweise seit vielen Jahren mit DDR-Behörden im Briefmarkengeschäft verbunden waren.
In einem Brief an Erich Honecker beklagt ein (West-) Berliner Handelshaus im Januar 1989, „daß die Menge der nicht vorschriftsmäßig ausgeführten Briefmarken-Neuheiten erheblich zugenommen habe". Die Leidtragenden dieser Entwicklung, so die Beschwerdeführerin, seien die Vertragspartner der VEB Philatelie Wermsdorf, „zu denen auch wir gehören".
Sie könnten gegenüber den Schwarzmarktpreisen nicht mithalten, ihre Kunden kürzten ständig die DDR-Abonnements oder kündigten sie ganz auf, „und früher oder später werden wir (aber auch der VEB Philatelie!) ohne Kunden dastehen, wenn nicht bald Maßnahmen zur Eindämmung der Überschwemmung des Marktes durch Schwarzware getroffen werden".

Aus dem Ruf des Jahres – „Wir sind das Volk“ – entstand ein Motiv, das im Frühjahr 1990 3,5millionenfach als Briefmarke aufgelegt wurde. 15 Pfennig kamen einem Leipziger Spendenkonto zugute.

Als unliebsame Konkurrenz wurden Diplomaten verdächtigt, die die Grenze in Berlin passieren durften und deren Gepäck nicht durchsucht werden konnte. Aber auch quasi offizielle Stellen in sozialistischen Bruderländern, die mit DDR-Marken im Westen devisenträchtigen Handel betrieben, standen unter Verdacht, die DDR-Handelskreise zu stören. Der offizielle DDR-Briefmarkenhandel beschäftigte sogar Agenten im Westen, die auf dem (Schwarz-)Markt Bestände kauften, um ihre Herkunft zu ermitteln.
Möglicherweise stießen sie auf merkwürdig vertraute Quellen. Wenige Monate nach der deutschen Vereinigung berichtete das Nachrichtenblatt des Briefmarkenhandels über rätselhafte Erscheinungen auf dem nunmehr gesamtdeutschen Markt. In letzter Zeit seien, so das Magazin, erstaunliche DDR-Bestände auf den Markt gekommen, in Begleitung eines rapiden Preisverfalls:
„Wenn bisher Ausgaben der letzten Jahre unter ihrem Nennwert (in DM Ost) nicht zu haben waren, sondern bereits über ihrem Nennwert gehandelt wurden, kommen jetzt schon ca. 10 Sorten in Mengen um 10 000 Satz zu halbem Nennwert auf den Markt." Auf die Frage, woher diese Marken kommen könnten, antwortet das Fachblatt mit einer interessanten Gegenfrage: „Oder sollten es die Quellen sein, die schon in den letzten Jahrzehnten den Markt verunsicherten und dabei auch dem offiziellen Außenhandel der DDR mit Briefmarken Schaden zufügten? Die damaligen Unter-Preis-Verkäufe erfolgten außerhalb der ‚offiziellen' Schiene durch die SED und wahrscheinlich durch die Stasi."[6]
Klöppelte etwa die Stasi mit? Besonders eindrucksvolle Mengen waren nämlich noch zu DDR-Zeiten 1988 von Kleinbögen der Emission „Klöppelspitzen aus dem Erzgebirge" im Westen aufgebracht worden. Die Mängelrügen der West-Händler zeigten rasch Wirkung. Ab sofort wurden die sozialistischen Bruderländer erst mit zwei-, dreimonatiger Verspätung mit DDR-Marken beliefert, um die Geschäfte zwischen Wermsdorf und dem Westen nicht weiter zu beeinträchtigen.
Ferner wurde daran gedacht, in Zukunft bestimmte Sondermarken erst gar nicht mehr in den sogenannten Freiverkauf gelangen zu lassen, sondern exklusiv den Liebhabern vorzubehalten – registrierte Abonnenten der DDR-Miniaturkunst.
Zunehmend rächte sich aber auch, daß die DDR allzu lange die Briefmarke als Medium ihrer Propaganda nach innen und außen benutzt hatte und immer seltener als die kleinste Kunstform, mit der man Sammler glücklich und ihre Geldbeutel leichter machen kann.
In Abstimmung mit dem obersten Devisenbeschaffer und besten Kapitalismuskenner der DDR, Alexander Schalck-Golodkowski, warnten die Philatelisten aus Wermsdorf die Post und ihre zuständigen Politbürokraten vor zuviel Klassenkampf und zuviel Langeweile auf den Marken, die international schlechterdings nicht abzusetzen seien. Höchstens an ein paar hartnäckige Sammler, die ihre Ländersammlung DDR komplett halten wollen, egal mit welchen Motiven.
Mit Agitprop, so die Erkenntnis der späten achtziger Jahre, waren keine Geschäfte zu machen. Sondermarken wie die, die des 40jährigen Bestehens des Demokratischen Frauenbundes gedachten, lagen eine Weile wie Blei in den Regalen des VEB Philatelie Wermsdorf und gingen später, kaum verkauft, in den Bestand der Deutschen Post zurück.
Derlei staats- und parteitragende Motive reizten übrigens auch die einheimischen Sammler der DDR wenig.
Hierzulande war sogar die Philatelie einer Art sozialistischem Numerus clausus unterworfen – der Mangelbewirtschaftung durch Sperrvermerke. Als Phila-

6 ohne Verfasser: Vagabundierende DDR-Bestände, Nachrichtenblatt des Briefmarkenhandels, ohne Datum, S. 21

telist wurden nur ein paar tausend Sammler in der DDR offiziell zugelassen; nur sie konnten Ersttagswerte erwerben, Blocks und die begehrten Jahressammlungen. Die Papier- in Kombination mit Devisenknappheit zwang die DDR-Post dazu, ihre Auflagen an Sonderpostwertzeichen zunächst international anzubieten, bevor sie die Sammelwut des heimischen Publikums befriedigen durften. Um den internationalen Qualitätswünschen zu entsprechen, mußte zuletzt sogar Papier – zunächst für acht Emissionen von Sondermarken – für teure Devisen aus dem Westen importiert werden, teure Importe für hochriskante Exporte!

Deshalb wurde auch die einheimische Sammelwut drastisch kontingentiert; Sammler erhielten einen Ausweis „für den Bezug von zwei Sätzen Sonderpostwertzeichen“, an dem Abschnittsmarken hingen, die ältere Zeitgenossen heftig an Lebensmittelmarken der Nachkriegszeit erinnern konnten.

Abschnittsweise konnten so bis zu 30 Neuausgaben von Sonderpostwertzeichen gekauft werden, bis ein neuer Antrag und ein neuer Ausweis und ein neuer Abschnittsblock fällig war. „Die Ausfuhr von Postwertzeichen über die Staatsgrenze der DDR ist unzulässig. Sie dürfen nur für den eigenen Bedarf und nicht für Dritte oder für spekulative Zwecke erworben werden.“

Mit der Vereinigung zur Bundesrepublik Deutschland war natürlich auch Schluß mit Ausweisverfahren, Abschnittheftchen und DDR-Dauerbezug. Die letzten Sondermarken wurden einen Tag vor der Einheit auf Abschnitt 10 und Abschnitt 11 ausgegeben, es handelte sich dabei um den „41. Kongreß der Internationalen Astronautischen Föderation, Dresden 1990“ und die „Heinrich-Schliemann-Ehrung“.

Die sehr geehrten Kunden wurden höflichst gebeten, ab dem 3. Oktober sich dem Sammlerservice der Deutschen Bundespost anzuschließen.

Mit Marken zu spekulieren war Privatsammlern nicht gestattet, das behielt sich, zuletzt mit abnehmender internationaler Attraktivität, der volkseigene Markenexporteur Philatelie Wermsdorf vor. Dort klagte man bereits 1988 über den internationalen Unwillen[7], über zuviel Propaganda und Personenkult, zuwenig Markenästhetik.

„Bestimmte Emissionen von Postwertzeichen der DDR unterliegen international des öfteren kritischen Betrachtungen. So wird u. a. seit längerem auf die philatelistisch wenig attraktiven Ausgaben von Persönlichkeiten hingewiesen. Verschiedenen Ausgaben zu einzelnen gesellschaftlichen Ereignissen (z. B. Pioniertreffen, Solidarität) mangelt es an gestalterischer Wirkung, es erfolgen zu häufig monotone Wiederholungen.“

Zur Devisenplanerfüllung ließen sich die staatlichen Briefmarkenexporteure allerhand einfallen: Das reichte von der Emission von sogenannten Schwarzdrukken, die der VEB Wermsdorf über eine westdeutsche Importfirma abzusetzen hoffte, bis zur Überlegung, bewußt Fehldrucke zu produzieren, um den Handel anzukurbeln.

Wenige Monate zuvor wäre diese Gemeinsamkeit wahrscheinlich noch undenkbar gewesen: Am 12. Januar erschien die Briefmarke mit dem Albrecht-Dürer-Motiv „Kleiner Postreiter“ zugleich in der DDR, in der Bundesrepublik, in Österreich und Belgien.

7 MPF, Sektor Postwertzeichen, Bundesarchiv (Außenstelle Coswig), Archivnummer 15240, S. 182 ff.

Das Geschäft mit den Schwarzdrucken

Schwarzdrucke sind im eigentlichen Sinn kein philatelistisches Produkt, geschweige denn ein Service von Postverwaltungen: Sie sind mehr oder weniger Kopien oder Nachdrucke von originalen Postwertzeichenblocks, und sie treffen regelmäßig nur auf eine bestimmte Schar von Sammlern.
Eine Exportabführung von 120 000–140 000 VM[8] versprach sich der Betriebsleiter des VEB, Fleege, von dem Deal mit der westdeutschen Firma, und er bat den Hauptdirektor der Post, Heinz Schunke, brieflich um Zustimmung, auch zu der eher verwirrenden Formulierung auf den Schwarzdruck-Ersttagsblättern: Autorisiert durch VEB-Philatelie, Wermsdorf.
Ob es zu den erwarteten Devisenumsätzen kam, ist nicht verbürgt. Belegt ist aber der Versuch, mit organisierter Schummelei die Staatskassen zu füllen.
So wußten die Postler des Ministeriums einen Versuch des VEB-Briefmarkenhändlers abzuschmettern, „zur weiteren Unterstützung des Exportumsatzes Teilauflagen (z. B. von Blocks und/oder Kleinbögen) für den Außenhandel zu stempeln“.
Die Postler aus dem Ministerium, stets um ihre internationale Reputation besorgt, wimmelten derlei Ersuchen prompt ab. „Das brächte“, ließ Oberdirektor Heinrich die Wermsdorfer Bittsteller wissen, „allenfalls kurzfristige Exporterlöse, aber mit Sicherheit begründete Zweifel an der Seriosität der Arbeit der Postverwaltungen der DDR.“
International sind andersfarbige (rote) Stempelabdrucke zwar durchaus gebräuchlich, aber sie sind Freistempeln vorbehalten, und sie werden in keinem Fall auf Briefmarken verwendet.
Das Ministerium für Post- und Fernmeldewesen der DDR, in dem solche Entscheidungen zu treffen waren, war in der Mauerstraße 69–75, unweit des Brandenburger Tores und nur ein paar hundert Meter vom Bahnhof Friedrichstraße entfernt. Die hohen Herren der Arbeitsgruppe Postwertzeichenexport beschäftigte der Emissionsplan für das Jahr 1990 und die Briefmarkenmotive, die schon vor Monaten ausgedacht worden waren.
Man mußte den Entwicklungen, die zwischenzeitlich über die DDR hereingebrochen waren, geschmeidig Rechnung tragen. Der Emissionsplan mußte umgestellt werden, die Themen waren neu zu belegen. Von bestimmten Motiven hatte man Abschied zu nehmen, andere waren vor dem Hintergrund der „gegenwärtigen gesellschaftlichen Situation“ (wie die Umbruchzeiten im vorsichtigen Funktionärsjargon genannt wurden) neu aufzulegen, um den Einnahmerahmen zu halten.
Also kamen folgende Sondermarken, dem Zeitgeist entsprechend – Originalton –, „in Wegfall“:
Die 23. Arbeiterfestspiele, das XIII. Parlament der Freien Deutschen Jugend (FDJ) und schließlich der 12. Parteitag der SED. Der Abschied vom Sozialismus auf Raten – er machte sich bis zu den Berufsphilatelisten bemerkbar.
Statt dessen entschloß man sich, wesentlich zivilere, eher neutrale Themen zu forcieren. Mit „Historischen Flugmodellen“ wollte man besonders groß rauskommen, mit einer gemeinsamen österreichischen, deutsch-deutschen, belgischen Edition „500 Jahre Postwesen“, natürlich mit Sonderpostwertzeichen zur neuaufgebauten, prachtvollen Synagoge in Berlin und mit einem Motiv zur 10. Internationalen Briefmarkenausstellung der Jugend, die für den Juni im rheinischen Düsseldorf angesetzt war.
Die Damen und Herren gingen auseinander, nicht ohne die nächste Beratung zu terminieren. Sie sollte im Dezember stattfinden. Wichtigster Tagesordnungspunkt: Emissionsplan für das Jahr 1991. Der Plan wurde erörtert, aber spätestens zehn Monate später war er Makulatur.

8 **Valutamark**

Zeitgleich mit der Wirtschafts-, Währungs- und Sozialunion mit der Bundesrepublik Deutschland legte die DDR-Post ihre letzte Dauerserie mit Kulturdenkmälern in Ostdeutschland auf. Aber auch alte Briefmarken behielten vorerst ihre Gültigkeit, auch wenn sie mit unzeitgemäßen Motiven versehen waren.

Reißverschluss per Sonderpost

Im Rückblick erinnert die DDR manchmal an ein Land voller Geheimnisse. Privat zogen sich viele Menschen, wie es hieß, in ihre Nischen zurück und versuchten, ihre Intimität und Individualität der Neugier des Machtapparates, so gut es ging, zu entziehen. Wie es drinnen, in der Datsche, aussah, ging nun wirklich niemanden was an, selbst die Herren von der Firma „Horch und Guck“ nicht, wie die Staatssicherheit im Volksmund genannt wurde. Heute wissen wir, daß die Staatsschnüffler selbst Reste von Individualität und Privatheit mitbekamen, wenn sie es wollten. Ehemänner wurden (erfolgreich) als Informelle Mitarbeiter angeheuert und lieferten Berichte über ihre Frauen. Privatgeheimnisse waren bürgerlich und konterrevolutionär und deshalb beizeiten zu lüften.

Dem entsprach das Mißtrauen als Prinzip im öffentlichen Alltag. Kaum ein Leiter oder Kader, der nicht sofort zum Geheimnisträger hochgestuft worden wäre, hätte man ihm nur die stellvertretende Aufsicht über eine entlegene Müllkippe übertragen.

Geheimnisträger durften Verschluß-(VS-)Sachen bearbeiten oder NfD-Akten (Nur für den Dienstgebrauch). Weil aber fast alles unter Verschluß kam oder zum Dienstgebrauch erklärt wurde, waren fast alle Funktionsträger und Verwaltungsexperten der DDR „vergatterte“ Geheimnisträger. Ihre Vergangenheit und Gegenwart wurde ständig auf Zuverlässigkeit überprüft, sie durften keine Westverwandten besuchen, geschweige denn irgendwie mit ihnen in Kontakt treten. Ihnen war bei Strafe verboten, mit Westlern Verbindung zu halten, und Westreisen, die dem gemeinen Volk anläßlich von Familienfeiern erlaubt waren, waren für die Nomenklatur der Geheimnisträger ohnehin nicht möglich. Gerhard Troschke, als Präsident der Bezirksdirektion Schwerin, mußte mit Freunden und Verwandten regelrecht brechen, als diese in den Westen zogen. „Das hat mir schwer, sehr schwer zu schaffen gemacht“, erinnert er sich. Heute noch sind an den Türrahmen vieler Büros in der ehemaligen DDR Umrisse von Siegeln und Petschaften zu bestaunen, die Abend für Abend anzubringen waren. Schlüssel umzudrehen reichte nicht, es mußte ein Siegel her – selbst wenn sich hinter der Tür nur das Handtuchlager verbarg. Die offizielle Geheimgesellschaft DDR machte schon gar nicht vor Post und Telekommunikation halt. Ende 1989, Anfang 1990 mußten Tausende von Postlern von ihren Pflichten als Geheimnisträger entbunden werden – auch sie wollten von den Annehmlichkeiten der Grenzöffnung endlich Gebrauch machen.

Staat, Armee und Partei profitierten vom Sicherheitskult. Sie brauchten sich zum Beispiel nicht öffentlicher Telefonnetze zu bedienen, sondern unterhielten teure, wahrscheinlich abhörsicherere Spezialverbindungen. Diese Leitungen wurden – mindestens in den ersten Monaten nach Wende und Vereinigung – von den neu entstehenden Länder- und Bundesverwaltungen teilweise wieder in Gebrauch genommen. So nutzte die Treuhandanstalt für ihre Kommunikation zwischen Zentrale (Berlin) und den Außenstellen das vorhandene Regierungsnetz der DDR. Der Staatsapparat unterhielt sogar ein eigenes postalisches Netz, den Zentralen Kurierdienst (ZKD).

Extrapost per ZKD

„Der wurde zwar innerhalb des Logistiknetzes der Post organisiert“, erinnert sich Hans-Jürgen Niehof, vormals Datenverarbeitungsfachmann, später Parlamentarischer Staatssekretär und nach dem Rücktritt von Minister Schnell letzter Chef der Deutschen Post, „aber er wurde gesondert gesichert.“

Via Zentralem Kurierdienst sollte der Verkehr zwischen volkseigenen Betrieben, Ministerien, Ämtern und Einrichtungen abgewickelt werden, besonders,

wenn es um die Übermittlung von Dienstgeheimnissen ging.
An vielen Postschaltern in der Republik waren ZKD-Annahmeschalter, wo derlei Dienstpost gesondert angenommen und auf die Bahn gebracht wurde. Verschlossen, versiegelt, zur Abholung durch eigens Bevollmächtigte ausersehen. Die Sendungen durften nur von Volkspolizei-Offizieren, die besonders instruiert waren, inspiziert werden. ZKD-Sendungen mußten selbstverständlich freigemacht werden, und sie wurden mit Kontrollmarken versehen.
Derlei Marken weckten natürlich das Sammlerinteresse, und so kam es, daß sich 1982 das Büro des Staatsratsvorsitzenden Erich Honecker mit der Bitte eines Philatelisten aus der Bundesrepublik herumschlagen mußte, der ihn um die Überlassung bestimmter Kontrollmarken bat, um Lücken in seiner Sammlung zu schließen."[1] Ob dem Mann, der sich E. H. gegenüber als Postbetriebsassistent a. D. zu erkennen gab, geholfen wurde, ist nicht überliefert.
Verbürgt ist freilich, daß der Zentrale Kurierdienst, der ursprünglich als Transportmittel zum Austausch von Dienstgeheimnissen eingerichtet war, mehr und mehr zur „Päckchenstelle" der volkseigenen Betriebe verkam; gewissermaßen zur Paketpost de Luxe, und das zu geringeren Kosten.
Gutachter schlugen im Oktober vor, die Gebühren mindestens so zu gestalten, daß sie mit den Gebühren für die Beförderung mit Wirtschaftspaketen und -päckchen endlich gleichziehen. Die ZKD-Leistungen waren zu billig, und die Post mußte beim Subventionstransfer mittun. Konsequenz:
„Es werden verstärkt Gegenstände über den ZKD versandt", beschwerte sich eine Erfurter Postgröße 1982, „die keine Dienstgeheimnisse (...) darstellen."[2] Der Mann hatte ZKD-Pakete unter Aufsicht von Volkspolizei-Offizieren öffnen lassen und war zu bemerkenswerten Ergebnissen gekommen.
Beliebte Dienstgeheimnisse waren beispielsweise Reißverschlüsse, Stoppuhren, Metallhülsen, Zigarrendeckblätter, defekte Taschenrechner, Dominosteine, Zündkerzen, Puppen, Spielzeug und leere Säcke. Deren Empfänger war das Modeinstitut der DDR, das das rohe Tuch, zu welchen Zwecken auch immer, benötigte.
Mitte 1990, ein paar Wochen vor der Wirtschafts- und Währungsunion mit der Bundesrepublik, drückte die Post dem ungeliebten Geheimnisdienst ZKD endlich kostendeckende Gebühren auf. Das war das marktwirtschaftliche Ende einer merkwürdigen Dienstleistung.

1 MPF: Postsonderfragen, Zentraler Kurierdienst (ZKD), Bundesarchiv Potsdam, Außenstelle Coswig, Archivsignatur 26065

2 ebenda

Briefgeheimnis: Der alltägliche Bruch

Für Alt-Historiker und für Latein-Forscher gehört die Buchreihe „Aufstieg und Fall der Römischen Welt" zur wissenschaftlichen Grundausstattung. Die Reihe wird seit Jahren von Prof. Hildegard Temporini und Prof. Wolfgang Haase herausgegeben; sie wird abwechselnd an der Universität Tübingen und der Universität Boston (USA) betreut.

Mit dem Projektleiter Prof. Haase stand und steht Prof. Ernst Günther Schmidt seit Jahren in engem wissenschaftlichen Kontakt, der sich meist auf den Austausch von Briefen beschränken mußte. Prof. Schmidt war vor 1989 Leiter der Sektion Altertumswissenschaft der Friedrich-Schiller-Universität Jena, die nach der Wende in ein Institut für Altertumswissenschaft umgewandelt wurde.

Dem Forscher und Institutschef sandte der Tübinger Herausgeber 1985 insgesamt neun Bände des altertumswissenschaftlichen Standardwerkes zu, unter anderem mit Betrachtungen über „Sprache und Literatur" und „Religion" der Römischen Welt. Die Bände stellten einen Wert von 3000 DM dar und waren für die Forschungsarbeiten des Jenaer Altertumswissenschaftlers von beträchtlich größerem Wert.

Angekommen freilich sind sie in Jena nie. Irgendwo auf dem Postweg zwischen der Schwäbischen Alb und dem Saaletal gingen sie verloren, wurden höchstwahrscheinlich in einem der 14 Postzollämter der ehemaligen DDR geöffnet und gestohlen.

Alle späteren Versuche, den Verlust respektive den Diebstahl aufzuklären, schlugen fehl. Die Bücher sind und bleiben verschwunden.

Die Geschichte der Dokumente wirft ein Schlaglicht auf ein eher düsteres Kapitel, in das die Deutsche Post der DDR verstrickt war – auf Geheiß der Staats- und Parteiführung, ohne ihr aktives Zutun und wohl auch gegen ihren Willen.

Die Ausgangslage:

Die ehemalige Deutsche Post war verpflichtet, und zwar von DDR-Gesetzes wegen, Pakete und Päckchen sowie Briefsendungen, in denen verbotene oder besondere Waren vermutet wurden, an 14 festgelegten Postzollämtern – das waren Einrichtungen der DDR-Zollverwaltung – zur sogenannten Zollkontrolle vorzuführen.

In der Bundesrepublik und anderen rechtsstaatlich verfaßten Ländern inspiziert der Zoll derlei Sendungen entweder unter den Augen des Empfängers oder eines Postbediensteten. Nicht so im System der ehemaligen DDR: Dort hatte das Personal der Deutschen Post die eingehenden Sendungen dem Zoll zu übergeben – wie es weiterging, ging die Postler nichts an. Sie hatten keine Kontrolle darüber, ob, wann und in welchem Zustand die Sendungen wieder in den Postbetrieb gelangten. Diese Kontrolle übten andere Damen und Herren aus, meist an Ort und Stelle.

In den Dienststellen der Zollverwaltung gab es nämlich auch Einrichtungen des Ministeriums für Staatssicherheit, also der Stasi. Nach der Wende wurde die Staatssicherheit nicht nur als hervorragend informierter Schnüffelapparat dekuvriert, sondern auch als Organisation mit dem staatlichen Auftrag zum Postraub. Auf Weisung und Befehl des Politbüros, das Erich Honecker führte und das Stasi-Chef Mielke jahrzehntelang mit Nachrichten aus dem Innenleben der DDR versorgte.

Im Politbüro war irgendwann der internationale Postweg, in den die DDR natürlich eingebunden war, als lohnende Devisenquelle entdeckt worden, die es auszuplündern gelte. Allein zwischen 1984 und 1989 wurden rund 32,7 Millionen DM aus Postsendungen meist westdeutscher Absender entwendet. Hinzu kommen Gegenstände, die aus Päckchen und Paketen „beschlagnahmt" wurden, wodurch dem DDR-Staatshaushalt 10,2 Millionen DM zugeflossen sein mögen. Die Post wurde vernichtet, das Post- und

Briefgeheimnis flächendeckend, systematisch und hunderttausendfach gebrochen.
Der Regensburger Rechtswissenschaftler Friedrich-Christian Schröder rechnet aufgrund von staatsanwaltschaftlichen Erkenntnissen im Raum Magdeburg hoch, daß DDR-weit mehr als 320 000 private Briefe, Päckchen und Pakete aus der Bundesrepublik aufgebrochen und ausgeraubt wurden – allein zwischen 1984 und 1989.[1]

1 Friedrich-Christian Schröder: Als die Stasi Postsendungen plünderte, Frankfurter Allgemeine Zeitung, 7. 1. 1995

Postzollamt Potsdam: Unter erheblichem technischen und personellen Aufwand inspizierte die Zollverwaltung der DDR, immer in enger Zusammenarbeit mit Kräften der Staatssicherheit, eingehende Sendungen. Im Wege eines von Staats wegen organisierten Diebstahls wurden die Inhalte von Briefen, Päckchen und Paketen zu Geld gemacht „und dem Staatshaushalt überführt", wie es hieß.

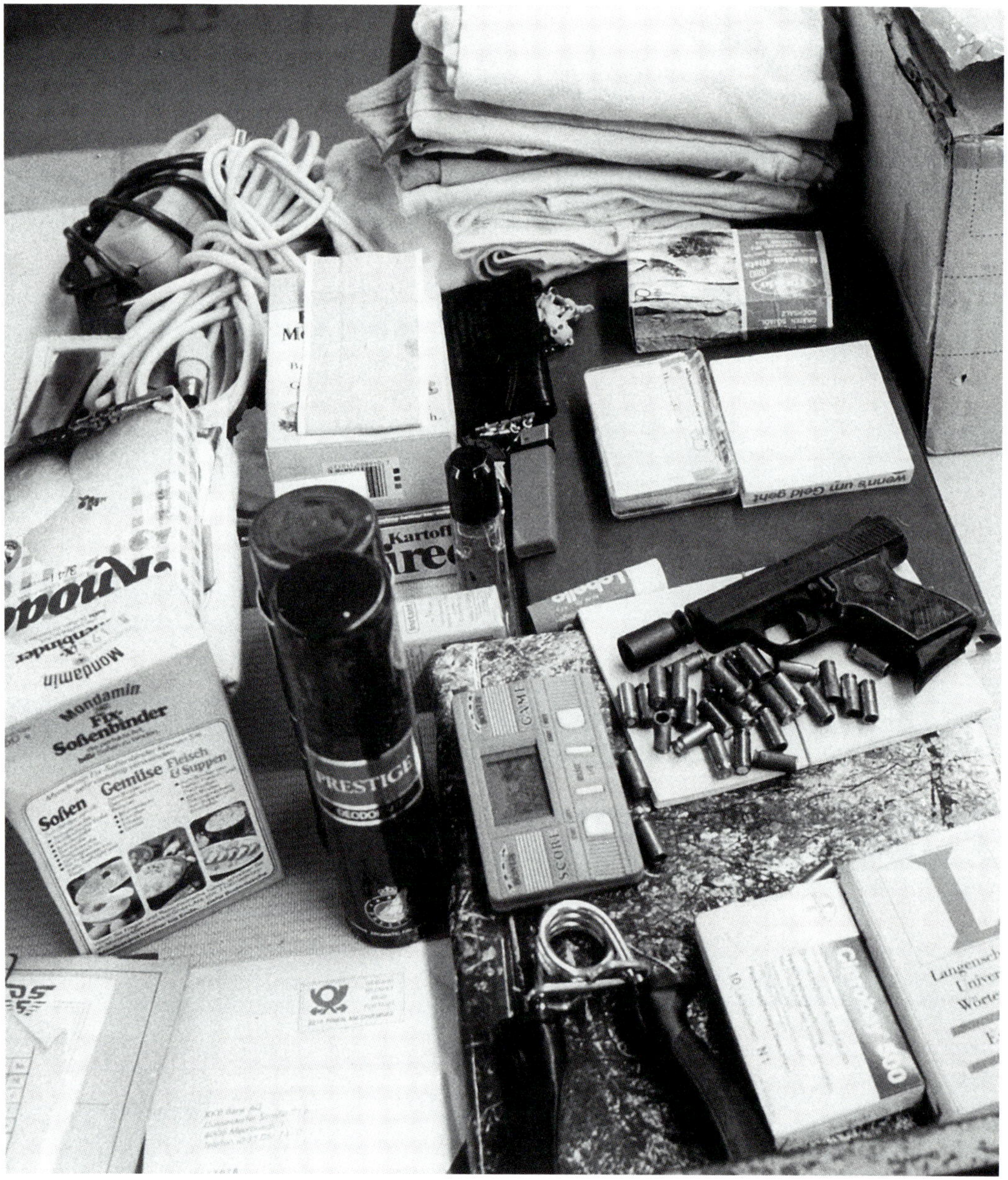

Weil viele Waren einem offiziellen Einfuhrungsverbot unterlagen, kamen sie beim Empfänger in der DDR nie an. Dazu gehörten bestimmte Literatur, Zeitungen und Zeitschriften, Nahrungsmittel, Medikamente, natürlich auch Waffen und Munition jeder Art.

Diebesgut für Stasi-Zwecke

Das so erbeutete Diebesgut wurde an MfS-Bedienstete verkauft oder dem Bereich „Kommerzielle Koordinierung“ (Chef: Alexander Schalck-Golodkowski) zugeleitet. Wahrscheinlich sind in seinem Milieu auch die gestohlenen Bände aus dem „Aufstieg und Niedergang der Römischen Welt“ vermarktet worden.
Für die Plünderungen der Post zuständig war die Abteilung M der Hauptabteilung II (Spionageabwehr) des Ministeriums für Staatssicherheit, dieser Abteilung stand zuletzt als Generalmajor Rudi Strobel (65) vor. Hauptsächliche Aufgabe der Abteilung, in der über 500 Mitarbeiter beschäftigt wurden, war die Kontrolle und Auswertung von nationalen und internationalen Postsendungen. Hier wurden etwa zehn Prozent aller Briefe kontrolliert.
Strobel („Ich fühle mich im Sinne der Anklage nicht schuldig“) mußte vom Vorwurf der Unterschlagung freigesprochen werden; in einem ähnlichen Fall hatte der Bundesgerichtshof in Karlsruhe befunden, daß keine persönliche Bereicherung stattgefunden habe. Die Mitarbeiter der Staatssicherheit, die an dem organisierten Postraub beteiligt gewesen seien, hätten auf Weisung gehandelt; schließlich seien die Gelder und Gegenstände in den Staatshaushalt der DDR weitergeleitet worden.
Originalton Bundesgerichtshof: „Die Entnahme von Geldbeträgen aus Briefen und deren Weiterleitung über die Finanzabteilung des MfS in den Staatshaushalt der DDR ist weder als Unterschlagung noch als Beihilfe hierzu strafbar.“
Im Verfahren gegen Ex-Generalmajor Strobel ging es auch um sogenannte Irrläufer – Post aus der Bundesrepublik für Adressen in der Bundesrepublik, die in westdeutschen Auswechslungspostämtern irrtümlich falsch geleitet wurde und in der DDR landete. Solche Sendungen mußten von der Deutschen Post bei der Abteilung M des Ministeriums für Staatssicherheit abgeliefert werden. Statt diese Irrläufer, wie es den internationalen Vereinbarungen entsprochen hätte, unbeschadet zurückzuleiten, wurden sie offensichtlich systematisch gefilzt und ausgeraubt.
In den letzten vier Jahren vor der Stasi-Auflösung wurden aus solchen Irrläufern Waren im Wert von 4 045 214 DM entnommen. „Das meiste davon (im Werte von 3,2 Millionen DM) gelangte in einen Spezialladen des MfS, wo es an höhere MfS-Offiziere verkauft wurde. Der Rest ging an Diensteinheiten des MfS, ein geringer Teil gelangte über die Zollverwaltung in den Einzelhandel“[2] oder kam irgendwie sonst unter die Leute. „Besonders attraktive Inhalte wie Schmuck und Antiquitäten rubelte Schalcks Devisenfirma Kommerzielle Koordinierung (KoKo) wieder an West-Kunden um.“[3] Das KoKo-Unternehmen „Kunst und Antiquitäten“ verdiente rund 145 000 DM mit Hehlerware aus ausgeraubten Irrläufern.
Ein ungenannter Gesprächspartner erinnert sich an einen Bekannten, der als Zollmitarbeiter eine riesige Asservatenkammer mit Büchern und Zeitschriften aus dem Westen zu verwalten hatte. Bei ihm, dem guten Freund vom Zoll, hätte man regelmäßig aussortierte und konfiszierte Westzeitungen und -zeitschriften einsehen und ausleihen können, manchmal gegen eine kleine Gefälligkeit. Renner seien „Spiegel“, „Stern“ und „Playboy“ gewesen.
Auch Rudolf Prewing, heute Post-Info-Partner in Berlin, erinnert sich lebhaft an die Beutezüge der Staatssicherheit, die sich meist als Zollfahndung ausgab.
„Jedes Jahr im Jahresendverkehr (JEV) wurden auch wir aus den Direktionen, aus Innerem Dienst und Verwaltung etc. zu einer bestimmten Tätigkeit im Bahnpostamt in Berlin eingesetzt. Absolutes Schweigegebot. Päckchen und Pakete waren dem Zoll vorzuführen.

2 David Gill/Ulrich Schröter: Das Ministerium für Staatssicherheit, Rowohlt, Berlin 1991, S. 145

3 NZ/ADN: Brief und Pakete geplündert, in: Neue Zeit, 2. 11. 1991

Wir saßen an einem großen, runden Tisch, vor uns Rollen Garn, Strippen, Kleister und Packpapier. Sämtliche Pakete, die uns der Zoll zuschob, mußten wir öffnen. Die Pakete aus West-Berlin oder Westdeutschland wurden vorher durchleuchtet, wer ein gutes Auge hatte, konnte zum Beispiel erkennen, ob Papier drin war.
Auch ob in einer Verpackung Kaffee oder Medikamente waren, konnte natürlich am Röntgenschirm erkannt werden.
Was erkannt oder vermutet wurde, wurde aussortiert, auf Rollbehälter gelegt und kam verschlossen zu uns, an den runden Tisch. Zwei Zöllner, Hände auf dem Rücken, saßen in der Mitte und beobachteten uns. Zwei andere liefen auf und ab.
Dann mußten wir aufschneiden und auspacken; meist waren das ja Sachen, die niedlich und ein bißchen festlich verpackt waren – Weihnachten stand vor der Tür. Wenn alles fertig aufgebaut und ausgepackt war, dann mußte man sich zurücklehnen. Nichts angucken, nichts anfassen. Der Zöllner kam, kontrollierte und kommandierte. Einpacken!
Als auch das wieder erledigt war, entschied der Zöllner, ob ein Stempel auf das geprüfte Paket kommt oder nicht. Auf manchen haben sie keinen Kontrollstempel gedrückt, und wenn man danach fragte, hieß es: ‚Das geht Sie gar nichts an, machen Sie Ihre Arbeit, und ansonsten haben Sie hier zu schweigen.' Die haben was rausgenommen, den Rest wieder eingepackt – und die Post war eben schuld, wenn was fehlte.
Manchmal ließen die sich ganze Pakete persönlich in einen abseits gelegenen Raum übergeben, hauptsächlich, das war jedem von uns klar, wurde nach Geld gesucht. Aber auch Westschokolade war bei denen sehr beliebt."
Was nicht privat „angeeignet" wurde, wurde zunächst zwischengelagert. Allein für den Großraum Berlin wurde in Freibrink ein eigenes Lager unterhalten, in dem derlei Diebesgut bis zur Weiterverwertung gehortet wurde. Lange blieb der Verbleib verschwundener Briefe, Päckchen und Pakete aus Westdeutschland ungeklärt, bis die bundesdeutsche Post Beweise hatte und Vorkehrungen treffen konnte, zumindest, was das ungeklärte Phänomen der Irrläufer anging.

„Irrläufern" auf der Spur

Vor der Vereinigung war Braunschweig als sogenanntes „Auswechslungspostamt" zentrales Paketamt für große Bereiche der ehemaligen DDR. „Die Verlustquote an Sendungen in Braunschweig", erinnert sich Dieter Wöhlert, „lag einige Jahre so über allen Normen, daß wir ständig vor Rätseln standen. Wir haben dann peu à peu den Kreis der Möglichkeiten enger gezogen und fanden heraus: Die Verluste betrafen insbesondere Sendungen, die über Braunschweig liefen, für Empfänger in der Bundesrepublik bestimmt waren und in die DDR fehlverteilt wurden."
Dort wurden sie auf Nimmerwiedersehen einkassiert, wie Wöhlert mit Hilfe fingierter („getürkter") Pakete feststellen konnte, die er und Braunschweiger Kollegen an Adressen in der Bundesrepublik via Paketpostamt Braunschweig absandten.
Eine beträchtliche Anzahl verschwand immer wieder, bis in Braunschweig verläßliche Extrakräfte eingesetzt wurden, die nur darauf zu achten hatten, daß im Paketstrom für die DDR keine Westpakete als Irrläufer landeten. „Das war ein Aufwand", erinnert sich Diether Wöhlert, „der sich gelohnt hat." Wöhlert war Bereichsleiter Postdienst in der Direktion Hannover, bevor er als Präsident nach Berlin berufen wurde.[4]
Um derlei Vorgänge in Braunschweig und anderswo entstanden dann auch wohl die Legenden, die so

4 Interview mit Uli Schulte-Döinghaus, 7. 6. 1995; siehe auch Kapitel: „Berlin: Eine Stadt – eine Post"

ganz nie ausgeräumt werden konnten. Danach spekulierten Mitarbeiter der Postraub-Abteilung „M“ des Ministeriums für Staatssicherheit, daß es innerhalb der Bundespost Informelle Mitarbeiter gegeben haben müsse, die solche Irrläufer bewußt auf den Weg in die DDR gebracht hätten.[5]
Der letzte Leiter der Abteilung „M“, Rudi Strobel, sagte vor einer Strafkammer des Berliner Landgerichts aus, daß die Irrläufer teilweise gezielt von Personen in westdeutschen Postämtern in die DDR geleitet worden seien. „Vielleicht, um uns Informationen zukommen zu lassen, vielleicht auch aus Sympathie für die DDR.“[6]
Die merkwürdigen West-Sympathisanten arbeiteten – bewußt oder unbewußt – einem System zu, das die Ausforschung seiner Landsleute zum Staatsprinzip erhoben hatte.
Dazu bediente sich das MfS unter anderem einer systematischen Postkontrolle, die über das ganze Land verteilt war. Sogenannte Briefkontrollstellen waren besonders in Industrie- und Ballungszentren eingerichtet, aber auch in der Nähe von Hafen- und Garnisonsstädten und an einer Vielzahl von Stellen rund um Berlin, der Hauptstadt der DDR.
„Theoretisch war so garantiert“, schreibt Stasi-Kenner Karl-Wilhelm Fricke, „daß keine Briefsendung ihren Empfänger unkontrolliert erreichte, auch wenn praktisch die meisten Briefsendungen DDR-intern unkontrolliert blieben, da sonst überlange Verzögerungen bei der Postzustellung in Kauf zu nehmen gewesen wären.“[7] Von den Postkontrollstellen aus führten Kommunikationswege zu den sogenannten „Dienststellen 12“ der Stasi-Bezirke, die auf diese Weise Post-„Filialen“ in den großen Knotenämtern der DDR unterhielten. Dort fanden anschließend Voruntersuchungen der gesamten im jeweiligen Einzugsbereich anfallenden Post statt, unter beträchtlichem logistischen Aufwand versteht sich.

„Horch und Guck“ las mit

Auf diese Weise wurden täglich 50 000 bis 70 000 Briefsendungen abgefangen und bis zu vierfach „bearbeitet“: per Anschriftenfahndung, per Schriftenfahndung, per Sonderkastenleerung, per technischer Untersuchung. Der erste Zugriff auf die Bürgerpost sollte immer angemessen schnell über die Bühne gehen, gründlich, aber äußerst diskret, damit „keine Bearbeitungsspuren oder Beschädigungen entstehen, Sendungsinhalte nicht vertauscht und in der ursprünglichen Form eingelegt werden sowie keine anderen Materialien in die Originalpostsendungen gelangen“.[8]
So mußte, wie David Gill und Ulrich Schröter beschreiben, die gesamte ein- und ausgehende Post des Bezirks Gera zunächst durch die Kontrollschleusen des MfS geleitet werden, bevor sie weiterbefördert wurde. „Sendungen, die einer intensiveren Untersuchung bedurften, wurden in die Bezirksdienststellen des MfS gebracht und dort entsprechenden Spezialbehandlungen unterzogen.“[9]
Deren „Material“ wurde im Hauptquartier der Staatssicherheit, in der Berliner Normannenstraße, aufbereitet. Federführend war die „Zentrale Auswertungs- und Informationsgruppe“, die sich zuletzt, ähnlich wie andere Einrichtungen der Spitzel-Agentur, nur noch als Arbeitsbeschaffungsmaßnahme mit sich selbst beschäftigte. Als die Katastrophe offenkundig war, als die DDR ökonomisch und moralisch endgültig darniederlag, hatte eigentlich auch das Briefeschlitzen endgültig seinen perversen Sinn verloren, aber das Sammeln, Sichten, Lesen, Analysieren und Sortieren ging weiter, obwohl das Ergebnis die eigentlichen Empfänger im Politbüro, im Partei- und Regierungsapparat nicht mehr erreichte.
„Man sträubt sich innerlich, zu dem Thema, zu dem man schon vor einer Woche oder vor drei Wochen

5 Gill/Schröter: a. a. O., S. 145

6 wa.: Stasi-Post-Prozeß: Zeichen stehen auf Freispruch, Der Tagesspiegel (Berlin), 11. 2. 1994, Nr. 14822

7 Karl Wilhelm Fricke: Die DDR-Staatssicherheit, Wissenschaft und Politik, Köln 1989, S. 115

8 Grundlagenbefehl Abteilung „M“, v. 5. 5. 1986, zitiert nach: Manfred Schell: Stasi und kein Ende, Ullstein, Berlin 1991, S. 101

9 David Gill/Ulrich Schröter: Das Ministerium für Staatssicherheit, Rowohlt, Berlin 1991, S. 142

geschrieben hatte, wieder was anzubieten, weil es keinerlei Neuigkeitswert mehr besaß und sich ohnehin nichts ändert. Da stumpft man irgendwie ab." Das ist das Bekenntnis eines Stasi-Offiziers aus der Zentralen Auswertungs- und Informationsgruppe (ZAIG) gegenüber einer Journalistin.[10]

In der damaligen Bezirkshauptstadt und heutigen Landeshauptstadt Schwerin hatte sich die Staatssicherheit mit ihrer Dienststelle 12 bereits in den 50er Jahren im Bahnhofspostamt eingerichtet. Dorthin kamen Postbeutel aus den oben erwähnten Postkontrollstellen, die mit einem entsprechenden Verschluß versehen und zunächst dem Regelkreislauf der Post entzogen wurden. Ihr Inhalt wurde „bearbeitet", wie es im Jargon des Dienstes hieß, bevor sie wieder „eingespeist" wurden.

„Was zwischendurch passierte, welche Briefe konfisziert, aufgemacht wurden, und wie welche wieder im Kreislauf landeten – ich wußte es nicht, wollte es eigentlich auch nicht wissen", sagt Gerhard Troschke, ehedem Präsident der Bezirksdirektion Schwerin der Deutschen Post.

Am 11. November 1989 erst, so Troschke, habe er bei der Übergabe der Räumlichkeiten an die Bürgerbewegung die Etage im Bahnhofspostamt Schwerin zum ersten Mal gesehen. Die postfremden Schnüffel-Etagen waren auf verhaßte, zumindest skeptische Weise so „populär", daß die einfachen Postler ihnen bisweilen sogar Kosenamen gaben.

Erst mal hoch zu Herbert

So hieß die entsprechende Etage im Briefverteilamt Rostock 2 unter Postlern nur „Herbert". Herbert war nur über einen Fahrstuhl zu erreichen, zu dem nur Ausgewählte Zugang hatten. „Mit dem Fahrstuhl", erinnert sich ein Rostocker Postler, „mußten wir Post – meistens West-Post – hoch zu Herbert schicken. Rechtzeitig zu den Zügen kamen sie dann wieder." Andere Postler erzählen von Sonderleerungen von Briefkästen, zu denen sie regelmäßig abgestellt worden seien.

Die Stasi las auf hohem organisatorischen Niveau mit. Schon 1969 richtete der Dienst mittels Computertechnik eine riesige Datenbank ein, die alle zwischen der DDR und der Bundesrepublik bestehenden privaten Briefverbindungen erfaßte, Millionen an der Zahl. Die Stasi konnte jede dieser „Brieflinien" aktualisieren und für ihre Zwecke verfolgen.

Der Staatssicherheit gelang es, in alle Bereiche des privaten, gesellschaftlichen und beruflichen Lebens einzudringen, immer auf der Suche nach der totalen Information durch totale Kontrolle. Davon blieb auch die Post nicht verschont, im Gegenteil. Weil sie Dienstleistungen im stets verdächtigen Milieu der Kommunikation erbrachte, stand sie unter doppelter und dreifacher Beobachtung.

Postler unter Observation

„Sechs Jahre lang", weiß Hans-Jürgen Niehof heute nach Einblick in die Akten, die die Staatssicherheit über ihn angelegt hat, „stand ich bei denen unter operativer Personenkontrolle. Nicht so sehr, weil man mich als Oppositionellen beobachtete. Sondern: Man wollte mich selbst als ‚Informellen Mitarbeiter' anwerben und über mich ausreisewillige Kollegen ausforschen. Man hat mich dann aber in Ruhe gelassen, um die Observation eines meiner Cousins nicht zu gefährden, der im Westen lebte, und den man im Verdacht hatte, für westliche Dienste zu arbeiten. Alles Quatsch natürlich – aber sie haben mich in Ruhe gelassen, um sich auf ihn konzentrieren zu können."

10 Christina Wilkening: Staat im Staate. Auskünfte ehemaliger Stasi-Mitarbeiter, Aufbau, Berlin und Weimar 1990, S. 26

So kam es, daß die Staatssicherheit über Zustände in Betrieben der Post mitunter schneller und besser Bescheid wußte als die Leiter. Wolfgang Zeh, ehedem Chef des Bahnpostamts Erfurt, erinnert sich: „Bei uns hatte es im Raum, in dem die Uniformen gelagert wurden, mal einen unbedeutenden Schwelbrand gegeben, den wir sofort gelöscht haben. Ich hab das nicht gemeldet, wie es eigentlich meine Pflicht gewesen wäre. Zuviel Papierkram, zuviel Ärger und unnötige Formalitäten. Es war ja gelöscht und fertig. Einen Tag später baute sich vor mir im Büro ein Offizier der Staatssicherheit auf und bellte: ‚Warum nicht gemeldet?', und ich mußte ihm haarklein alles erzählen. Aber er wußte längst alles."

Jeder denkende DDR-Bürger wußte oder ahnte, daß das Post- und Telefongeheimnis von Staats wegen ständig unterlaufen wurde. Es gab sogar kecke und gewitzte Zeitgenossen, die mit Schnüffelwesen und Sicherheitsfetisch der Apparate ihren Spaß trieben: Im Alter von 62 Jahren starb 1993 Robert Rehfeldt, der jahrelang zu DDR-Zeiten das Spitzel- und Schnüffelsystem mit immer neuen Einfällen genarrt hatte. Tausendfach stempelte er seine Botschaft auf Postkarten und verschickte sie an Freunde und Feinde: „Künstler wehrt Euch – sonst werdet Ihr weggetreten", ließ er sie wissen. Er stempelte auf viele Postsendungen hinterhältig GENEHMIGT oder GEPRÜFT in unübersehbaren Versalien und irritierte die (wahrscheinlich) zahlreiche Mitleserschaft.

Der Künstler, der sich das Medium Post so subversiv zu eigen machte, löste eine ganze Welle der Kreativität in der DDR aus: „Er und die Postkünstler in aller Welt nutzten und verfremdeten das segensreiche Postgeflecht zu ihren Zwecken als Mittler von Kunst", schrieb die FAZ in einem Nachruf und erinnerte: „Der Kunstpartisan war ein typisches Produkt made in GDR."[11]

„Jeder wußte", sagt Wolfgang Zeh, bis zu seiner Pensionierung Referatsleiter bei der Postdirektion Erfurt, „daß zwischen Absender und Empfänger nicht nur die Post, sondern auch andere Institutionen Zugriff hatten. Damit mußte man rechnen. Darüber schimpfte man, aber das lastete man im übrigen uns Postlern nicht an. Bei allem, was wir taten, waren wir auch immer der Meinung, daß wir die Gesetzlichkeit einhalten."

Wolfgang Zeh über seine Erfahrungen zwischen Post, Zoll und Stasi: „Ich war unter anderem 17 Jahre lang Leiter des Bahnpostamtes Erfurt, also des zentralen Paketpostamtes. Auf der Grundlage des Zollgesetzes mußten sämtliche Sendungen mit Wareninhalt, auch Geschenksendungen, egal, woher sie kamen (selbst aus der Sowjetunion), dem Zoll vorgeführt werden. Und zwar durch uns von der Post. Es war unsere Aufgabe, daß jedes Paket, ohne Ausnahme, in einem bestimmten Rhythmus dem Zoll übergeben werden mußte. Den Rhythmus diktierte der Zoll, obwohl wir uns ständig bemühten, schnelle Laufzeiten zu halten.

Offiziell war die Prozedur so: Wenn verdächtiger Inhalt vermutet wurde, dann wurde durch die Post inhaltlich geöffnet und der Inhalt dem Zoll zugeführt. Wenn sich keine Verdachtsmomente ergaben, wurde das Paket postamtlich geschlossen, mit einem entsprechenden Dienststempel der Post oder des Zolls versehen. Wenn der Inhalt beanstandet wurde, dann beschlagnahmte die Zollverwaltung, legte ein entsprechendes Protokoll in das Paket ein und übergab der Post ein Protokoll dazu. Bei offensichtlichen Beraubungen fiel der Verdacht auf Zoll und Post; wir waren schließlich Teil des Systems.

Zum System gehörte auch der systematische Bruch des Briefgeheimnisses. Mit dieser Praxis bin ich als Postler der DDR so gut wie großgeworden, und zu diesem Begriff bekommt man ein ganz anderes Ver-

11 Rolf Staeck: Der Post-Partisan. Zum Tode von Robert Rehfeldt, Frankfurter Allgemeine Zeitung, 1. 10. 1993, Feuilleton, S. 36

hältnis, wenn man Jahrzehnte unter diesen Verhältnissen aufgewachsen ist und nichts anderes kennt. Schon 1950, ich war gerade aus der Lehre, habe ich in Weimar erlebt, daß bestimmte Briefe oder Rechnungssendungen immer erst der Dienststelle für Staatssicherheit zugeführt werden mußten. Und später, als ich Technologe im Hauptpostamt in Erfurt war, habe ich natürlich auch mitbekommen, daß Briefpost einer Sonderdienststelle der Staatssicherheit zugeführt wurde, die mit der Deutschen Post absolut nichts zu tun hatte.
Jeder konnte sich seinen Reim machen, aber unser Einfluß auf die Dinge, die dort abliefen, war wirklich denkbar gering."

Stasi mißtraute den Postlern

Nachdem unter dem Druck der Bürgerbewegungen das Ministerium für Staatssicherheit und die Nachfolge-Einrichtung, das Amt für Nationale Sicherheit, Anfang 1990 aufgelöst wurden, beeilte sich die Führung der Post – teilweise wahrheitswidrig – zu versichern: „Den Dienststellen der Deutschen Post ist niemals bekannt geworden, welche Einschränkungen des Postgeheimnisses konkret im einzelnen durch die Handlungen der Dienststellen des ehemaligen MfS verwirklicht worden sind. Die Mitarbeiter der Deutschen Post haben im Zusammenhang mit der Übergabe/Übernahme der Postsendungen an diese Dienststellen weder strafbare Handlungen noch Dienstpflichtverletzungen begangen. Die Deutsche Post ist ihren Verpflichtungen im guten Glauben nachgekommen. Künftig wird keine pauschale Übergabe von Briefsendungen an Dritte (...) mehr durchgeführt werden."[12]
Während sie sich diesen Freibrief selbst ausstellte, übernahm die Deutsche Post (oder mußte übernehmen) gleichzeitig zahlreiche Mitarbeiter dieser Dienste und Dienststellen. So wurden allein im Bereich des Bahnpostamtes Berlin, dessen zeitweiliger Leiter später selbst als Stasi-Spitzel enttarnt wurde, 140 ehemalige Stasi-Bedienstete untergebracht, und plötzlich war die Post infiltriert mit den Kräften, „die zuvor Brief- und Paketkontrollen durchgeführt hatten und die teilweise als Mitarbeiter von Zollorganen ausgewiesen waren, in Wirklichkeit aber Stasi-Leute waren. Ähnlich Telekom: Dort schlüpften die Experten des Ministeriums für Staatssicherheit unter, die zuvor, als Postler ‚legendiert', Abhörschaltungen für die Stasi gelegt hatten."[13]
Von diesen Leuten trennte sich die Post im Laufe der Monate, nicht ohne eine gewisse fachliche „Wehmut". Die Stasi-Mitarbeiter waren samt und sonders hochmotivierte, kräftige, junge Männer, die für die harte, körperliche Arbeit des Paketumschlags physisch wesentlich besser geeignet waren als die teilweise überforderten Postlerinnen. „Die Männer taten den Job wirklich gut", erinnert sich ein Kollege, „aber sie waren wegen ihrer Belastungen nicht zu halten."
Zu viele Gesetzesbrüche und Widerwärtigkeiten, zu viel Spitzelei und Denunziantentum der Staatssicherheit war inzwischen ans Tageslicht gekommen, die eine Beschäftigung in öffentlichen Diensten oder Unternehmen nicht mehr rechtfertigen konnten. Schon lange hatte der Volksmund Stasi wie „Schlagen, Treten, Abhören, Spionieren, Infiltrieren" buchstabiert.
Für mißliebige Bürger waren, wie wir heute wissen, regelrechte Internierungs- oder Konzentrationslager vorgesehen, etwa in der Nähe von Saalfeld bei Gera. Dorthin sollten Widerspenstige verbracht und in sogenannten Krisenfällen isoliert werden. Über die Lager wäre absolutes Kommunikationsverbot verhängt worden, die Post hätte dort nichts verloren gehabt: „Postalische Verbindungen", heißt es in einer Verlautbarung, „sind über den gesamten Zeitraum des (...) Aufenthaltes in diesem Objekt untersagt."[14]

12 Anlage zur Niederschrift (...) vom 4.1.1990, in: MPF, HA BV PZ, Niederschriften über Dienstbesprechungen der HA BV PZ, Niederschrift v. 4.1.1990, Bundesarchiv, Außenstelle Coswig, Signatur 17300

13 Lt. Interview zwischen Uli Schulte-Döinghaus und Hans-Jürgen Niehof

14 zitiert nach: Thomas Auerbach: Vorbereitung auf den Tag X. Die geplanten Isolierungslager des MfS, Hrsg.: Der Bundesbeauftragte für die Unterlagen des Staatssicherheitsdienstes der ehemaligen Deutschen Demokratischen Republik, 1/95, S. 87

Zu seinem Minister für das Post- und Fernmeldewesen bestellte Modrow den gelernten Landwirt und promovierten Ökonomen Dr. Klaus Wolf, zuvor Stellvertreter des Ministers für Verkehrswesen. Wolfs Karriere bei der DDR-Post endete mit der deutschen Vereinigung, die er – nach einer Rolle rückwärts – als Staatssekretär im aufzulösenden Ministerium für Post- und Fernmeldewesen erlebte.

Zumindest ein frisches Lüftchen kam auf, die Wende beschied der Post um die Jahreswende einen Hauch von Glasnost und Perestroika.

Im Inneren seines Apparates begann Wolf alsbald damit, die bürokratischen Entscheidungsprozesse zu vereinfachen, Verantwortungen zu delegieren, Eigenverantwortung in Ämtern und Direktionen zu ermöglichen. „Das Unternehmen muß insgesamt funktionieren", diktierte er im Frühjahr 1990 einem Fachjournalisten in den Notizblock, „bei gleichzeitig erhöhter Eigenverantwortung für einzelne Prozesse."[2]

In der Praxis mündete das in die Anweisung, daß „dem Minister nur Vorgänge vorzulegen sind, die einer Grundsatzentscheidung bedürfen. Die betrieblichen Organisationsentscheidungen sind vom St(aatssekretär), von den Stv(Stellvertretern des Ministers) oder von den Hauptabteilungsleitern zu verantworten.

In Stellungnahmen, in Antworten zu Eingaben und so weiter ist nicht mehr mit allgemeinen Begründungen zu argumentieren, sondern es ist konkret anzugeben, wer was entschieden oder angeordnet hat und auf Grund welcher gesetzlichen Festlegung auf die Sachfrage so reagiert beziehungsweise geantwortet wird."[3]

2 Probleme und Positionen. Interview des Ministers für Post- und Fernmeldewesen, Dr. Klaus Wolf, Die Deutsche Post, 02/90, Nr. 35, 48

3 MPF, HA BV PZ, Niederschriften über Dienstbesprechungen der HA BV PZ, Niederschrift v. 4. 12. 1989, Bundesarchiv, Außenstelle Coswig, Signatur 17300

Selten nur befaßte sich der Runde Tisch – eine ständige Konferenz gesellschaftlich relevanter Gruppen – mit postalischen Themen: Der damalige Postminister Klaus Wolf (Mitte) debattierte mit den Delegierten im Februar 1990 über die Möglichkeit, mehr Zeitungen und Zeitschriften aus der Bundesrepublik beziehen zu können.

Aufbruchstimmung in Ämtern und Apparaten

Bis dato hatte sich die Leitung der Post, das Ministerium, sogar geringfügigste operative Entscheidungen vorbehalten und die Amts- und Direktionschefs (vergeblich) an kurzen Leinen geführt. Jetzt hieß es: „Entscheidungen über Kleinigkeiten haben die Leiter ohne Rückversicherung selbst zu treffen."[4]
Die gleiche Runde, die diese neue Selbständigkeit ausrief, rief den Abgesang auf eine alte sozialistische Tradition aus: Der Titel „Verdienter Werktätiger des ..." wird ab sofort nicht mehr verliehen.
Wohl auch auf Drängen und nach dem Vorbild seiner westdeutschen Gesprächspartner versuchte Wolf, der Post der DDR die Vorstufe einer Art Unternehmensverfassung aufzuerlegen, sie in Postdienste, Telekom und Postbank zu verselbständigen.
Wolf selbst setzte sich an die Spitze dieser Konstruktion, war schließlich gleichzeitig Minister für Post- und Fernmeldewesen und Generaldirektor der Deutschen Post, bis er von Emil Schnell (SPD) im Amt abgelöst wurde.
Nach außen hin mußte die Führung der Deutschen Post um die turbulente Jahreswende Schadensbegrenzung organisieren, dramatischen Ansehensverlusten gegensteuern und den „Jahresendverkehr" (JEV) einigermaßen professionell über die Bühne bringen. Dem wollte man mit Hilfe von schnarrenden Direktiven beikommen, mit zweifelhaftem Erfolg, wie wir heute wissen.
Dem schlechten, alten Kommandoton haftete Mitte November 1989 bereits Hilflosigkeit an, auch wenn die Sprache noch so zackig widerhallte: „Von den Bezirksdirektionen der Post (BDP) sind die Arbeiten so zu organisieren, daß der Jahresendverkehr reibungslos durchgeführt wird und alle Sendungen rückstandsfrei bearbeitet werden."

In der ersten freigewählten Regierung der DDR war Emil Schnell (SPD) Minister für Post- und Fernmeldewesen. Er begann mit dem organisatorischen Umbau der Deutschen Post nach westdeutschem Muster, und er bemühte sich (meist erfolglos), die nicht nachlassenden Eingaben der DDR-Bürger, die die Telefonversorgung ebenso heftig beklagten wie die mangelnde Belieferung mit begehrten Medien, positiv zu bescheiden. Die Post der Wende-DDR mußte sich ihren Kunden in zumeist schlimmem Zustand darbieten.

4 ebenda

Die Wende nach der Maueröffnung hatte die akute Arbeitskräftenot zunächst nicht gelindert, im Gegenteil. Wie gelbe Bettelmönche zogen in jenen letzten Tagen des Jahres 1989 die Post-Oberen durch die Lande, um Arbeitskräfte anzuheuern. Bettelbriefe um Aushilfspersonal im Beförderungs- und Umschlagsdienst gingen an die Nationale Volksarmee, wurden den Räten in den Bezirken und Kreisen übermittelt. Immer mehr polnische Bürger mit deutschen Sprachkenntnissen wurden im Brief- und Paketumschlagsdienst eingestellt, teilweise auch in der Zustellung.

Zur Erinnerung:

- Der Zustand der Anlagen, Maschinen, Geräte, der Gebäude und Einrichtungen der Post war katastrophal.
- Amtlichen Darlegungen zufolge waren Ende 1989 zwei von drei Postämtern dringend „rekonstruktionsbedürftig".
- Neun von zehn Ämtern brauchten dringend modernes Equipment.
- Die Kraftfahrzeuge boten sich in einem heillos überalterten Zustand dar.
- Mehr als 200 Bahnpostwagen mußten ausgemustert und durch ordinäre Güterwagen der Reichsbahn ersetzt werden.
- Hinzu kam die alarmierende Arbeitskräfte- und -platzsituation:
- Zuletzt mußte die Post mit durchschnittlich 11 Prozent Ausfallzeiten leben. Die Ursachen waren, neben einem normalen Krankenstand von 6,8 Prozent, knapp 260 000 Stunden unentschuldigtes Fehlen, 746 000 Arbeitsstunden gingen zu Lasten „staatlicher und gesellschaftlicher Funktionen", Warte- und Stillstandzeiten vernichteten insgesamt 224 000 Stunden an potentieller Arbeitszeit.

Vom EDV-Experten zum Minister

Das Ende des alten DDR-Regimes erlebte der Postler Hans-Jürgen Niehof, Exportbeauftragter im Organisations- und Rechenzentrum der Post (ORZ), in der Parteischule der NDPD in Waldsieversdorf/Strausberg in der Nähe von Berlin. Niehof war 1968 in Grimmen in die NDPD eingetreten, die ihm als „Partei des offenen Wortes" empfohlen worden war, um einem Eintritt in die SED entgehen zu können.
„Es waren bewegte Tage, damals im Herbst 1989, auf allen Ebenen. In der Parteischule bin ich schon am zweiten Tag unangenehm aufgefallen, weil ich Fragen stellte, die dem Lehrkörper nicht gefielen. Die predigten eine Hörigkeit der NDPD zur SED, die viele Teilnehmer und ich in Zweifel zogen. Wir sagten, so kann es nicht weitergehen.
Aber die Reaktion der Alt-Stalinisten, die schon seit dreißig bis fünfunddreißig Jahren ein ebenso immerwährendes wie falsches Heilsbild verkündet hatten, war, daß sie die ‚Aufständischen' zurückschikken wollten. Wir standen für Meinungen und Haltungen, die nicht in das Weltbild und die Parteilehre paßten.
Aber dann kam der 18. Oktober, Honecker wurde im Politbüro und im Staatsapparat von allen Funktionen abgelöst. Ich erinnere mich noch genau, wie ich die Nachricht im Autoradio hörte.
Auch in der NDPD-Parteischule fand sich ein ‚revolutionärer' Kern, der von sich aus die Lehrgangsleitung neu bildete. Mich wählte man zum Lehrgangssprecher. Dort in der Abgeschiedenheit der Parteischule haben wir ein umfangreiches Reformprogramm darüber geschrieben, wie wir uns die Veränderungen in Staat, Wirtschaft und Kultur vorstellen. Wir, das waren rund 80 Lehrgangsteilnehmer, alles ehrenamtliche Funktionäre der NDPD, Mitglieder von Kreis- oder Bezirksvorständen.

Die Vereinigung mit der Bundesrepublik war übrigens nicht unser Thema. Das Schlagwort der politischen Saison 1989/90 war für uns vielmehr Konföderation. Das war praktisch auch der Slogan unserer Partei. Große Teile in der NDPD, zu denen ich mich gezählt habe, standen dafür, daß jetzt aus eigener Kraft ein neuer Staat aufzubauen sei, der an der Seite der Bundesrepublik zunächst hätte Bestand haben können. Mit dieser Parole ‚Konföderation' bin ich dann auch in den Wahlkampf zur Volkskammerwahl im März 1990 gezogen. An einen schnellen Weg zur Einheit habe ich jedenfalls damals im Frühjahr nicht geglaubt.

Erst mit dem Datum der Wirtschafts-, Währungs- und Sozialunion war mir endgültig klar, daß es kein Zurück gab. Ich habe im März zwar für die erste freigewählte Volkskammer als Abgeordneter kandidiert, bin aber nicht zum Zuge gekommen. Unsere Partei scheiterte an der Fünf-Prozent-Hürde.

Wir Rebellen vom Herbst 1989 in der Parteischule haben dann auch das politische Schicksal der Führung der NDPD besiegelt. Abwechselnd ließen wir die Größen der Partei kommen, um sie Rechenschaft ablegen zu lassen. Wir legten ihnen nacheinander nahe, bei nächster Gelegenheit zurückzutreten.

Der Druck, der von diesem Lehrgang ausging, zeigte Wirkung. Das alte Führungspersonal erklärte später nach und nach seinen Rücktritt oder wurde vom Hauptausschuß dazu gezwungen.

Für mich war es die Aussicht auf Veränderung, die mich anspornte. Wir haben ja politisch in vierzigjähriger Agonie gelebt. Wir hatten eigentlich nie die Möglichkeit, in Opposition zu gehen, ohne von der Stasi hoppgenommen zu werden.

In den letzten Novembertagen, der Parteilehrgang ging zu Ende, hatte ich ein langes Gespräch mit Erhard Lonscher, einem Präsidiumsmitglied der NDPD und Direktor der Parteischule. Er war damals wohl in die Koalitionsgespräche eingebunden, die zur Bildung der Übergangsregierung Modrow führten. Lonscher fragte mich, eher beiläufig, ob ich eventuell bereit wäre, eine höhere Verantwortung in diesem sich neu bildenden Staatsgebilde zu übernehmen.

Ich versah meinen Dienst als Sachbearbeiter im ORZ, wie eh und je. Zwischendurch haben wir den Westteil von Berlin besucht, übrigens nicht ganz ohne Sorge. Ich war auch damals noch offiziell Geheimnisträger der DDR, ausdrücklich auf Verschwiegenheit vergattert und darauf, Westkontakten aus dem Wege zu gehen.

Am 2. Januar bekam ich einen Anruf aus dem Ministerium: Ich möge mich am nächsten Tag, 3. Januar, 15.00 Uhr, beim Minister melden. In dem Gespräch bot mir Klaus Wolf – er war der erste Nachwende-Postminister – an, stellvertretender Minister für Post und Pressevertrieb zu werden. Stellvertretende Minister waren im DDR-Staatsapparat so etwas wie Hauptabteilungsleiter.

Meine Bedenken, ich sei schließlich kein Fachmann auf dem Gebiet, drückte Wolf beiseite. Er brauche jemanden, der unbefangen und unbescholten an die Sache heranzugehen bereit sei. Das sei ihm, dem Minister, wichtiger als jemand, der vielleicht fachlich beschlagener, aber politisch belasteter sei.

Schließlich sei ich doch ein Postler und immerhin nicht etwa so fachfremd wie der Vertreter der Bauernpartei, den man ihm gleichfalls für das Amt ‚angeboten' habe. Alles, was der mit der Post zu tun habe, sei, daß er Briefmarken auf der richtigen Seite lecken könne.

So rückte ich plötzlich vom Sachbearbeiter in einer Abteilung des ORZ zum stellvertretenden Minister auf. Natürlich hatte die Berufung mit meiner Parteizugehörigkeit zu tun. Die Regierung, die Modrow im Herbst 1989 bildete, baute schließlich noch ganz auf den alten Strukturen auf. Und die sahen vor, daß die

damaligen Blockparteien anteilig mit Posten und Positionen zu bedienen waren, also auch die NDPD. Meinen Dienst im Ministerium habe ich am 22. Januar angetreten. Die Post bot sich ein wenig chaotisch dar. Nach dem Fall der Mauer hatten sich die Verkehrsmengen teilweise verzehnfacht, es gab ja (fast) keine Beschränkungen mehr. Selbst die Bundespost rutschte – unvorbereitet, wie man offensichtlich war – in beträchtliche Schwierigkeiten. Die internen Verkehrsströme bei Brief- und Frachtsendungen waren 40 Jahre lang in der Nord-Süd-Richtung verlaufen. Plötzlich aber kam die alte West-Ost-Richtung wieder zu Ehren. Darauf mußte sich die Post im Westen auch erst wieder einrichten.
Gleichzeitig erwarteten die Kunden im Osten von dem Augenblick an, wo sie in den Westen reisen und vergleichen konnten, vergleichbare Angebote von der DDR-Post, vor allem, was den Versand und die Zustellung von Nachnahmepaketen von Versandhäusern, Massendrucksachen, Wurfsendungen und Katalogen betraf."

Boom mit Briefen, Päckchen und Paketen setzt ein

Ende 1989, Anfang 1990 – die gelbe Post der DDR, ebenso wie Bank- und Fernmeldedienste, stellte sich in einem bedrohlich-angeschlagenen Zustand dar. Kaum war die Mauer auf, boomten die Verkehrsmengen.
Eine wahre Flut von Brief- und Frachtsendungen ergoß sich über die DDR-Post, die beinahe darin zu versinken drohte. Eigeninitiative in den Ämtern und Direktionen (Ost) war gefragter denn je, und sie entfaltete sich unter dem Sendungsboom so ausgeprägt wie in den ganzen Jahren zuvor nicht – manchmal sogar mehr, als manchem lieb war.

Mitte März 1990 mußte die Leitung der Deutschen Post daran erinnern: „Zur einheitlichen Gestaltung von Verbindungen im Postaustausch mit der Deutschen Bundespost sind Eigenmächtigkeiten der Bezirksdirektionen der Deutschen Post nicht gestattet."[5]
Teilweise hatten die Direktionen auch in eigener Regie Verhandlungen mit westdeutschen Zeitungsverlagen übernommen, um Vertriebs- und Finanzierungsfragen zu klären. Auf Eingebungen aus der Berliner Zentrale zu warten, erschien den Managern vor Ort, in Ämtern und Direktionen, als pure Zeitverschwendung.
„Wir haben in dieser Übergangszeit, zwischen Maueröffnung und Währungsunion, unheimlich viel selber gemacht", bestätigt Gerhard Troschke, vor, während und nach der Wende Präsident der Direktion Schwerin.
„Wir haben Verträge mit den Lübecker Nachrichten und mit allen möglichen Partnern abgeschlossen, haben blankes Westgeld verdient und es für dringend überfällige Investitionen genutzt. Davon haben wir z. B. den Zustellern die neue Taschen gekauft und den Leuten am Schalter Taschenrechner mit integriertem Drucker.
Manchmal war das hart am Rande des Erlaubten, aber es hat was gebracht. Es war halt eine irre Zeit, und es sind Dinge angepackt worden, die in keine Regelung hineinpaßten. Die Leute haben gesehen: Hier bewegt sich was – und sie haben mitgezogen."

Partnerschaften, Patenschaften

In den ersten Wochen und Monaten nach Maueröffnung und Reisefreiheit erwies sich die Solidarität der Postler (West) mit ihren Kollegen (Ost) als wah-

5 MPF, Niederschriften über Dienstbesprechungen der HA BV PZ, Niederschrift v. 30. 3. 1990, Bundesarchiv, Außenstelle Coswig, Signatur 17300

Mit der Aufhebung von Einfuhrrestriktionen in die (Noch-)DDR kamen auch Westzeitungen und Werbebeilagen ins Land, die häufig von Postlerinnen in die heimischen Lokalzeitungen eingelegt wurden. Im Bahnpostamt am Berliner Hauptbahnhof, eines der Umschlagzentren für Paketpost in die und aus der DDR, mußten im Sommer 1990 Sonderschichten eingelegt werden, um die Verteilung zu schaffen. Größtes Handicap: Der Mangel an Technik, der aufwendige Handarbeit erforderlich machte.

rer Segen auch für die Postkunden. Spontan wurden Patenschaften zwischen Postämtern in Ostdeutschland und Westdeutschland organisiert, die bis heute bestehen. Dienstliche Kontakte, bisher beherrscht von Mißtrauen und kühler Formalität, wandelten sich zu kollegialen Formen. „Dafür brauchte man keine großartigen Verfügungen", erinnert sich Franz Schöll, Ende 1989, Anfang 1990 Vorstandsmitglied der Deutschen Bundespost Postdienst, „das ging alles sehr spontan über die Bühne. Besser gesagt über die Grenze: Postämter im Westen – beispielsweise in Hof – lieferten den Nachbarämtern im Osten – z. B. Plauen – das, was sie am dringendsten brauchten. Das lief vor Ort von ganz allein ab."

Den Anfang machten also grenznahe Postämter, die kurzfristig sogar den kleinen Postverkehr hin und her in eigener Regie übernahmen.

Später bekamen diese Patenschaften quasi den Segen von oben, wurden durch Patenschaften zwischen Direktionen in Ost und West ergänzt. Ohne auf Anweisungen von oben zu warten, machten West-Postler „rüber", brachten moderne Ausrüstung mit: Zustellkarren, Rollbehälter, Fahrräder, Zustelltaschen. Teilweise aus sogenannten „schwarzen" Beständen, die es in fast allen Einrichtungen der gelben Post gibt.

Man musterte die eigenen Vorräte nach Kräften aus (die immer noch moderner als das Deutsche-Post-Gerät waren), möbelte die Reserven in der Werkstatt auf und schaffte sie irgendwie rüber. Diese kleine, spontane und unorganisierte Solidarität erwies sich als nicht weniger wichtig als der große Transfer, den der damalige Bundespostminister Christian Schwarz-Schilling bei einem seiner Besuche ankündigte. 5000 gebrauchte Transporter der Bundespost wurden der Deutschen Post kostenlos „vermacht", als an ein einig Vaterland eigentlich noch nicht zu denken war.

„Ich weiß noch", erinnert sich Hans-Jürgen Niehof, damals Vizeminister im DDR-Postministerium, „wie die ersten Fahrzeuge hier rüber kamen; die waren mit unsern Wartburgs und Barkas überhaupt nicht zu vergleichen, obwohl sie ihre ‚Dienstzeit' teilweise schon hinter sich hatten. Unsere ersten Fahrer, die die Fahrzeuge übernahmen, waren stolz wie Oskar."

„Entlohnt" wurden derlei Gastgeschenke häufig mit eindrucksvoller, herzlicher Gastfreundschaft, aus der zahlreiche enge Freundschaften zwischen Postlern hüben und drüben wurden. Nicht selten entwickelten sich aus diesen frühen Fachkontakten auch sportliche Begegnungen, man brachte die Post miteinander auf Vordermann, um dann gegeneinander Fußball zu spielen.

Vorsichtigen, unsicheren Zeitgenossen machte die Generaldirektion der Post hochoffiziell Mut:

„Aus Sicht der Generaldirektion sind solche Begegnungen und Partnerschaften sehr zu begrüßen", ist die Quintessenz der Verfügung A 9010-4156-2 vom 24. April 1990, die die Zusammenarbeit mit der DDR-Postverwaltung zum Thema hatte.

Über 400 dieser Paten- und Partnerschaften hatten sich schließlich gebildet, die später die Basis für einen gigantischen Managertausch zwischen der Post in Ost- und Westdeutschland bilden sollten.

Im November 1990, wenige Wochen nach der Vereinigung, wurde das Paten- und Partnersystem auf offizielle Beine gestellt – und vielleicht auch ein wenig seines Charmes beraubt. „Mit dieser Zuordnung", hieß es in einer Anweisung vom 7. 11. 1990 wenig respektvoll, „soll gleichzeitig die bisher in Eigeninitiative unkoordiniert verlaufende Partnerschaftssuche in überschaubare Bahnen gelenkt werden."

Liste der Ämterpartnerschaften

Postamt (mit Verwaltung) Ost	Postamt (V) West
Annaberg-Buchholz	Passau
Bautzen	München 60
Bernburg	Gießen
Brandenburg	Reutlingen
Chemnitz 1	Würzburg
Chemnitz 4	Würzburg
Cottbus	Erlangen
Dessau	Aschaffenburg
Dresden 1	Nürnberg 1
Dresden 7	München 4
Eberswalde	Ahlen
Eilenburg	Offenburg
Eisenach	Kaiserslautern
Erfurt	Kassel
Falkenberg	Fulda
Frankfurt/O.	Osnabrück
Freiberg	Göttingen
Fürstenwalde	Münster
Gardelegen	Wiesbaden
Gera	Bayreuth
Görlitz	Lichtenfels
Greifswald	Lüneburg
Grimma	Darmstadt
Güstrow	Lübeck
Halberstadt	Marburg
Halle	Offenbach
Hoyerswerda	Hof
Jena	Bad Hersfeld
Leipzig 1	Düsseldorf 1
Leipzig 18	Hannover 3
Ludwigslust	Hagen
Magdeburg	Braunschweig
Meiningen	Bamberg
Meißen	Regensburg
Mühlhausen	Hanau
Naumburg	Bielefeld
Neubrandenburg	Kiel
Neuruppin	Koblenz
Neustrelitz	Wilhelmshaven
Nordhausen	Goslar
Oranienburg	Neumünster
Pirna	Augsburg
Plauen	Ingolstadt
Potsdam	Bonn
Prenzlau	Bremerhaven
Rostock	Hamburg 50
Saalfeld	Ulm
Sangerhausen	Hildesheim
Schwerin	Dortmund
Senftenberg	Landshut
Stendal	Minden
Stralsund	Oldenburg
Suhl	Heilbronn
Weimar	Paderborn
Wismar	Flensburg
Zossen	Celle
Zwickau	Böblingen

Postler (Ost): Engagement und Improvisationstalent

„Die Deutsche Post hat damals, wie uns viel später verraten wurde, auf dem letzten Loch gepfiffen", weiß Herbert Lotze, Delegationsmitglied bei späteren deutsch-deutschen Postler-Runden.[6] „Mich hat es beeindruckt", bestätigt Franz Schöll, „mit welchen primitiven Mitteln die Kollegen der Deutschen Post dort auskommen mußten – und dennoch gute Arbeit leisteten. In der Kunst der Improvisation sind und waren sie unschlagbar. Manchmal habe ich mich in die Zeit vor der Währungsreform 1948 zurückgesetzt gefühlt, wo aus drei alten Autos ein neues zusammengebastelt wurde. Nicht viel anders waren die Bedingungen bei der Deutschen Post der DDR – und um so größer mein Respekt."

Wie groß der Investitions- und Modernisierungsbedarf war, geht aus Auflistungen hervor, die die Leitung der Deutschen Post ihren bundesdeutschen Kollegen im Mai 1990 unterbreitete.[7] Für den allerdringendsten Sofortbedarf überwies die Bundespost rd. 5 Millionen DM, die unter anderem für Zustellwagen und Zustellräder, für Regenschutzpelerinen, für 1 Million Bundschließen, für Briefstempelmaschinen, Abbindemaschinen und Tischrechner ausgegeben wurden. Den mittelfristigen Bedarf für bauliche Investitionen und Rekonstruktionen von sieben Paketumschlagstellen und acht Knotenämtern veranschlagte die Gemeinsame Kommission auf knapp 320 Millionen Mark für die nächsten drei Jahre; für Kraftfahrzeuge werde im selben Zeitraum ein Betrag von mehr als 50 Millionen DM gebraucht – zum Beispiel, um die Wiedereinführung der Paket- und Päckchenzustellung zu gewährleisten.

Dringend geboten war also die Anpassung der Leistungsfähigkeit der Deutschen Post an das Dienstleistungsniveau der Bundespost – einen zweitklassigen Service hätten die Kunden, die sich bewußt in mehreren Wahlen und Abstimmungen für Demokratie, Marktwirtschaft und westlichen Standard entschieden hatten, nicht hingenommen. Sie wollten, was später die Wirtschafts-, Währungs- und Sozialunion genannt wurde – ein Vertragspaket, zu dem auch die gleichzeitig beschlossene Postunion gehörte.

Der Zustand der Post spiegelte freilich nur die Tristesse der gesamten darniederliegenden Wirtschaft wider – und ihren enormen Investitions- und Kapitalbedarf.

Westkollegen ohne Attitüden

Schon wenige Tage nach der Maueröffnung trafen sich Postexperten aus der DDR und der Bundesrepublik. Ihr beherrschendes Thema war, verständlicherweise, die geringe Leitungskapazität für Telefonate zwischen Ost- und Westdeutschland. Eher am Rande streifte man die beiderseitigen Probleme der gelben Post – und mit Respekt nahmen die DDR-Experten zur Kenntnis, daß ihre westdeutschen Kollegen weder anmaßend noch besserwisserisch auftraten. „Es gab keinerlei Versuch der BRD-Seite, der DDR Vorstellungen zur Gestaltung und Entwicklung der gegenseitigen Post- und Fernmeldebeziehungen aufzuzwingen."[8]

Professionalität statt Überheblichkeit, Austausch von Sachverstand statt Diplomatie des Mißtrauens. Dieser neue Ton, der herzliche, aber professionelle Umgang der Experten miteinander ebnete politischen Initiativen vielfach den Weg und machte die Suche nach mehr deutsch-deutschen Gemeinsamkeiten häufig erst möglich.

Ministerpräsident Hans Modrow hatte am 17. November 1989 eine Vertragsgemeinschaft zwischen der DDR und der Bundesrepublik ins Gespräch ge-

6 Interview mit Uli Schulte-Döinghaus, 23. 5. 1995

7 Archiv Czarnitzki, Zusammenfassung der Ergebnisse der abschließenden Beratung der AG Postverkehr v. 25. Mai 1990

8 MPF, Bericht über das Sondierungsgespräch (...) am 29. November 1989 in Berlin, Bundesarchiv, Außenstelle Coswig, Signatur 17300

Eklatant war der Mangel an geeigneten Fahrzeugen; in beeindruckenden Konvois wurden deshalb Postfahrzeuge der Deutschen Bundespost, die zuvor generalüberholt worden waren, im Frühjahr 1990 über die Grenzübergänge in die Direktionsbezirke der DDR gefahren.

bracht, auch um die riesigen finanziellen Mittel, die zur Entwicklung der Wirtschaft der DDR notwendig waren, in Westdeutschland lockerzumachen. Helmut Kohl, Kanzler der Bundesrepublik Deutschland, griff Modrows Gedanken auf, entwickelte sie aber zu konföderativen Strukturen und zu Gedanken über eine mögliche Vereinigung weiter.

Nahziel reibungslose Kommunikation

Am 28. November unterbreitete Bundeskanzler Helmut Kohl unter dem Beifall des Deutschen Bundestages dem deutschen Volk einen Zehn-Punkte-Plan, der mögliche Schritte zur Einheit Deutschlands vorsah. Bis es soweit sein könne, so Kohl, müßten mit der Regierung der DDR gemeinsame Ziele anvisiert, nach Lösungen für beiderseitige Probleme gesucht werden.
Besonders wichtig, so Kohl, sei eine intensive Zusammenarbeit beim Umweltschutz, aber auch „der Bundespostminister hat die entsprechenden Gespräche eingeleitet – für einen möglichst baldigen umfassenden Ausbau der Fernsprechverbindungen mit der DDR und des Telefonnetzes der DDR“.[9]
Zur Einheit als möglichem Fernziel, zu menschlichen Erleichterungen sofort, dazu gehören in erster Linie die freie Kommunikation, der postalische und elektronische Austausch von Informationen, aber auch der Austausch von Päckchen und Paketen.
Wenige Tage nach Kohls Zehn-Punkte-Erklärung trafen sich die Postminister Christian Schwarz-Schilling (Bundesrepublik) und der neue Ressortchef der DDR, Klaus Wolf, um den Rahmen einer künftigen Zusammenarbeit zwischen der Deutschen Bundespost und der Deutschen Post der DDR abzustecken. Vorrang hatte zunächst der Telefonverkehr. Aber auch die Zusammenarbeit der gelben Postsysteme wurde im Januar 1990 konkretisiert, im Rahmen einer Arbeitsgruppe „Deutsch-deutscher Postverkehr“. Die Gruppe hatte die Aufgabe, Regelungen zur Anpassung des Dienstleistungsangebots und des Transports zu erarbeiten, Vorschläge zur Verbesserung der Bearbeitungsverfahren auszutüfteln und Ideen zur Verbesserung der Sicherheit der den beiden Postverwaltungen anvertrauten Sendungen zu unterbreiten.
Schnell erwies sich, daß auf beiden Seiten keine Postpolitiker, sondern Postprofis ans Werk gingen. Die Probleme bei der Deutschen Post ließen diplomatische Verrenkungen nicht länger zu, es ging darum, möglichst schnell Fakten zu schaffen, zum Vorteil der Postkunden hüben und drüben. Dazu gehörte auch die Angleichung beziehungsweise Einführung von neuen Dienstleistungen und Produkten.

Postprodukte endlich paßfähig

Einer der wichtigsten Tagesordnungspunkte gleich zur 1. Beratung der Arbeitsgruppe Postverkehr (7.–9. Februar 1990 in Potsdam) war das Dienstleistungsangebot.[10] Man beschloß u. a.

- rasch Briefe mit Wertangabe bis 500 M (Mark der DDR) beziehungsweise 500 DM im gegenseitigen Postverkehr zuzulassen,
- Werbeantworten und Büchersendungen zu genehmigen,
- Wurfsendungen zuzustellen, die Finanzierung in einer Unterarbeitsgruppe zu regeln,
- die Frage von Postzustellungsurkunden aus der Bundesrepublik in die DDR mit dem DDR-Justizministerium abschließend zu prüfen,
- einen Schnellpostdienst (EMS) zwischen der Bundesrepublik und der DDR zu installieren,

9 Neue Chancen und neue Herausforderungen in der Deutschland- und Europapolitik. Das Zehn-Punkte-Programm, in: Presse- und Informationsamt der Bundesregierung (Hrsg.): Helmut Kohl. Bilanzen und Perspektiven, Regierungspolitik 1989–1991, Bd. 1., Bonn 1992, S. 296 ff.

10 Archiv Czarnitzki, Zusammenfassung der Ergebnisse der AG Postverkehr v. 9. Februar 1990

sern die Zusendungen an die Besteller (Frachtdienst in der Relation VGW – VGO). Ebenso mußten saisonale Höhepunkte verkraftet werden. So fiel der Vergleich der Sendungsmengen beim Brief in den letzten drei Monaten des Jahres 1990 zum entsprechenden Zeitraum des Vorjahres mit einem Plus von 650 Prozent dramatisch aus. Auf eine explosionsartige Steigerung von 1989 auf 1990 folgten zwei Jahre mit weiteren deutlichen Steigerungen. Bei den zu bearbeitenden Briefen gab es eine Zunahme von 43,7 Prozent und bei den zu bearbeitenden Frachtsendungen sogar ein Plus von 74,5 Prozent zu verzeichnen.

Der Einigungsvertrag hatte die Post verpflichtet, in Ostdeutschland möglichst rasch Produkte und Dienstleistungen zu Preisen anzubieten, die mit westdeutschen Verhältnissen identisch waren. Das bedeutete zum Beispiel: Hauszustellung bei Frachtsendungen, Möglichkeit der Nachnahmesendung. Auf diese Services drängten aber auch massiv die wichtigsten Postkunden im Westen – die Versandhäuser. Sie waren nicht daran interessiert, daß ihre teilweise hochwertigen Bestellungen lange und ungeschützt in ungesicherten Hallen lagerten, bis sie vom Kunden abgeholt wurden. Sie bestanden schon aus Sicherheitsgründen auf Hauszustellung. Im Rahmen eines veritablen „Crash"-Programms mußten dafür 5000 Zustellerinnen und Zusteller „durch die Führerscheinprüfung geschleust werden" (Seegers-Krückeberg).

Das Schienennetz war allzu starr

Als größter Wettbewerbsnachteil erwies sich zudem, daß die Frachtpost in Ostdeutschland, mehr noch als im Westen, fast vollständig auf die Schiene angewiesen war. Die wichtigen Umschlagzentren, Knotenpunkte und Packkammern der Post konnten nicht über die Straße angefahren werden, weil sie zwischen Gleisen angelegt worden waren oder nur über schmale Sträßchen erreichbar waren – Beispiel Bahnpostamt Berlin.

Die Schienenwege zwischen Ost- und Westdeutschland wurden erst allmählich wieder verknüpft, erreichten längst nicht die Dichte der west-östlichen Straßenverbindungen. „Die Wettbewerber hatten den ungeheuren Vorteil, daß sie per Lkw reinfahren konnten. Das alles führte dazu", rekapituliert Seegers-Krückeberg, „daß wir in den ersten Monaten nach der Vereinigung katastrophale Laufzeiten im Frachtgeschäft hinnehmen mußten." Sechs bis acht Tage von der Einlieferung (zum Beispiel bei einem Versandhaus) bis zur Zustellung beim ostdeutschen Kunden waren in der Anfangsphase die Regel. Einheitspreis für ein Paket: rund sechs Mark inklusive Nachnahme. Aber auch beim Wettbewerb, der stolze 20 Mark für eine vergleichbare Sendung berechnete, mußten die Empfänger in den neuen Bundesländern durchschnittlich vier Tage bis zur Zustellung warten.

Ein wenig wie Pfeifen im Wald klang die Versicherung, die die Postler ins Protokoll schrieben: „Im Zusammenhang mit bekanntgewordenen Absichten einiger Großversender, sich im grenzüberschreitenden Drucksachenversand und Paketverkehr für Teilabschnitte des Transports anderer Unternehmen zu bedienen, bekräftigten die Vertreter beider Verwaltungen ihre Absicht, durch marktgerechte Leistungsangebote auf die vollständige Nutzung des Postweges hinzuwirken."

Die Post bemühte sich derweil, mehr und mehr auch über die Straße zuzustellen – auch das, erinnert sich Frachtvorstand Seegers-Krückeberg, „brachte unerwartete Probleme mit sich". Rasch konnte die Automobilbranche keine Lkws mehr innerhalb erträglicher Lieferzeiträume auf den Markt bringen, und

bald war auch der Markt für gemietete Fahrzeuge leergefegt.
Erst 1992 gelang es der Post, in der Laufzeit gleichzuziehen. Seit 1993/94 ist die Qualität mit westlichen Standards identisch; für die Konkurrenz entfiel damit die Möglichkeit, hohe Extrapreise für die neuen Länder zu erheben.
Die Post mußte solange den Paketstrom in Provisorien zwischenlagern, mußte sich in Zelten und zugigen Lagerhallen behelfen, die sie irgendwo angemietet hatte. Um dem Provisorium ein Ende zu bereiten, stellte die Bonner Zentrale ihrer Außenstelle ein 350-Millionen-Budget zur Verfügung, mit dem kurzfristig Grundstücke für den Bau von insgesamt 60 neuen Zustellbasen angekauft werden sollten. Im ersten Versuch scheiterten diese Bemühungen: Im Dickicht ungeregelter Eigentumsfragen gelang es zunächst nicht, (von Alt- oder Neueigentümern) unbelastete Grundstücke ausfindig zu machen.
Im April 1990 war der Versand von Massendrucksachen (bis 500 Gramm) von West nach Ost möglich, in Gegenrichtung der Versand von Werbeantworten. Einlieferung für Wurfsachen nach dem Bereich der DP konnte über bundesdeutsche Postämter geschehen. Sendungen über 500 Gramm sollten ab August 1990 möglich gemacht werden.

AG „Deutsch-deutscher Postverkehr“: Herbert Lotzes Erinnerungen

Das Mitglied der Arbeitsgruppe „Deutsch-deutscher Postverkehr“, Herbert Lotze, heute Präsident der Direktion Regensburg der Deutschen Post AG, damals unter anderem für Rechtsfragen zuständig, erinnert sich:[13]
„Ich muß gestehen, daß wir Postler im Bonner Ministerium auf den Fall der Mauer (und seine Folgen) eigentlich nicht vorbereitet waren. Ungarn, Tschechoslowakei, Polen, die Montagsdemonstrationen in der DDR – überall gärte es, aber wir nahmen fachlich nicht Notiz.
Exakt 10 Tage vor der Maueröffnung hatten wir eine Abteilungsleitertagung in der ehemaligen Dänischen Botschaft in Berlin, die heute ein Bildungszentrum der Telekom ist. Wir haben über alles mögliche geredet, aber auf die Idee, daß eine Woche später die Mauer geöffnet werden könnte, ist keiner gekommen. Postalisch war für diesen ‚Tag X‘ der deutschen Geschichte niemand vorbereitet. Ich vermute, daß man sich auch im Ostberliner Ministerium für Post- und Fernmeldewesen eher als im Westen mit diesen Fragen beschäftigt hat, wahrscheinlich schon im August/September 1989.
Ich war von 1974 bis Ende 1989 erst Referent, später Referatsleiter im Bundespostministerium in Bonn, und ich war zuständig unter anderem für Postgebühren. Das war ein Bereich, der mit dem DDR-Geschäft auch mittelbar zu tun hatte. Die DDR war für uns Inland – auch im Bereich Gebühren. Und das hatte Konsequenzen für die Zuständigkeit.
In diesem Zusammenhang habe ich in den siebziger Jahren schon mal an einer Verhandlung mit einer DDR-Postdelegation teilgenommen. Damals ging es um die Vereinheitlichung von Formblättern, worüber sich die Postverwaltungen eine geraume Zeitlang heftig gestritten haben. Natürlich ging es um Statusfragen: Die DDR wollte unbedingt, daß wir Formblätter des Internationalen Dienstes verwenden, wir bestanden natürlich auf innerdeutschen Formularen. Hier einigte man sich. Der Streit eskalierte, wie meist bei derlei Gesprächen, als es um die schriftliche Fixierung und die Einbeziehung von Berlin (West) ging.
Man hatte sich im Prinzipiellen irgendwie geeinigt, dann sagten die DDR-Verhandlungsführer immer wieder:

13 Interview mit Uli Schulte-Döinghaus, 23. 5. 1995

‚So, und jetzt verhandeln wir die gleiche Sache mit Berlin (West)', und wir haben denen dann immer lächelnd erwidert: ‚Dann suchen Sie sich mal einen Verhandlungspartner.'
So war die eingeschliffene Routine der deutsch-deutschen Postdiplomatie vor der Wende, jeder wußte, auch die von drüben, wie es ablief und was zu erwarten war. Das in der Sache Vereinbarte trat dann auch ohne schriftliche Fixierung mit Berlin-Klausel in Kraft.
Einige Verhandlungspartner trafen wir später in der Kommission ‚Deutsch-deutscher Postverkehr' wieder, und sie haben uns die Kuriositäten bestätigt, mit denen sie zu kämpfen hatten:
Die Vorsicht der anderen Seite ging in den Zeiten des ‚kalten Krieges' so weit, daß selbst für den Small talk in den Verhandlungspausen zuvor per Rollenspiel festgelegt worden war, wer was wann zu sagen hat – oder nicht. Von daher war ein offenes Gespräch, zumindest, wenn man sich nicht näher kannte, kaum möglich.
Die Atmosphäre war natürlich wesentlich lockerer, als man sich Anfang 1990 wiedersah. Zu der Zeit war ich Leiter des sogenannten Rechtsreferats 2 in der Generaldirektion Postdienst; dort ressortierten Themen wie Datenschutz, Europarecht und eben auch die Beziehungen der Bundespost zur Deutschen Post der DDR. Und so bin ich sozusagen mit in diese Verhandlungen hineingerutscht, die zunächst von unserem Postminister Schwarz-Schilling und seinem DDR-Kollegen Klaus Wolf vorbereitet worden waren.

Mit 5000 Autos in die Postunion

Schwarz-Schilling war klar, daß es letzten Endes auch um die deutsch-deutsche Postunion ging. Auf östlicher Seite wußte man wohl noch nicht so genau, was das sein sollte.

Die beiden Minister hatten auch vereinbart, daß der DDR-Post 5000 bundesdeutsche Kraftfahrzeuge zur Verfügung gestellt werden. Jedenfalls kamen die Fahrer und ein paar Begleiter von der DDR-Post rüber, und ich war bei den technischen und fachlichen Einzelheiten der Übergabe dabei. Das ging sehr kollegial und ohne Formalien vonstatten und eigentlich nur um die Frage: Bleibt ‚Deutsche Bundespost' dran oder nicht? Das Logo blieb dran, aber die Nummernschilder mußten natürlich ausgetauscht werden.
Drei, vier Tage später wurde es wieder ein bißchen offizieller. Mit einer Vorabdelegation aus Ostdeutschland, angeführt von Heinz Schunke und seinem Vertreter, Dieter Heinrich, vereinbarten wir eine paritätische Kommission ‚Deutsch-deutscher Postverkehr', die jeweils aus sechs Fachleuten der Deutschen Post und der Bundespost zusammengesetzt war.
Die Fachleute waren beiderseits zuständig für Fragen

- der Betriebssicherung – es waren damals reichlich Verluste im deutschen Postverkehr zu beklagen,
- des Nutzungsrechtes,
- des eigentlichen Postbetriebs, der Organisation,
- des Internationalen Postbetriebs
- und der zentralen Postleitung.

Im wesentlichen ging es um das Problem, das sich zuzuspitzen begann: Wie helfen wir der DDR-Post, den anwachsenden Postverkehr zu erleichtern, zu beschleunigen? Wie sollen wir die Riesenmengen bewältigen, die da auf die gelbe Post zukamen?
Dazu muß man sich erinnern, daß westdeutsche Unternehmen anfingen, den ostdeutschen Verbraucher zu entdecken. Die Versender wollten werben, per Katalog und Prospekt. Nur, dafür gab es keine Sen-

dungsart drüben, sie mußte erst technisch, rechtlich und finanziell möglich gemacht werden.
Ein nächstes Problem war, die Zustellung dieser Sendungen mußte organisiert werden. Den Ost-Postlern mußten Fahrzeuge zur Verfügung gestellt werden, um mit der Zustellung nachkommen zu können. Die schwachen, alten Fahrräder, mit denen die das bisher teilweise bewerkstelligt hatten, brachen unter der Last der Prospekte und Kataloge zusammen.

Keine Chance für Bürokraten

In der Kommission ‚Deutsch-deutscher Postverkehr' ging es ausgesprochen unbürokratisch und zügig zu. Wir nahmen von der anderen Seite gewissermaßen Wunschlisten entgegen – Fahrräder, Autos, Rollbehälter, Umschlagtechnik – und sahen anschließend zu, daß der Bedarf rasch realisiert wurde. Verhandlungen waren das im eigentlichen Sinne nicht; eher war das ein Abstimmungsprozeß unter Profis, nach dem Motto: Wo können wir euch helfen, was sollen wir rüberschicken?
Es kam sehr schnell zu Patenschaften und Freundschaftsfahrten zwischen Postlern hüben und drüben. Regelrechte Schwarzfahrten wurden organisiert, als die politischen Bedingungen unter der Modrow-Regierung durchaus noch ein bißchen heikel waren. Briefverteilspinde gingen auf diese Weise rüber, selbst Zustelltaschen fanden dankbare Abnehmer.
Wie dringend notwendig diese Hilfe war, habe ich spätestens bei einem Besuch im damaligen Hauptpostamt Potsdam gemerkt. Der erste Eindruck: Ein trüber Hinterhof, mit Schlag- und Schlammlöchern übersät. Zwischen denen lavierte sich mühsam eine Zustellerin auf einem völlig überlasteten Fahrrad durch. Sie versuchte, an irgendwelchen russischen Militärs vorbeizukommen, die dort auf dem Hof in ihrem Jeep herumfuhren.
Im Postamt selber herrschten triste Arbeitsbedingungen, aber immer noch nicht so schlimm wie in der Paketumschlagstelle in Saalfeld (Thüringen), die ich später gesehen habe. Dort mußte man im Winter quasi im Freien arbeiten. Es war zwar ein Dach auf der Halle, aber das war leck. Es zog fürchterlich, und die Halle war nicht heizbar.
Wir haben in der Kommission ‚Deutsch-deutscher Postverkehr' sechsmal getagt, ungefähr bis Ostern 1990, nach den ersten freien Wahlen. De Maiziere wurde Ministerpräsident, Schnell neuer Postminister. Zu dem Zeitpunkt deutete sich bereits die Einheit an. Für uns Postler in Form einer sogenannten Postunion, die am 17.5.1990 zwischen Postminister Schnell und Schwarz-Schilling vereinbart worden war."

In einer abschließenden Zusammenfassung ihrer Arbeitsergebnisse resümierte die deutsch-deutsche Regierungskommission ihre Arbeit und stellte fest:

- Über das Nachtluftpostnetz der Deutschen Bundespost wurde der Austausch direkter Postversande im gegenseitigen Verkehr zwischen Bonn und Berlin aufgenommen; für Briefe und Postkarten dieser Verkehrsbeziehung wird damit eine Regellaufzeit von E + 1 erreicht.
- Mit Beginn des Sommerfahrplans werden Voraussetzungen geschaffen, um Standardbriefsendungen zwischen den Bereichen beider Postverwaltungen mit einer Regellaufzeit von E + 2 zu befördern.
- Zur Verkürzung der Paketlaufzeiten werden ab Fahrplanwechsel am 27. Mai 1990 erste Maßnahmen für den Verkehr von und nach Berlin wirksam. Noch im Laufe des Sommerfahrplanes sind weitere Verbesserungen in allen anderen Relatio-

Boomzeit für den Versandhandel: Die Ostdeutschen orderten millionenfach – und bescherten der Post das Problem, Abfertigungs- und Zustellkapazitäten bereitzustellen.

nen vorgesehen. Von besonderer Bedeutung wird dabei die Einrichtung von zwei zusätzlichen Postzügen zwischen Hof beziehungsweise Braunschweig und Leipzig sein, über die zur Zeit mit beiden Eisenbahnverwaltungen gesprochen wird.
- Für Versandhandelspakete von Versendern mit einem entsprechenden Aufkommen sollen (...) Regellaufzeiten von E + 2 beziehungsweise E + 3 erreicht (werden). Für diese Sendungen ist der Wegfall der Zollkontrolle bereits vorgesehen.

Manche Feststellungen konnten später dem Vergleich mit der tristen Wirklichkeit nicht standhalten. Vor den Kundenwünschen am Schalter und dem Sendungsboom in den Umschlagstellen scheiterten manche ehrgeizigen Zielvorstellungen noch lange Zeit.
Die Regierungskommission jedenfalls stellte im Mai ihre Arbeit ein. Sie wurde in die Projektorganisation „Postunion" integriert. Eine Postunion war die logische Konsequenz der zwischen der Bundesrepublik und der Deutschen Demokratischen Republik angestrebten Wirtschafts- und Währungsunion. Eine gemeinsame, paritätisch besetzte Projektorganisation sollte die Postunion auf den Weg bringen. Programm und Procedere der Projektorganisation waren am 18. April 1990 von dem damaligen Vizeminister Niehof (Deutsche Post) und dem Beauftragten des Vorstands der Deutschen Bundespost Postdienst, Schöll, in Berlin entworfen worden.

Praktische Probleme dominierten die Arbeit in paritätisch besetzten Ausschüssen, die die postalische Vereinigung zu managen hatten. Ein nie gekannter Berg an Infopost und Werbebriefen – das Foto zeigt den Betrieb im Hauptpostamt Halle-Neustadt – baute sich vor Postkunden und Postlern auf, der der Post extreme logistische Mühen bereitete.

Von der Postunion zur Vereinigung

Das Schicksal der „M", wie die Mark der DDR offiziell abgekürzt wurde, war vermutlich mit der Stunde endgültig besiegelt, als die Grenzen geöffnet wurden. Schon zuvor war die bundesdeutsche D-Mark zur heimlichen Leitwährung in der DDR aufgerückt. Zur zentralen Forderung der „Deutschen Demokratischen Revolutionäre" (Klaus v. Dohnanyi) wurde die Währungsunion: „Kommt die D-Mark, bleiben wir, kommt sie nicht, geh'n wir zu ihr."

Hellseherisch steckte Prof. Kurt Biedenkopf (CDU), damals Gastprofessor in Leipzig, heute sächsischer Ministerpräsident, die Marschroute ab: „Es gibt nach Öffnung der Grenze starke Kräfte, die auf eine schnelle Lösung der Währungsfrage hindrängen. Man kann die Währungsfrage nicht behutsam lösen. (...) Sie wird schneller gelöst werden, als wir denken."[1]

Dem Realisten Biedenkopf war nicht entgangen, daß täglich 4000 DDR-Bürger eine Abstimmung mit den Füßen vornahmen und nach Westdeutschland umsiedelten. Die DDR drohte auszubluten, und diesem unheilvollen Trend war nur dadurch beizukommen, daß das westliche Wirtschaftssystem alsbald in die DDR importiert und in seinem Gefolge die harte D-Mark alleiniges Zahlungsmittel wurde.

Die DM-Realität folgte alsbald der Biedenkopfschen Vorhersage. Im Zuge der Wirtschafts-, Währungs- und Sozialunion wurde die D-Mark offizielle Währung. Die Verhandlungen zur Währungs-, Wirtschafts- und Sozialunion hatten am 20. Februar begonnen, ihre Grundprinzipien wurden im April bekannt. Sie wurden am 18. Mai 1990 durch die Unterzeichnung eines Staatsvertrages geltendes Recht.

Im Mittelpunkt des Staatsvertrages standen (zumindest für die Bürger der DDR) die Umtauschvereinbarungen. Das Volk wollte 1:1, und es ließ sich von den Warnungen der Wirtschafts- und Währungsfachleute nicht besänftigen. Eindringlich mahnte beispielsweise der Vorsitzende des Sachverständigenrates zur Begutachtung der gesamtwirtschaftlichen Entwicklung, der Kölner Wirtschaftsprofessor Hans Karl Schneider, den Bundeskanzler: „Mit Besorgnis verfolgt der Sachverständigenrat die jüngsten Überlegungen, die auf die baldige Einführung einer Währungsunion mit der DDR hindrängen ... Es ist wohl unvermeidlich, daß die Einführung der D-Mark bei den Bürgern der DDR die Illusion erwecken muß, mit der Währungsunion sei auch der Anschluß an den Lebensstandard der Bundesrepublik hergestellt. Davon kann jedoch keine Rede sein."

Die – zumeist westdeutschen – Finanzhüter ließen sich in ihren Fachurteilen von der wirtschaftlichen Realität leiten. Und die sah alles in allem nicht rosig aus. Die DDR-Wirtschaft war in ihrer Leistungsfähigkeit nach dem Fall der Mauer weiter abgerutscht. Es zeichnete sich immer drastischer der Zusammenbruch der osteuropäischen Wirtschafts- und Gesellschaftsordnungen ab – und damit der Wegfall wichtiger traditioneller Absatzmärkte für die DDR-Kombinate. Im Binnenmarkt drängten westliche Handelshäuser mit attraktiven Produkten auf den Markt, ein Absatzverfall setzte bei den hausgemachten „Ost"-produkten ein, der erst heute mühsam gestoppt werden konnte.

Um„rubeln" am 1. Juli: Überstunden am Postschalter

Die DDR-Wirtschaft erreichte in diesen Monaten nur 30–35 Prozent der westdeutschen Produktivität. Solchen Verhältnissen, rieten die Experten, müsse man mit Vorsicht und Behutsamkeit begegnen. Von Währungsschocks sei abzuraten. Die Experten rieten zu einem Umtauschkurs von 1:3 bei den Löhnen und Gehältern, alles andere ginge zu Lasten der Wettbewerbsfähigkeit ostdeutscher Betriebe. Sie warnten

1 Kurt Biedenkopf, in: Bonner Generalanzeiger (19.1.1990), zitiert nach: Waigel/Schell: Tage, die Deutschland und die Welt veränderten, Bruckmann, München 1994, S. 181

vor einem zu günstigen Umtausch bei Spargut-haben, Schulden und sogar Renten.
Die Bedenken wurden zur Kenntnis genommen, sie wären aber politisch nicht haltbar gewesen. Niemand hätte die Westwanderung gestoppt, niemand den Exodus der DDR-Bürger aus einem Wirtschaftsgefüge aufgehalten, das ihren Sozialstatus auf zum Beispiel portugiesisches Niveau gedrückt hätte – und das im Schatten wohlhabender Brüder und Schwestern gleicher deutscher Nation. Für eine weitere Verarmung hatte das Volk der DDR seine friedliche Revolution schließlich nicht angezettelt.
„Den Menschen in der DDR leuchtete gar nicht ein, daß ihre ohnehin schon sehr viel niedrigeren Einkommen durch die Währungsunion geschmälert werden sollten, obwohl ihnen vorher im Wahlkampf immer das Gegenteil versprochen war."[2]

Das Volk demonstrierte, und es bekam:
- Löhne, Gehälter und Renten werden 1:1 ausgezahlt.
- Schulden werden im Verhältnis 2:1 konvertiert.
- Für ausländische Konten gilt 3:1.

Für Spareinlagen gilt:
- Kinder unter 15 Jahren dürfen bis zu 2000 DM zum Kurs von 1:1 erhalten.
- Erwachsene unter 60 Jahren dürfen bis zu 4000 DM paritätisch tauschen.
- Senioren können bis zu 6000 DM im Kurs 1:1 umtauschen.

2 **Peter Christ/Ralf Neubauer: Kolonie im eigenen Land, Rowohlt, Berlin 1991, S. 81**

Die Währungsunion brachte den DDR-Bürgern die harte D-Mark, aber auch die sogenannte Postunion. Lange vor der offiziellen Einheit arbeiteten Postler aus West und Ost Hand in Hand, um die Produkte anzugleichen, um möglichst rasch Qualitätsgefälle zu eliminieren. Die Postunion war die Basis für die einheitlich operierende Post unter einheitlicher Führung, die nach dem 3. Oktober 1990 offiziell die Arbeit aufnahm.

Damit war faktisch eine 1,5 : 1-Umstellung vollzogen. 168,2 Milliarden Mark der DDR in Form von Sparguthaben, 12,2 Milliarden M Bargeld und 14,2 Milliarden M als Lebensversicherung wurden zu DM „umgerubelt", wie der Volksmund die Umtauschaktion nannte.

Ökonomen haben daraus einen allgemeinen Abwertungsverlust von 64,5 Milliarden Mark errechnet. Die DDR-Bürger waren, alles in allem, noch einmal davongekommen. „Mehr war nicht drin", räumten die meisten Bürger ein, zumal auf Drängen der ostdeutschen Verhandlungspartner zusätzliche Wirtschafts- und Finanzhilfen in das Vertragswerk eingebaut wurden, z. B. Kreditermächtigungen für Kommunen und Treuhandanstalt, Anschubfinanzierungen für die Sozialversicherung, Ausgleich des DDR-Haushalts durch Bundesmittel – insgesamt für 1990 und 1991 ein Betrag von 85 Milliarden Mark aus Bundesmitteln für die DDR.

Teilweise wurden diese Mittel aus dem neu zu gründenden Fonds Deutsche Einheit finanziert, der bis 1994 an die DDR beziehungsweise später an deren Rechtsnachfolger 115 Milliarden Mark auszahlen sollte, davon rund 50 Milliarden Mark aus Mitteln der Bundesländer. Vielen Beobachtern erschien dieses zusätzliche Angebot nicht ausreichend, um den maroden Staatshaushalt der DDR zu sanieren, aber immerhin: Die DDR-Volkskammer stimmte mit eindrucksvoller Mehrheit ebenso zu wie der Bundestag. Die DDR-Bürger bestätigten ihr Einverständnis mit der Währungsunion am 6. Mai 1990 in den ersten freien, nicht-manipulierten und demokratischen Kommunalwahlen der DDR.

Die Union trat dann am 1. Juli in Kraft. Die Noten und Münzen der DDR (die legendären Alu-Chips) wurden Opfer der Schmelzöfen. Damit war aber auch der letzte Schritt vor dem endgültigen Beitritt der DDR zur Bundesrepublik vollzogen.

Parallel dazu machten sich Postpolitiker und Postmanager daran, die deutsch-deutsche Postunion mit Leben zu füllen. Die Einheit rückte näher.

Die Postunion – Geburtsstunde am Rhein

Franz Schöll erinnert sich: „Als sich abzeichnete, daß die DDR dem Grundgesetz beitreten würde, war eine neue Linie markiert. Auch für uns Postler. Wir waren damals sehr euphorisch, ein wenig zu euphorisch vielleicht. Und wir dachten, wie auch die Politik, die Einheit könne aus der ‚Portokasse' finanziert werden. Dieser grobe Denkfehler basierte darauf, daß wir von falschen Voraussetzungen ausgegangen waren. Von geschönten Zahlen, von unrealistischer Bestandsaufnahme. Wie viele andere haben wir zunächst, ziemlich ungeprüft, das Zahlenwerk der anderen Seite übernommen, das sich später als allzu schöngefärbt entpuppte."

Die Postunion wurde faktisch bereits am 2. Mai deklariert, im Maritim Hotel zu Königswinter, und feierlich am 14. Mai paraphiert. Ziel der Vereinbarung des Vorstandes der Deutschen Bundespost Postdienst und der Generaldirektion Postdienst der Deutschen Post war, so hieß es in der Präambel, baldmöglichst

- für die Deutschen in beiden Teilen unseres Landes eine optimale Versorgung mit Postdienstleistungen zu erreichen,
- für das künftige Unternehmen Postdienst die Voraussetzungen für eine gesunde wirtschaftliche Entwicklung sicherzustellen und
- für die Postbediensteten effektive und sichere Arbeitsplätze und damit soziale Sicherheit zu schaffen.

Um diese hochgesteckten Ansprüche realisieren zu können, schufen beide Vorstände unterschiedliche Einrichtungen und Organisationseinheiten, die sich zu gleichen Teilen aus Mitarbeitern der Deutschen Post (DDR) und der damaligen Bundespost zusammensetzten.

Paritätisch besetzte Unternehmensausschüsse

Aufgabe des *Unternehmensausschusses Postdienst* sollte es sein, alle Aktivitäten der Zusammenführung beider Unternehmen zu steuern und zu kontrollieren. Der Unternehmensausschuß sollte sich aus der Leitung der Generaldirektion der Deutschen Post einerseits und dem Vorstand der Generaldirektion Postdienst der Deutschen Bundespost andererseits zusammensetzen und vierteljährlich tagen.

Zur Führung der Geschäfte des Unternehmensausschusses Postdienst wurde ein *Arbeits- und Koordinierungsausschuß* gebildet, dem das Vorstandsmitglied der Deutschen Bundespost für Finanzen, Zentrale Organisation und Recht, Franz Schöll, und der Leiter des DP-Geschäftsbereiches Postdienste, Gelbke, angehören sollte.

Zu den Sitzungen des Ausschusses – einmal monatlich – sollten Fachexperten jeweils hinzugezogen werden. Der Ausschuß habe die Aufgabe, die Arbeit der von beiden Unternehmen eingerichteten Arbeitsgruppen zu leiten und zu koordinieren, ihnen inhaltliche Aufträge zu erteilen und ansonsten für Kontakte zu Ministerien und Fachleuten zu sorgen.

Franz Schöll erinnert sich: „Es bestand von Anfang an Übereinstimmung darüber, daß die ‚Unionspost' im wesentlichen die, allerdings zu reformierende, Gestalt der DBP haben würde. Es sollte aber auch geprüft werden, ob und welche Dienstleistungen der Deutschen Post, zum Beispiel im Absatzbereich des Postzeitungsdienstes, für den Gesamtbereich der Unionspost übernommen werden können. Bei aller vereinbarten Parität blieb es nicht aus, daß wir aufgrund unseres größeren Potentials mehr Sachverständige in die Arbeitsgruppen entsenden konnten als die Deutsche Post. Um so mehr war darauf zu achten, daß nur abgestimmte Arbeitsgruppenvorschläge den Entscheidungsebenen vorgelegt wurden. Es war Sache der Unternehmensleitungen beziehungsweise des Postministeriums der DDR, die Ergebnisse zu akzeptieren oder auch nicht. Zwei Beispiele:

Der Vorschlag, neue Dienstleistungen, angepaßt an Bundespost-Strukturen (z. B. Nachnahme), anzubieten, wurde angenommen und umgesetzt. Eine andere Empfehlung, nämlich kostendeckende Gebühren auf dem Niveau der Deutschen Bundespost einzuführen, konnte und wollte man aus politischen Gründen so nicht realisieren. Eine entsprechende Gebührenerhöhung, nicht nur aus Kostengründen, sondern auch um das sogenannte Remailing zu vermeiden, war zwar überfällig, konnte aber erst ein halbes Jahr nach der Einheit durchgesetzt werden.

Die DDR hat damals aus einsehbaren Gründen gesagt: Bei Gehältern zwischen 800 und 1200 Mark können wir nicht 1 DM für einen Brief verlangen, wie im Westen. Also erhöhte man zunächst – von 20 Pfennig – auf 50 Pfennig.

Uns war im Ausschuß, den ich mit Gelbke leitete, die Überzeugung gemeinsam, daß wir, zeitgleich mit der staatlichen Einheit, die Vereinigung der Postsysteme in Ost- und Westdeutschland ansteuerten. Allerdings haben wir uns, damals im Mai, verschätzt, was das Tempo der Einheit anging. Ich dachte: Ein, zwei Jahre wird es wohl noch dauern."

Eine *Gemeinsame Geschäftsstelle* sollte die Arbeit des Unterausschusses Postdienst sowie des Arbeits- und Koordinierungsausschusses unterstützen. Sie sei, so der Vertrag, paritätisch durch zwei von beiden Unternehmen bestellte hauptamtliche Leiter zu führen, Sitz Berlin (Ost).

Zur Vorbereitung der Zusammenführung beider Unternehmen wurden diverse *Arbeitsgruppen* und *Unterarbeitsgruppen* gebildet, die sowohl auf seiten des Westens wie auf seiten des Ostens von hochrangigen Experten geleitet wurden.

Themen waren, unter anderem:

- Arbeitsgruppe Produktmanagement (Unterarbeitsgruppen Briefe, Fracht, Zeitungen, Renten, Postwertzeichen/Philatelie, Internationale Zusammenarbeit),
- Arbeitsgruppe Produktion (Unterarbeitsgruppen Postbeförderung, PLZ-System, Bearbeitung/Technik Brief-Auslieferung, Bearbeitung/Technik – Fracht – [Annahme], Bemessung, Ämterorganisation/Bewertung, Betriebssicherheit),
- Arbeitsgruppe Service (Unterarbeitsgruppen Hochbau/Liegenschaften, Einkauf/Material, Fahrzeugtechnik und Werkstätten, Datenverarbeitung),
- Arbeitsgruppe Finanzen, Organisation (Unterarbeitsgruppen Wirtschaftsplan, Bilanz/Gewinn & Verlust, Kassenwesen, Regionale Organisation, Finanzierung),
- Arbeitsgruppe Personal, Soziales (Unterarbeitsgruppen Beamte, Angestellte, Arbeiter; Aus- und Fortbildung; Versorgung, Krankenkasse, Versorgungswerk),
- Arbeitsgruppe Zusammenarbeit IPF/ZPF – PTZ.

Erklärtes Ziel war die Vereinigung der Postsysteme zu einem einheitlichen Unternehmen. Schon frühzeitig war der politischen Führung (Minister Schwarz-Schilling) und dem Vorstandsvorsitzenden der Deutschen Bundespost Postdienst, Klaus Zumwinkel, klar: „Deutsche Post und Bundespost werden zu einheitlich geführten Unternehmen zusammengeführt."

Den Weg, den die deutschen Eisenbahnen damals unternahmen, wollte man nicht gehen – die Schienen-Unternehmen fuhren noch eine geraume Zeit unter „DB" und „DR" als getrennte Staatsfirmen, bis auch sie zur „Deutschen Bahn AG" verschmolzen wurden.

Pläne für die Einheitspost – ein Unternehmen, eine Führung

Die Post dagegen sollte „vom Tag 1 an mit einheitlicher Hand geführt werden" – so Klaus Zumwinkel, Vorstandsvorsitzender damals der Deutschen Bundespost Postdienst, heute der Deutschen Post AG. „Aufgrund meiner unternehmerischen Erfahrung konnte ich in einem Bahnmodell – eine Weile nebeneinander wirtschaften, dann allmählich kooperieren –

keinen Sinn sehen. Ich war, gemeinsam mit allen Vorständlern, für einheitliche Führung der Post. Und wir haben, wie sich heute herausstellt, eine gute Entscheidung getroffen."[3] Diese strategisch überaus bedeutsame Entscheidung, die so oder so ähnlich auch von den Posttöchtern Postbank und Telekom vollzogen wurde, wurde auch von den Gewerkschaften mitgetragen. Michael Sommer, Mitglied des Geschäftsführenden Hauptvorstandes der Deutschen Postgewerkschaft, erinnert sich:

„Wir waren uns, auch mit Minister Schwarz-Schilling im Westen und Minister Emil Schnell im Osten, schnell einig: Keine Reichsbahnlösung, kein Nebeneinander von Bundespost und Deutscher Post. Wir wollten, daß es *eine* Post gibt und daß die Postunternehmen miteinander vereinigt werden. Wir befürchteten vor allem soziale Anpassungsprobleme, die die Reichsbahnlösung, die erst nach drei Jahren zur Integration führte, tatsächlich gebracht hat."

Vor der Verschmelzung mußten die „gelben" Dienste von Deutscher Post und Deutscher Bundespost einigermaßen aufeinander abgestimmt sein, „kompatibel" gemacht werden, wie Computer-Fans zu sagen pflegen. Qualitäts- und Produktscheren hatten sich in den vergangenen Monaten nach Maueröffnung eher noch ein wenig mehr auseinanderentwickelt, dank veränderter Sendungsmengen und komplizierter Wirtschaftsverhältnisse.

Um die Jahrhundertprobleme der Postvereinigung, die freilich im Zeitraffertempo zu lösen waren, deutlich zu machen, reicht ein Blick in das „Ergebnisprotokoll der konstituierenden Sitzung des Gemeinsamen Arbeits- und Koordinierungsausschusses der Deutschen Post und DBP-Postdienst" (Auka), die in einem Hannoveraner Postwohnheim stattfand.

Neben unvermeidlichen Regularien enthält das Protokoll eine kompakte Auflistung der „Hausaufgaben", die in den einzelnen Arbeitsgruppen bis zur Postunion und zur endgültigen Vereinigung durchzuführen waren. Dieses Hausaufgaben-Paket, in der kühlen Protokollsprache dargelegt, spiegelt zugleich auch die enormen Belastungen wider, die auf die Postler, besonders im Osten Deutschlands, organisatorisch, technisch und fachlich zukommen sollten.

Zu den Aufgaben in der *Arbeitsgruppe „Produktmanagement"*: Die DP-Teilnehmer bitten um Bereitstellung von Schulungsmaterial, Unterstützung beim Aufbau eines Systems von Kundenberatern sowie bei der Zusammenarbeit mit Fluggesellschaften und Reedereien.

In der *Unterarbeitsgruppe „Briefe"* mußte vordringlich über Wahlbriefe entschieden werden (mit gemeinsamen Wahlen wurde im Mai 1990 bereits gerechnet), aber auch über die gegenseitige Anerkennung von Briefmarken (die Währungsunion stand in wenigen Wochen vor der Tür, und sie brachte automatisch eine Art Briefmarkenunion mit sich). Darüber hinaus mußte die Übernahme der Sendungsarten, Versendungsformen und des Gebührenspektrums der Deutschen Bundespost durch die Deutsche Post zum 1.1.1991[4] vorbereitet werden. Gemeinsame Regeln für Ein- und Auslieferungen mußten gefunden werden – was sollte mit den Zustellfachanlagen im Osten geschehen, welcher Service sollte Selbstbuchern geboten werden, wie mit Freistempelmaschinen verfahren werden?

Die *Untergruppe Fracht* sollte sich gleichermaßen mit der Anpassung von Sendungsarten und gemeinsamen Regeln für Ein- und Auslieferung von Sendungen beschäftigen. Vordringlich waren freilich – vor der Währungs- und Wirtschaftsunion am 1. Juli 1995 – noch Zollfragen zu klären. Spätestens zum 2. Juli sollten im Westen Versandbeschränkungen und im Osten Kontrollen bei Geschenk- und Versandhandelssendungen durch den DDR-Zoll entfallen.

3 Interview mit Uli Schulte-Döinghaus, 31. 5. 1995

4 Zum Zeitpunkt der AUKA-Sitzung war eine staatliche Einheit noch nicht in Sicht. Der Zeitpunkt der „Post-union" wurde für den Jahresanfang 1991 angenommen.

Von besonderer Brisanz waren die Aufgaben, die in der *Untergruppe Zeitungen* theoretisch und praktisch anzupacken waren. Thema Westpresse: Als vordringliches Problem galt den Beteiligten – im Mai 1990 – die Sicherung eines leistungsfähigen Verteil- und Zustellnetzes für westliche Zeitungen und Zeitschriften.

Darüber hinaus bestand Interesse an marktgerechten, auch für die Post lukrativen Zugangsbedingungen für Westpresse zum Zeitungsdienst der Deutschen Post. Die Untergruppe hatte zudem Vorlagen für strategische Unternehmensentscheidungen zu erarbeiten. Die Frage war: Sollte das Zeitungs-Vertriebsnetz erhalten bleiben, was soll mit den 5000 Kiosken werden, die die Deutsche Post der DDR damals als Einzelverkaufsstellen unterhielt?

Die nahe Wirtschafts-, Währungs- und Sozialunion zwang die *Untergruppe Renten* zu besonderer Eile. Ein Rentendienst, der der deutschen Bundespost vergleichbar sein sollte, sollte auch im Bereich der Deutschen Post erfolgreich aufgebaut werden – auch, um die Zukunft dieser Postaufgabe nach der Vereinigung deutschlandweit zu sichern.

Die Währungsunion diktierte auch die Arbeit der *Untergruppe Postwertzeichen/Philatelie,* die gemeinsame Emissionen im 2. Halbjahr (im Kontakt mit dem Ministerium) auf den Weg bringen sollte.

Wie lange, so die weiterführende Frage, sollte es überhaupt noch getrennte Ausgaben der Deutschen Post, der Deutschen Bundespost und der Deutschen Bundespost Berlin geben? Welches Schicksal sollte dem VEB Wermsdorf beschieden sein? Sollten zu den vorhandenen Einrichtungen neue Versandstellen hinzukommen?

In der *Untergruppe Internationale Zusammenarbeit* waren die künftigen Beziehungen zum RGW-Bereich[5] zu untersuchen: Inlandsporto (wie bisher) oder Auslandsgebühren?

Brieflaufzeiten wurden allmählich zum allgemeinen Ärgernis in Ostdeutschland: sie waren unbefriedigend. Deshalb bekam die *Untergruppe Postbeförderung* auferlegt, schnell nach Lösungen zu fahnden; das Ansehen der Postsysteme insgesamt war deutlich angekratzt. Darüber hinaus sollte die Untergruppe alsbald ein künftiges gesamtdeutsches Beförderungsnetz skizzieren, einschließlich der Orte der stationären Bearbeitung.

Bis heute wirken die Vorarbeiten nach, die in der *Untergruppe Postleitzahlensysteme* gemacht wurden. Deren Aktivitäten fanden damals – im Mai 1990 – vor kompliziertem Hintergrund statt. Im Gespräch waren bereits die Konturen eines neuen Postleitzahlensystems, das von Experten damals mal fünfstellig, mal sechsstellig angedacht wurde.

Die staatliche Einheit war zwar immer noch nur eine Vorstellung, die freilich immer realistischere Formen annahm. „D" und „DDR" – wie und wie lange sollten sie in Zukunft im Auslandsverkehr verwendet werden? Wie konnte eine Zwischenlösung nach der Vereinigung – bis zur Einführung des neuen PLZ-Systems – aussehen? Hinzu kam: Die neuen Länder der DDR bereiteten sich auf eine kommunale Neuordnung vor.

In den *Unterarbeitsgruppen Bearbeitung/Technik Brief* und *Bearbeitung/Technik Fracht* ging es um identische Fragen. Damals bereits wurden in der Bonner Generaldirektion des Postdienstes Vorstellungen zu neuen Fracht- und Briefkonzepten entwikkelt, die heute verwirklicht sind. Die Ost-West-Experten hatten zu klären, wie und ob die alten Anlagen in die neue Systematik eingepaßt werden könnten.

Und: Welche Technik, die im Bereich der Deutschen Post angewendet wurde, konnte weiterverwendet werden?

Welche war eventuell zu exportieren, welche Technik mußte dem Schrotthändler übergeben werden?

5 Rat für gegenseitige Wirtschaftshilfe des Ostblocks

und ihre Nutzungsmöglichkeiten geklärt werden konnten. Keine einfache Aufgabe, wie sich bald herausstellen sollte.
„Die Umstellung auf D-Mark, die Wirtschafts- und Währungsunion insgesamt, spielte für die Vereinigung der Postunternehmen eine große Rolle", erinnert sich Franz Schöll, damals einer der Verhandlungsführer in Bonn. Er fungierte bis zur Vereinigung zugleich als einer der ständigen Chefs des Arbeits- und Koordinierungsausschusses.
„Zum Beispiel ging es ja auch um die Bewertung von Grundstücken, um die Aufnahme der Gebäudebestände vor dem Hintergrund, daß das Vermögen der Post von dem der Telekom und der Postbank getrennt werden mußte. Ohne diese möglichst rechtsbeständige Erhebung wäre ein Finanzplan für das gemeinsame Unternehmen ebenso unmöglich gewesen wie die rechtzeitige Erstellung der DM-Eröffnungsbilanz."

Auf der Suche nach dem Eigentum der Post

Im Mai und Juni 1990 durchquerten zwei soignierte Herren der Deutschen Bundespost, v. Sanden und Heim, die DDR, um Grundstücke und Gebäudebestände der Immobilien zu erfassen und zu bewerten, die im Vereinigungsprozeß der gelben Post zugeschlagen werden sollten. Im Ergebnis ging es auch darum, zwischen 20 000 und 30 000 Grundstücke und Gebäude nach möglichst sachlichen Gesichtspunkten zwischen den Unternehmen aufzuteilen.
Bis Ende Juli hatten sie ferner insgesamt 89 Grundstücke und 64 Gebäude ermittelt, die im Eigentum der Deutschen Reichspost (bis 1945) und ihrer Rechtsnachfolgerin Deutsche Post der DDR und teilweise strittig waren – zum Beispiel hatten unterdessen Landkreise und Gemeinden gleichfalls Anspruch erhoben.
Die Rechercheure konnten sich in Teilen auf die Anlagen zu einem sogenannten „Kreiler-Bericht" stützen, der auf 1500 Seiten aber nur vage Hinweise auf Liegenschaften des ehemaligen Reichspostministeriums, des Reichspostzentrums, der Forschungsanstalt der Post enthielt. Die Postler zeigten sich bereit, alle rechtlichen Mittel auszuschöpfen und „alle rechtlichen Möglichkeiten der hierzu vorgesehenen Gesetzesergänzungen im (geplanten) Einigungsvertrag zu nutzen (z. B. für jetzige FDGB-Erholungsheime, das frühere Gebäude der OPD Leipzig usw.)".

Auka – vom Teamgeist beflügelt

Solche teilweise komplizierten und für beide Seiten völlig neuen Themen liefen in dem Arbeits- und Koordinierungsausschuß (Auka) zusammen, der paritätisch mit Mitarbeitern der Bundespost und des Postdienstes besetzt war und, wie sich Beteiligte heute gerne erinnern, von Teamgeist und Professionalität geprägt war.
„Wir Postler hatten natürlich auch ein bißchen das Glück", erinnert sich Claus Czarnetzki,[6] „daß politische Tagesthemen in unserem Geschäft nicht so sehr durchschlugen. Es ging eben darum, ein vergleichbares Leistungsangebot in den neuen Bundesländern hinzubekommen, so, wie wir es von der Deutschen Bundespost gewohnt waren."
Claus Czarnetzki, heute Oberamtsrat im Berliner Bau- und Immobiliencenter der Deutschen Post AG, war mehrere Monate in der „Gemeinsamen Geschäftsstelle" unter anderem eine Art Quartiermeister für die Mitarbeiter – die Gemeinsame Geschäftsstelle war ab Mai 1990 das ständige Sekretariat für mehrere deutsch-deutsche Posteinrichtungen, die

6 Interview mit Uli Schulte-Döinghaus, 8. 5. 1995

sich mit der Organisation des Zusammenschlusses zu befassen hatten.
„In dieser Geschäftsstelle war ich mitverantwortlich dafür, daß Strukturen geschaffen wurden, daß wir überhaupt arbeitsfähig waren.“ Sie war gleichzeitig institutionelle Vorgängerin der Außenstelle Berlin der Generaldirektion Postdienst – eine Dependance, die nach der Vereinigung eingerichtet wurde.
Die Geschäftsstelle wurde von zwei Postlern geleitet – von seiten der Deutschen Post der DDR wurde Gisela Sternberg bestellt. Die Deutsche Bundespost Postdienst entsandte Herbert Lotze:
„Das war eine Aufgabe, um die ich mich sehr aktiv bemüht habe. Ich dachte, wie viele: Solch eine Chance, bei der Vereinigung mitzumachen, bekommt man nicht wieder. Nimm sie unbedingt wahr!
Frau Sternberg und ich begannen im Mai mit der Arbeit, und wir bezogen für kurze Zeit zunächst ein Büro in Berlin (West). Später haben wir, wie vorgesehen, zwei Büros in der obersten Etage der Mauerstraße in Berlin (Ost) bezogen, dem Sitz des Ministeriums für Post- und Fernmeldewesen der DDR.
Dort hatten bis vor wenigen Monaten Offiziere der Nationalen Volksarmee Dienst (NVA) Dienst getan.
Die Büros waren in einem wenig repräsentativen Zustand: Schreibtische, die dem Sperrmüll entgangen waren; Stahlschränke, die auseinanderfielen; gardinenlose Fenster, die beinahe rausgefallen wären; abgeschabte Plastiksessel im Cocktailstil der 50er Jahre.
Aber ich war ganz froh, daß man uns diese beiden Büros, die dann natürlich renoviert und neu möbliert wurden, gegeben hatte – bloß nichts Repräsentatives, damit erst gar nicht der Eindruck entstehen konnte: Aha, jetzt kommt die Besatzungsmacht!
Gewohnt habe ich ein wenig komfortabler, beinahe notgedrungen. Vor der Währungsunion gab es Zuzugsbeschränkungen für Bürger der Bundesrepublik. Deswegen mußte ich im Westteil Berlins wohnen, obwohl ich gerne ein Zimmer irgendwo im Osten der Stadt genommen hätte.
Es fehlte im Dienst vor allem an Bürotechnik, mit der uns dann ein paar freundliche Kollegen vom damaligen Postamt 11 in Berlin (West) ausgeholfen haben. Denen hatten wir, Gisela Sternberg und ich, damals eine Menge zu verdanken.
Uns stand eine Faxleitung mit Westberliner Anschluß zur Verfügung – ein Segen, um den man damals von vielen beneidet wurde, die in Ostdeutschland aushalfen.
Wir hatten unter anderem Claus Czarnetzky als Sachbearbeiter gewonnen. Schnell hatte sich in den Büros herumgesprochen, daß er der Hüter des ‚West-Faxes‘ war – ständig wurde sein Apparat von allen möglichen Faxversendern aus dem gesamten Behördenkomplex der Mauerstraße belagert.
‚Können wir mal eben bei Ihnen faxen‘, hieß es da tagein, tagaus. Der Kollege kam kaum zum Arbeiten, obwohl er weiß Gott genug zu tun hatte.
Unsere Geschäftsstelle sollte die Tätigkeit der 36 Unter- und 6 Arbeitsgruppen koordinieren, in denen die Vereinigung der Postsysteme Ost und West vorbereitet wurde.
Im Mai, als deren Programm festgelegt wurde, rechnete man nicht damit, daß die staatliche Einheit Deutschlands schon vier, fünf Monate später besiegelt würde. Wir gingen eigentlich noch von einem Zeitrahmen von einem bis eineinhalb Jahren aus.
Die Arbeitsgruppen sind dennoch in einem so forschen Tempo an die Arbeit gegangen, daß der Fahrplan der postalischen Vereinigung zum 3. Oktober bis auf geringfügige Details ausgearbeitet war und teilweise schon realisiert wurde.
Die wichtigste Aufgabe unserer Geschäftsstelle bestand dann bald darin, die Außenstelle der Generaldirektion der Deutschen Bundespost Postdienst aufzubauen.“

Das Jahr der Wende bescherte der ostdeutschen Post und ihren Postlern eine Reihe Wechselbäder. Das fing in der Führungsspitze an: Innerhalb von wenigen Monaten kamen und gingen drei Minister; Staatssekretäre wurden entmachtet und neu berufen, Unternehmensleitungen gebildet und neue Chefs an ihre Spitze gestellt.

Bei den Wahlen zur Volkskammer der DDR hatte die CDU unter Lothar de Maizière mit 40,59 Prozent gewonnen. Aber sie war auf eine Koalition angewiesen, die sie am 12. April mit der DSU, dem Demokratischen Aufbruch, den Liberalen und der SPD besiegelte. Das Ministerium für Post- und Fernmeldewesen fiel der SPD zu, als Ressortchef benannte sie den gelernten Physiker Emil Schnell.

Emil Schnell führte sich selbst als unvoreingenommener Philatelist ein: „Ich bin 36 Jahre jung, kein Postler, sehe die fehlende Betriebsblindheit als Vorteil und gehe davon aus, daß mein bisher absolviertes Denktraining mir gestattet, mich schnell einzuarbeiten. Dabei bedaure ich, im Vorfeld dieser Tätigkeit nicht mehr direkte Erfahrungen gesammelt zu haben. Im übrigen bin ich Briefmarken-Liebhaber, schöne Marken können mich begeistern. Auf künftige Emissionen werde ich deshalb ein Auge haben, aus ästhetischen Gründen und weil man damit auch Geld verdienen kann."

Schnell berief in die Spitze seines Ministeriums zwei Staatssekretäre, unter anderem seinen Vorgänger im Amt als Minister, Klaus Wolf (CDU).

Und einen Parlamentarischen Staatssekretär, Hans-Jürgen Niehof, bis dahin einer der Ministerstellvertreter des Postministers in der Modrow-Regierung. „Diese Berufung war nicht nur für mich überraschend", erinnert sich Niehof, heute Präsident der Direktion Erfurt der Deutschen Post AG, „weil ich gar kein Parlamentarier war, kein Mandat in der Volkskammer hatte. Das hatte die Kuriosität zur Folge, daß immer, wenn ich die Volkskammer betreten wollte, Sondergenehmigungen und Sonderausweise vorgezeigt werden mußten."

Niehof erinnert sich: „Von meiner Bestätigung als Parlamentarischer Staatssekretär habe ich im Hotel Maritim im rheinischen Bad Honnef erfahren. In den ersten Maitagen 1990 habe ich dort vor der Unternehmensspitze des westdeutschen Postdienstes eine ungeschminkte Analyse der Deutschen Post vorgetragen. Die Herren waren teilweise schockiert, besonders als sie den finanziellen und sachlichen Handlungsbedarf allmählich erahnten, den die Sanierung der Post im Osten wirklich erfordern würde.

Sisyphoswerk Einheit plus Postreform: Hans-Jürgen Niehof erinnert sich

Von Minister Schwarz-Schilling wie auch von Post-Vorstandsmitgliedern konnte man später immer wieder hören: Wenn wir gewußt hätten, daß die Einheit auf uns zukommt und die Übernahme der Deutschen Post mit allen Lasten, dann hätten wir zu diesem Zeitpunkt die Postreform I wahrscheinlich verschoben. Diesen ‚Kraftakt erster Güte' hätte man sich eigentlich nicht zugetraut.

Aber im Prinzip hat die Wirklichkeit uns eingeholt. Und heute können wir froh sein, daß es so gekommen ist.

Zurück zum Frühjahr 1990.

Mitte Mai stellten sich die drei bundesdeutschen Postunternehmen – nach vollzogener Postreform I und Unternehmenstrennung – anläßlich der sogenannten Posttage in Köln der Öffentlichkeit vor. Wir aus dem Osten waren nicht nur als Gäste eingeladen, sondern wir brachten auch Vertragstexte mit. Klaus Zumwinkel und ich paraphierten ein Abkommen, das beispielsweise die Aufnahme des Nach-

nahmeverkehrs nach dem 1. Juli, dem Tag der Währungsunion, zum Inhalt hatte.
Verhandlungen mit der Bundespost hatten längst vorher begonnen, die auf die Bildung einer Postunion hinausliefen. In diesen Gesprächsrunden haben wir auch schon Annäherungen darüber gefunden, wie die Strukturen der künftigen Post auszusehen hätten. Sie orientierten sich, zweckmäßigerweise, an der Struktur der westlichen Deutschen Bundespost – also Trennung der Unternehmen Telekom, Postdienst, Postbank; Bildung von Generaldirektionen als Unternehmensspitzen.
Die Konsequenz der (westlichen) Postreform I ist uns nicht ganz gelungen, aber immerhin wurden die Generaldirektion Post, die Generaldirektion Telekom und die Generaldirektion Postbank/Unternehmensfinanzen etabliert.
Ein ganz anderes Thema beschäftigte uns immer wieder, bis heute. Man konnte den Verdacht haben, daß sich damals alte Seilschaften unter dem Dach der Posthierarchie neu zu formieren begannen.
Der erste Generaldirektor der gelben Post der DDR, zuvor Leiter des Bahnpostamtes Berlin, entpuppte sich wenige Monate später – Deckname Felix – als hochrangiger Mitarbeiter der Staatssicherheit und mußte gehen. Ein ähnliches Schicksal widerfuhr dem Staatssekretär Wolf, vorher Minister. Auch er war jahrelang als Gesellschaftlicher Mitarbeiter der Staatssicherheit geführt worden.
Als Parlamentarischer Staatssekretär habe ich die Führung des Ministeriums damals in den Gremien repräsentiert, die sich mit der Vereinigung der Postsysteme beschäftigten.
Die Postunion noch vor der staatlichen Einheit – das war das erklärte Ziel, und das wurde in der Vereinbarung im Mai 1990 festgeschrieben. Dahinter verbarg sich weniger ein hehres Staatsziel als praktische Wirklichkeit:
Die postalischen Verhältnisse im Osten nahmen chaotische Formen an, die Verkehrsmengen explodierten, die Verkehrsströme nahmen nach der Maueröffnung einen völlig neuen Verlauf. Der Westen half nach Kräften, und die Postunion nahm bald auch praktisch Gestalt an."
Am 8. August 1990 lag dem Minister für Post- und Fernmeldewesen der DDR, Emil Schnell (SPD), ein Papier vor, das von seinem Leitungsstab, Referat 013, erstellt worden war.[1] Darin wurden ihm Vorstellungen über die Struktur der zukünftigen Unternehmen der Deutschen Post – Telekom, Postdienste, Postbank – unterbreitet.
Ähnlich den Fachdirektionen der Deutschen Bundespost sollten auch auf dem Gebiet der DDR getrennte Fachdirektionen für Telekom und Postdienste eingerichtet werden. Standorte dieser Mittelbehörden für die gelbe Post sollten Schwerin, Potsdam, Halle und Erfurt sein.
Für den Raum Sachsen konnten erst später Standorte festgelegt werden, es gab Abstimmungsprobleme mit der Generaldirektion Telekom (West). Wenig später stand fest: Dresden wird Standort der Direktion Postdienst, Leipzig Standort für Telekom.
Vorgabe war: Anpassung an die neuen Ländergrenzen und ein mit der Bundespost vergleichbarer Zuschnitt der Direktionen. Mecklenburg-Vorpommerns Direktion in Schwerin sollte mit der Direktion Regensburg in etwa vergleichbar sein, Sachsen-Anhalts Direktion mit Bremen, Sachsen mit Stuttgart, Thüringen mit Freiburg, Brandenburg mit Nürnberg.
Der Minister stimmte zu, es blieb ihm keine Wahl. Die Bildung einer Postunion, die von den Experten gleichzeitig mit Vehemenz betrieben wurde (zur Not auch schon vor der staatlichen Einigung), diktierte ihm geradezu diese neuen Strukturen, die Wirtschaftlichkeit und Paßfähigkeit mit politischen Grenzen versprachen.

1 MPF/WFG, Dienstbesprechungen des Ministers, 8. 8. 1990, Archivnummer 27113, Bundesarchiv, Außenstelle Coswig

Beauftragung oder: Management in der Schwebe

Unter den alten Bedingungen – Bezirksdirektion mit Zuständigkeit für Telekom(munikation) und Post (-dienste) – war Gerhard Troschke Leiter der Bezirksdirektion Schwerin. Unter den neuen Bedingungen wurde er mit der Leitung der Direktion Schwerin beauftragt. Er erinnert sich: „Für mich war die Übergangszeit 1990 eine widersprüchliche Zeit. Einerseits wurde man gebraucht, gefordert, konnte was bewegen. Andererseits war ich ein Chef auf Abruf, in ‚Beauftragung', wie es damals hieß. Ich wußte nicht, wie es um meine Position bestellt war, und ich hatte deshalb vorsorglich auch schon nach anderen beruflichen Möglichkeiten Ausschau gehalten.
Es war nach meinem Urlaub. Im Sommer 1990 wurden alle Präsidenten ins Ministerium nach Berlin bestellt, und dort wurde bekanntgegeben, wer welche neu zugeschnittene Direktion ‚in Beauftragung' zu leiten hatte. Da wurde glashart aussortiert, der amtierende Minister Schnell ließ das seinen Staatssekretär und Amtsvorgänger Wolf durchexerzieren.
Die Beauftragung, so wie sie in Berlin abgelaufen ist, war wirklich eine harte Sache.
Aber ich hatte wirklich außergewöhnliches Glück, konnte in Schwerin bleiben. Allerdings nicht als Telekom-Mann (ich bin von Hause aus Nachrichtentechniker), sondern als Chef der gelben Post.
Alles war vorläufig, ‚im Auftrag' – man wollte offenbar vor der anstehenden Vereinigung mit der Bundespost keine unveränderlichen Fakten schaffen.
Ich habe mir dann Leute in die Führungsebene der Direktion gesucht, die dieser Struktur entsprechend ebenfalls zunächst in die ‚Beauftragung gegangen' sind. Das war eine Truppe, in der alles stimmte!
Das ‚normale' Alltagsgeschäft sah – besonders unmittelbar nach der Währungsunion – völlig anders aus, als wir das gewöhnt waren. Bei Briefen und Paketen hatten wir mit einem Mal Steigerungen bis zu 1000 Prozent, vor denen unsere Zusteller und Verteiler vor Ort schier verzweifelten.

Wohin mit den Sendungen?

Das war die Standardfrage in diesen Wochen und Monaten. Wir haben Hallen angemietet, wir haben in Garagen Pakete umgeschlagen, alles in Handarbeit. Maschinen oder Automaten standen unseren Mitarbeitern nicht zur Verfügung. Die haben sich dennoch mächtig ins Zeug gelegt. Verkehrssteigerungen bei Briefen von 300 bis 500 Prozent, von fast 1000 Prozent bei Paketen waren die Regel.
Wir hatten keine Paketzustellung, wir waren auf Zustellfachanlagen angewiesen. Teilweise waren wir total am Ende, mußten Rückstände hinnehmen, die so unvorstellbar waren, daß man eigentlich hätte sagen müssen:
‚Leute, die Sendungen kriegen wir nie raus aus diesen provisorischen Hallen.'
Quasi über Nacht trat die Abhilfe ein – und das war ganz fantastisch. Es ist bei uns unglaublich viel investiert und erneuert worden, zumeist aus Mitteln der Bundespost. Es war wirklich fantastisch. Was ich als sehr hilfreich empfunden habe, war, daß es gleich nach der Vereinigung eine Außenstelle der Generaldirektion in Berlin gab."
Zentrale Einrichtungen – zum Beispiel die 2000-Mitarbeiter-Einrichtung IPF[2] – mußten um ihre Existenz bangen, wurden in Zentren umgewandelt (ZP). Erklärte Absicht war, wie in der Bundesrepublik Telekom-, Bank- und Postdienste voneinander zu lösen und auf eigene unternehmerische Füße zu stellen.
Das sorgte in den sogenannten Mittelinstanzen, den Bezirksdirektionen der Post (BDP), für beträchtliche

2 **Institut für Post- und Fernmeldewesen**

Quelle

Unruhe; noch mehr natürlich die Ankündigung, der politischen Entwicklung folgend zehn dieser Direktionen aufzulösen und die Aufgaben auf fünf Einrichtungen zu konzentrieren.
Unten, an der Basis kämpften die Postler mit unbrauchbarem Gerät gegen anschwellende Sendungsmengen wie weiland Don Quichotte gegen die Windmühlenflügel von La Mancha. Die Schalter wurden von ungeduldigen Kunden belagert, die vor allem Geldgeschäfte erledigen wollten. Im Zustelldienst wurde die Leistungsfähigkeit sowohl der Postler als auch ihrer uralten Fahrzeuge auf harte Bewährungsproben gestellt. Nichts war von Bestand, alles war im Fluß.

Das Schicksal einer Technologie: Dieter Fischer erinnert sich

Die Monate des steten Wechsels erlebte Dr. Dieter Fischer als Experte für Briefverteil- und -sortiertechnik im Berliner Institut für Post- und Fernmeldewesen. Er erinnert sich: „Die Briefsortiermaschine IPF 80 D, die wir entwickelt hatten, wurde auch in Polen und in der damaligen ČSFR eingesetzt. Dort war das Interesse an zusätzlichen Anlagen des Nachfolgetyps IPF 85 L mit Lesetechnik beträchtlich, 80 neue Maschinen waren bei uns bestellt. Was uns fehlte, waren Maschinen, die die Briefe nach verschiedenen Formaten automatisch aufstellten.

Kurz vor Öffnung der Mauer durften wir von der westdeutschen AEG drei solcher Maschinen kaufen, die während der Zeit der Maueröffnung in Berlin, Leipzig und Dresden in Betrieb genommen wurden.
Auf diese Weise kam ein guter Kontakt zwischen unserem Team und den Ingenieuren von AEG zustande. Die AEG-Leute deuteten damals sogar an, daß sie Interesse an unserer Briefsortiermaschine IPF 85 L haben könnten, sie vielleicht gemeinsam mit uns zu einer Koproduktion zu veredeln. Sie verhehlten übrigens nicht, daß sie an unseren Kontakten in die damalige ČSFR interessiert waren; sie suchten, wie alle Westunternehmen, nach Möglichkeiten, in die osteuropäischen Märkte zu gelangen. Ich war damals sehr angetan von der Aussicht, unser Produkt mit einem kompetenten Partner durch die Wende zu bringen.
Es sollte nicht soweit kommen, denn die Währungsunion machte uns einen Strich durch die Rechnung mit Osteuropa. Wir waren ja jetzt Westen, DM-Land. Die ČSFR-Post hatte aber keine Devisen zur Verfügung, sie konnte damals weder unsere Anlagen noch die großen Maschinen von der AEG kaufen. Ähnlich wie in der DDR galt auch bei den Tschechen und Slowaken die Post als fünftes Rad am Wagen, das mit Devisen so gut wie nicht ausgestattet wurde. Bereits 50 in der DDR ‚angearbeitete' Maschinen mußten wir verschrotten.

Westunternehmen als Karrierestart für Post-Ingenieure (Ost)

Der Kontakt zu AEG kam einigen meiner Kollegen aus unserem Entwicklungsteam im IPF durchaus zugute. Ein Großteil, meistens Elektronikspezialisten, die mit dem Postbetrieb nicht sonderlich viel am Hut hatten, ist bald nach Maueröffnung nach Konstanz gegangen, wo die AEG Posttechnik herstellt.
Andere sind in Berlin geblieben. Sie wechselten zu einer von AEG neugegründeten Postautomation GmbH, deren Gründung von der Deutschen Post mit initiiert worden war.
Ich habe damals auch mit dem Gedanken gespielt, nach Konstanz zu wechseln, bin dann aber aus privaten Gründen in Berlin geblieben.
Außerdem machte man uns vom IPF damals noch Mut. In eiligen Fax-Botschaften aus Bonn versicherte man uns, Interesse an unseren Entwicklungs- und Planungskenntnissen auch in einem vereinigten Postunternehmen zu haben. Ich erinnere mich sogar an ein Schreiben aus der Generaldirektion Bonn, das an den damals amtierenden DDR-Poststaatssekretär Wolf gesandt wurden. Darin zeigte man sich verwundert, wenn nicht entsetzt darüber, daß so viele aus der Entwicklung zur westdeutschen Privatindustrie überwechselten. Man habe vor, so versicherte man dem DDR-Minister, mit diesen Leuten später ein Team aufzubauen, das wichtige strategische Aufgaben übernehmen sollte.
Aber es kam kurze Zeit später zu einer ganz anderen Vorstandsentscheidung: Das IPF, hieß es jetzt definitiv aus Bonn, sei abzuwickeln. Ich war, versteht sich, zunächst enttäuscht, aber es mußte ja weitergehen, und es ging weiter.

Tüfteln für die PLZ

Im Mai war ja das Projekt Postunion gestartet worden, in dessen Rahmen sich an die 60 paritätisch besetzte Arbeitsgruppen mit der Vereinigung der Postsysteme zu beschäftigen hatten.
Ich wurde als Mitglied der Arbeitsgruppe Postbeförderung abgeordnet, später war ich der ‚Leiter Ost' der Unterarbeitsgruppe Postleitzahlen. Aber das waren nur formale, unwichtige Etiketten. Wir haben eine Bestandsaufnahme gemacht und gesagt:

Bis jetzt waren wir zwei getrennte Postverwaltungen, die über internationalen Verkehr miteinander zu tun hatten. Das kann nun nicht mehr sein. Jetzt machen wir nationalen Verkehr, also ein Postsystem.
Fachfragen standen im Vordergrund. Es gab in diesen Gruppen faktisch keine Trennung zwischen West und Ost. Für uns war einzig wichtig: Wie ist der Postverkehr am besten so zu organisieren, als hätte es die Grenze nie gegeben? Das haben wir geschafft, denke ich. Fachleute haben in einer ausgezeichneten Atmosphäre an der Lösung von Fachproblemen gearbeitet.
Wirklich, die Zusammenarbeit war phänomenal.
Die ‚Postbeförderung' hatte grundsätzliche Dinge zu regeln. Zum Beispiel mußten ja Prozeduren ausgearbeitet werden, um den internationalen Postverkehr, der zwischen der Bundesrepublik und der DDR galt, auf den nationalen Postverkehr zurückzuführen, ohne Auswechslungspost, ohne Auswechslungspostämter. Wie richten wir Verkehrsverbindungen so ein, daß sie geographisch am günstigsten zueinander gelegen sind?
Damals spielten Zugverbindungen noch eine alles entscheidende Rolle, und es wurde genutzt, was zu nutzen war. Wir sind sehr schnell mit den grundsätzlichen Arbeiten fertig geworden. Das schwierige Kapitel ‚Postleitzahlen' ist von einer Spezialgruppe fortgesetzt worden.
Ich selbst wurde am 1. Januar 1991 Fachbereichsleiter für stationäre Briefbearbeitung in der neugebildeten Außenstelle Berlin der Generaldirektion."

Strukturwandel in der Postprovinz: Wolfgang Zeh erinnert sich

Aus der Sicht von Wolfgang Zeh, zunächst Technologe im Hauptpostamt Erfurt, später Referatsleiter Presse in der Erfurter Direktion, stellte sich der Strukturwandel „in der Provinz" so dar: „Es war klar, daß es mit der Neubildung des Landes Thüringen auch bei der gelben Post neue Strukturen geben würde. Vergleichbar mit der Entwicklung bei der Bundespost, vergleichbar aber auch mit der noch bekannten alten Struktur der Reichspost. Das föderale System sollte aufgebaut werden, und daß sich die Post dem anpaßte, kam für uns alle nicht unerwartet.
In Erfurt war das ja kein so großes Problem, Erfurt war früher Sitz der Oberpostdirektion gewesen. Wir wußten, daß sich mit den zu erwartenden Umstrukturierungen, ganz gewiß aber mit der Vereinigung vieles ändern würde. Aber Zukunftsangst hatten wir nicht, ich jedenfalls nicht.
Wir ahnten, daß mit der Einheit Deutschlands eine Invasion von Führungskräften auf uns herniedergehen würde. Aber zunächst warteten wir nach der Wiedervereinigung bei der Direktion in Erfurt Woche um Woche darauf, wie es weitergehen sollte, und es dauerte wohl fast drei Monate, bevor die ersten westdeutschen Beamten zu uns versetzt wurden. Die ersten westdeutschen Kollegen haben wir uns regelrecht herbeigewünscht. Die brachten Know-how mit und Verbindungen, deren Wert wir durchaus zu schätzen wußten.
Vielen von uns war klar, daß wir umgesetzt würden. Allenfalls konnte man damit rechnen, daß man zum Schluß als bisherige Führungskraft künftig nicht mehr als Führungskraft, aber doch bei der Post tätig sein würde.
Daß das alte ‚Kader'system mit der alten Post untergehen mußte, war eigentlich jedem bewußt. Es war irgendwie logisch, daß man Führungskräfte auswechseln würde, daß manche den Dienst ganz quittieren und andere in weniger einflußreichen Funktionen landen würden. Ich zumindest sah in dieser Entwicklung keinen Grund zu polemisieren. Für viele kam es aber dann doch anders.

Übrigens kamen dann die westdeutschen Beamten in sehr großer Zahl, wenn auch oft nur für wenige Monate. Hier und da gaben sich die wechselnden Führungskräfte die Türklinken geradezu in die Hand. Und die brachten auch einen für uns fremden Führungsstil mit. Mich beeindruckt bis heute der oftmals gelassene (manchmal: lässige), betont lockere, wenn auch gegenüber Untergebenen distanzierte Stil, nachdem bei uns doch zuvor ziemlich preußisch-straff geleitet wurde.
Man muß natürlich differenzieren.
Da gab es viele Westpostler, die sich außerordentlich engagierten. Bewundernswert geradezu. Aber es gab eben auch andere, die brachten vieles nicht in die Reihe, und denen passierte trotzdem nichts.

Der Minister mit den Fanpostkarten

Wie sich der Übergang zur Bundespost für mich vollzog? Zwei Episoden können das illustrieren:
Die erste war etwa 1987, ein neuer Leiter der Bezirksdirektion Erfurt wird vom Staatssekretär des Postministeriums im großen Kultursaal des Hauptpostamtes in sein Amt eingeführt. Das geschah übrigens nicht öffentlich wie heute, sondern nur vor Postlern.
Also hatte man sämtliche Postler in Erfurt aufgerufen, in Uniform zu erscheinen. Und so saßen wir dann da, gestriegelt und gebügelt. Bis in die Details wurden wir belehrt, wann wir aufzustehen, wie wir Spalier zu bilden, wann wir zu applaudieren, wann wir uns wieder zu setzen hatten. Dieser Kult um einen Staatssekretär hat nicht nur mich befremdet.
Drei Jahre später, kurz nach der Vereinigung. Wieder saßen wir alle da. Nun nicht mehr in Uniform. Ohne Verhaltensbelehrungen, obwohl ein leibhaftiger Minister – Christian Schwarz-Schilling – kommen sollte. Der stand dann plötzlich ganz unkonventionell im Saal. Kein organisiertes Klatschen. Und welch ein Unterschied! Plötzlich wurden im Saal seine Autogrammkarten verteilt; schöne, bunte Ministerbilder. Da haben wir dann doch gestaunt. Da waren also drüben offenbar auch nur Menschen!
Der Minister hat dann eine interessante Rede gehalten, in deren Mittelpunkt die Übernahme des Personals der Deutschen Post auf die Unternehmen der Deutschen Bundespost stand. Und er hat den Mut gehabt, schon damals zu sagen, daß die Anhebung der Postlöhne auf Westniveau wohl erst gegen Ende der 90er Jahre zu erwarten sei.
Nach meinem Sommerurlaub 1990 rief mich der neue amtierende Präsident der Direktion Erfurt, Peter Rabes, zu sich. Er ist heute Niederlassungsleiter Briefdienst im Raum Dresden.
Rabes war vom damaligen Postminister Schnell nach Erfurt geschickt worden, um die Post in Thüringen organisatorisch auf die Strukturen der künftigen gemeinsamen Bundespost auszurichten. Dazu hatte er mich als Leiter der Pressestelle ausgeguckt. Man hatte sich wohl daran erinnert, daß ich eine journalistische Ausbildung absolviert und auch mal die Erfurter Betriebszeitung der Post redigiert hatte. Ich bekam es mit einer Medienlandschaft zu tun, die sich in Thüringen teilweise erst neu zu etablieren begann. Öffentlichkeitsarbeit hatte es bei der Deutschen Post nicht gegeben. Und so war ich wohl auch einer der ersten Erfurter Postler, die unmittelbar nach der Wiedervereinigung nach Bonn gerufen wurden (unvergeßliche Eisenbahnfahrt am Rhein entlang, an der Loreley vorbei – das lag doch für uns kurz zuvor noch weiter weg als der Mond). Post-Chef Zumwinkel trat vor den Pressereferenten auf und erläuterte die zweite Postreform und, mehr so nebenbei, daß dies alles auch so für den Osten kommen werde. Unfaßbar damals für uns – wie von einem anderen Stern. Aber es kam so. Schneller, als es manchen von uns lieb war."

REMAILING: PROFITE DURCH GETEILTES PORTO

Wie die meisten Preise, Entgelte und Gebühren waren auch die Portopreise in der Deutschen Demokratischen Republik künstlich heruntersubventioniert. 40 Jahre lang galten für die Bürger der DDR die gleichen Gebührensätze – eine der zahllosen „sozialen Errungenschaften", die zum Untergang der DDR beitrugen. Zum Vergleich:

* Stand 30. 6. 1990	DDR* in M	BRD in DM
Telegramm 15 Wörter		
– Inland	2,25	17,00
– Ausland, z. B. ČSFR	2,70	20,00
– Ausland, z. B. Österreich	8,40	20,00
Brief bis 20 Gramm		
– Inland	0,20	1,00
– Ausland	0,35	1,40
Postkarte		
– Inland	0,10	0,60
– Ausland	0,25	0,80
Paket 5–10 kg		
– Inland Zone 1 Bevölkerung	0,70	8,70
– Inland Zone 1 Wirtschaft	3,00	8,70
– Ausland, z. B. ČSFR	4,00	32,30
– Ausland, z. B. Österreich	7,70	23,70
Päckchen 1 kg		
– Inland Bevölkerung	0,70	3,50
– Inland Wirtschaft	1,80	3,50
– Ausland	2,10	6,20
Geldübermittlungsdienst		
– Postanweisung	0,40	6,80
– Zahlkarte	0,20	2,00

Obwohl beispielsweise Transport- und Energiekosten drastisch gestiegen waren, obwohl der Weltpostverein immer wieder die gegenseitigen Devisenverpflichtungen erhöht hatte – die DDR war bei ihrer Preisgestaltung im Postverkehr geblieben. Die Postkunden nahmen's hin, hatten sich im Laufe der Jahre an die billigen Tarife mehr als gewöhnt.

Spätestens als die Mitarbeiter der Deutschen Post nach der Maueröffnung einen erheblichen Verkehrszuwachs zu bewältigen hatten, drängten die Verantwortlichen auf kostendeckende Erhöhung der Beförderungspreise. „Besonders hohe Verluste treten im Brief-, Päckchen-, Paket-, Telegrammverkehr sowie im Geldübermittlungsdienst auf", klagten die Kalkulatoren in einer Ministervorlage im Mai 1990.[3]

Die künstlich niedrig gehaltenen Tarife, so die Autoren, hätten der Post keinerlei Möglichkeiten zu Investitionen gegeben, zumal mehr als 70 Prozent des jeweils verbleibenden Gewinns an den Staatshaushalt zurückgeführt werden mußten. Stets galt die Post in der DDR als – wenn auch magere – Kuh, die gemolken werden konnte. Das änderte sich nicht einmal 1990, nach der Wirtschafts- und Währungsunion, wie der folgende Vermerk zeigt, der im Juli im Bonner Postministerium kursierte:

„Betreff: Erhöhung der Ablieferung der Deutschen Post für das 2. Halbjahr 1990

Im Rahmen der Haushaltsberatungen soll die Volkskammer gestern beschlossen haben, die im DDR-Haushalt vorgesehene Ablieferung der Deutschen Post drastisch zu erhöhen. Vorgesehen waren – wie bei der Deutschen Bundespost – 10 Prozent der Betriebseinnahmen, nämlich ein Betrag von 227 Millionen DM. (...) Der Ansatz wurde auf 500 Millionen DM erhöht. Der Bundesminister der Finanzen (BMF) hat sofort interveniert – aber leider ohne Erfolg. Der Obmann des Haushaltsausschusses sei (...) zu einer Rücknahme der Erhöhung nicht bereit gewesen.

3 WFG, Dienstbesprechungen des Ministers, Bundesarchiv, Außenstelle Coswig, Archivnr. 27113 v. 22. Mai 1990

Die Erhöhung sei auf einen CDU(Ost)-Vorstoß zurückzuführen, die Umweltschutzinvestitionen um 500 Millionen DM zu erhöhen. Man sei damit einem PDS-Vorstoß zuvorgekommen. (...)
Die Erhöhung entspricht einem Ablieferungssatz von rund 22 Prozent (!) der Betriebseinnahmen und sollte nicht hingenommen werden. (...) Angesichts der katastrophalen Lage der Deutschen Post, der Weigerung der Regierung, das Briefporto angemessen zu erhöhen und der für den Aufbau der DDR-Wirtschaft unabdingbaren hohen Investitionen (...) ist die Erhöhung der Ablieferung unvertretbar."

Dauerbrenner Ablieferungspflicht

Die Ablieferungspflicht der Deutschen Post, die von der Volkskammer auf so dramatische Weise erhöht worden war, hatte ein Vorbild: Auch die Deutsche Bundespost der Bundesrepublik mußte an ihre Eigentümerin Jahr um Jahr beträchtliche Summen überweisen – diese Einnahmen des Bundes folgten damit einer Tradition aus dem vergangenen Jahrhundert, die staatlichen Unternehmen die Ablieferungspflicht – also eine Art Steuer – auferlegte. Nur mit dem Unterschied, daß die so verhängte Besteuerung der Post bis heute wesentlich höher ausfällt als bei vergleichbaren Unternehmen und Wettbewerbern.
Unabhängig von ihrer Ertragslage war die Post in der Bundesrepublik verpflichtet, Jahr um Jahr – bis einschließlich 1995 – bis zu 10 Prozent ihres Umsatzes an den Bund zu bezahlen. Zuletzt belief sich die Summe, die die Post an den Bund überwies, auf 2,3 Milliarden Mark.
1989 hatte die Post der DDR mal gerade 859 Millionen M für Neuanschaffungen und Rekonstruktionen zur Verfügung gehabt, die Deutsche Bundespost hingegen 20,3 Milliarden Mark. Zwei von drei eingesetzten Maschinen seien, so die Autoren der Vorlage an den Minister Schnell, total verschlissen und schrottreif. Das Versorgungsniveau für beinahe alle Dienste des Post- und Fernmeldewesens hinke weit hinter dem internationalen Standard zurück.
Als die Autoren den Text zu Papier brachten, glaubten viele DDR-Experten und -Politiker noch an die Möglichkeit eines gedeihlichen Zusammenlebens zweier deutscher Staaten deutscher Nation unter dem Dach eines Staatenbundes, einer Konföderation. Mindestens für einen 4–5jährigen Zeitraum. Die Postunion zwischen den Unternehmen der Deutschen Bundespost und den Staatsunternehmen der DDR schien vielen ein geeignetes Modell für diesen schrittweisen, allmählichen Vereinigungsprozeß zwischen der DDR und der Bundesrepublik zu sein.
Innerhalb von sieben Jahren, so die Autoren, wolle man das Post- und Fernmeldewesen der DDR im Rahmen einer sozialen und ökologisch orientierten Marktwirtschaft an das Niveau der Deutschen Bundespost angleichen. Um dies zu erreichen, sei bis 1995 jährlich ein Investitionseinsatz von knapp 10 Milliarden DM für Telekommunikation und Postdienste notwendig. Nur die konsequente Modernisierung könne die Arbeitsplätze für 130 000 Postler und Fernmeldespezialisten sichern und Beschäftigung für 100 000 weitere Mitarbeiter in der Zulieferindustrie schaffen.
Nur durch die Erhöhung der Gebühren in zwei Etappen – zum 1. Juli 1990, dann zum 1. Januar 1991 – könne sich das DDR-Staatsunternehmen sanieren.
Die Gebührenanpassung, die den Autoren vorschwebte, „könne unter dem Blickpunkt des spürbar steigenden Versorgungsniveaus als angemessen angesehen werden".[4] Sie hätte 1,3 Milliarden Mark jährlich mehr in die Kasse gebracht, den DDR-Telefonteilnehmer mit durchschnittlich 58,75 DM belastet (statt bisher mit 32,70 M). Der Postkunde wäre im

4 ebenda

Schnitt mit 6,60 DM zur Kasse gebeten worden, statt bisher mit 2 M.
Die DDR konnte sich nur zu einer moderaten Erhöhung der Portogebühren zum 1. Juli 1990 verstehen, die – für Briefe – folgende Struktur vorsah:

Übersicht geltender Gebühren (Stand 1. Juli 1990)

	Deutsche Post (DM)	Deutsche Bundespost (DM)
Briefe		
Standardbrief	0,50	1,00
Brief bis 50 g	1,00	1,70
über 50 bis 100 g	1,60	2,40
über 100 bis 250 g	1,60	3,20
über 250 bis 500 g	2,00	4,00
über 500 bis 1000 g	./.	4,80
Postkarten	0,30	0,60
Drucksachen		
Standarddrucksache	0,70	0,60
Drucksache bis 50 g	0,70	1,00
über 50 bis 100 g	0,70	1,40
über 100 bis 250 g	1,40	1,80
über 250 bis 500 g	1,80	2,40
Briefdrucksachen		
Standardbriefdrucksache	0,70	0,80
Briefdrucksache bis 50 g	0,70	1,40
über 50 bis 100 g	0,70	2,00
über 100 bis 250 g	1,40	2,60

Eine deutlichere Erhöhung hätte auch einen weiteren Druck aus den deutsch-deutschen Postbeziehungen genommen, der nur durch das erstaunliche Gebührengefälle überhaupt möglich war: „Nur hierdurch", so die DDR-Ministerialen, „ist zu verhindern, daß Versender aus der Bundesrepublik Deutschland ihre Sendungen unter Ausnutzung des unterschiedlichen Gebührenniveaus im Bereich der Deutschen Post zu niedrigeren Gebühren einliefern." Untersuchungen des westdeutschen Postministeriums ergaben, daß ein Schaden von rund 200 Millionen DM entstanden ist. Rund 30 Firmen aus der alten Bundesrepublik hatten sich Anfang 1991 in der ehemaligen DDR niedergelassen, von wo aus sie ihre Massendrucksachen (heute: Infopost) versandten, wo sie damals statt 2 Mark nur 70 Pfennig für die Sendung bis 100 Gramm zahlen mußten. Allein in Berlin zählte die Post 300 000 solcher Sendungen pro Woche.
Zwar attestierte der damalige Postminister den Porto-Profiteuren das Attribut „Krämerseelen", aber das moralische Verdikt schreckte nicht, im Gegenteil. Am Run auf die billige Zustellung via DDR nahmen sogar staatliche, staatsnahe und öffentlich-rechtliche Institutionen teil: Die Bundesanstalt für Arbeit ließ mit einem Spediteur 2,4 Millionen Sendungen zu den Postverteilämtern in Potsdam, Schwerin, Halle, Dresden, Erfurt, Leipzig und Berlin karren, um sie von dort aus zum DDR-Tarif Kindergeldempfängern in den neuen Bundesländern zukommen zu lassen. „Der Staat bemogelt den Staat", titelte das Achimer Kreisblatt über einen Remailing-Bericht, der die Remailing-Praxis der öffentlich-rechtlichen Treuhandstelle für den Wohnungs- und Städtebau (Sitz Hannover) aufdeckte. Die schickte ihren niedersächsischen Adressaten Zehntausende von Briefen zu, die in Magdeburg abgestempelt waren. Im gleichen Postamt Magdeburg waren auch 32 000 Briefe freige-

macht, die an Mitglieder der Gewerkschaft „Erziehung und Wissenschaft“ in Niedersachsen gerichtet waren. Bei grenznahen Ämtern in Ostdeutschland wurden Zehntausende von Briefen von Automobilclubs ebenso aufgegeben wie von Versicherungen oder Versandhäusern. Wer keine Adresse in Grenznähe hatte, machte bei einem Speditionspool mit, der jeden Tag mit Sendungen rüberfuhr. So florierte im Februar 1991 in Köln ein privater Kurierdienst, der die Post kleinerer und mittlerer Unternehmen sammelte und zu Ämtern der ostdeutschen Post irgendwo zwischen Harz und Thüringer Wald brachte. Die niedrigen Posttarife in Ostdeutschland reizten sogar, wie die Medien staunten, parteinahe Stiftungen mit Sitz in Bonn und München.

„Porto-Schummelei“?

Diese „unzulässige Porto-Schummelei“ (Berliner Morgenpost) hatte bereits kurz nach Maueröffnung eingesetzt. Mitte Januar bestätigte Andreas Winkelmann, Pressesprecher der damaligen Landespostdirektion Berlin: „Uns ist bereits aufgefallen, daß eine größere Menge Werbesendungen der Firma ‚A.‘ über die DDR nach Berlin (West) geschickt wurden.“[5]

Das Ärgernis, das daran zu großen Teilen Schuld war, hatte einen englischen Namen: Remailing.

Die Unternehmen verschafften sich unberechtigte Preisvorteile – je Brief 80 Pfennig, je Postkarte 50 Pfennig, je Paket über 8 Mark. Besonders in Berlin (West) angesiedelte Unternehmen nahmen die Gelegenheit wahr, etwa ihre Massendrucksachen (heute: Infopost) oder Paketsendungen, die an Adressaten in der Bundesrepublik gerichtet waren, über die Deutsche Post im benachbarten Berlin (Ost) abzuwickeln. Für diese Möglichkeit, das Gebührengefälle auszunutzen, wurde in jenen Monaten sogar unverblümt in Zeitungsanzeigen geworben.

Hinweise darauf, daß derlei Remailing nach internationalem Recht illegal und die Bundespost nicht verpflichtet sei, solche Briefsendungen zu befördern oder auszuliefern, die bundesdeutsche Absender im Bereich der Deutschen Post einliefern oder einliefern lassen, zeigten kaum Wirkung, obwohl die sogenannten Auswechslungspostämter der Bundespost in Berlin, Hamburg, Hannover, Bad Hersfeld und Hof angewiesen waren, solche Sendungen an die Post der DDR zurückzugeben, die eindeutig auf „Remailing“ zurückzuführen waren.

Aber nicht immer waren die Indizien eindeutig, nicht immer war die Rechtslage lupenrein. Zahlreiche Unternehmen hatten vor der Vereinigung längst sogenannte Briefkastenfirmen in Berlin (Ost) oder in (meist grenznahen Regionen) der DDR eingerichtet. „Die haben ihre gesamte Geschäftspost hier mit Wertstufe Ost frankiert, anschließend per Lastwagen in ostdeutsche Postämter gebracht und so den Brief für zunächst 20 Pfennig, später für 50 Pfennig nach Westdeutschland versandt“, erinnert sich Hans-Jürgen Niehof, 1990 Parlamentarischer Staatssekretär im Postministerium und für kurze Zeit amtierender Minister der letzten frei gewählten DDR-Regierung. „Das war einfach nicht zu unterbinden.“

Das Remailing ging weiter. Die Folge: Besonders in den Berliner Umschlagzentren im Osten (z. B. Bahnpostamt) war es durch die ungewohnte Sendungsflut zu teilweise horrenden Rückständen gekommen. Zu Recht beklagten sich die Postkunden in Eingaben und Leserbriefen über unerträgliche Verzögerungen bei der Zustellung von Briefen, Päckchen und Paketen.

Emil Schnell (SPD), Minister für Post- und Fernmeldewesen, brachte die brisante Vorlage mit dem Ziel einer Gebührenanpassung zur Entscheidung in den Ministerrat ein und wurde zunächst einmal abgeschmettert.

5 Christoph Lang: Werbepost aus dem Westen trug den Stempel der DDR-Post, Berliner Morgenpost, 18. 1. 1990

6 **Klaus Zumwinkel: Die Zukunftsperspektiven für die Deutsche Bundespost POSTDIENST im europäischen Binnenmarkt. Vortrag anläßlich der Internationalen Konferenz ‚Die Zukunft der Postdienste', Köln (Deutsche Posttage) 24. 10. 1990**

Remailing – in einig Deutschland ganz legal

Das Remailing nahm fürs erste kein Ende – im Gegenteil, es wurde mit der deutschen Einheit völlig legal, weil die Verträge des Weltpostvereins, die das Remailing unterbinden sollten, für den Inlandsverkehr nicht gelten konnten. Große Versicherungsfirmen kündigten damals ganz offen an, daß sie von dieser Gebühren-Lücke zu profitieren gedächten. Sie bereiteten sich darauf vor, zum Beispiel ihre jährlichen Beitragsmitteilungen, die sie nicht als Massendrucksache, sondern wegen der vielen unterschiedlichen Nachtragungen nur als Briefdrucksache oder als Brief versenden konnten, im Bereich der Deutschen Post einzuliefern.

Einen kurzen Augenblick lang überlegten Postexperten sogar, Sonderregeln weitergelten zu lassen – mithin die eben überwundene Grenze zwischen Ost und West neu zu errichten, um sich keine Einnahmen entgehen zu lassen. Die Idee wurde freilich sofort verworfen, sie war in der Tat „politisch äußerst bedenklich", wie Postdienst-Vorstand Günter W. Tumm 1990 warnte. „Darüber hinaus wäre sie auch betrieblich schlecht zu kontrollieren, zumal (...) einheitliche Postwertzeichen herausgegeben werden sollen."

„Schon jetzt", so Tumm weiter, „könne trotz eindeutig erkennbarer Einlieferung in der DDR in vielen Fällen gar nicht festgestellt werden, ob ein ‚Remailing' vorliegt, ob es sich z. B. bei dem als Absender angegebenen Einlieferer in der DDR um ein in der DDR ansässiges eigenständiges Unternehmen oder nur um eine Scheinfirma handelt."

Noch am 24. Oktober, drei Wochen nach der deutschen Vereinigung und der Verschmelzung der Postsysteme, griff Klaus Zumwinkel, Vorstandsvorsitzender der Deutschen Bundespost Postdienst, die Skepsis seines Vorstandskollegen auf und warnte „vor einem nach wie vor unterschiedlichen Preisniveau bei Postleistungen. Dieses führt innerhalb eines Staatsgebietes zu volkswirtschaftlicher Ressourcenvergeudung, Wettbewerbsverzerrungen und enormen Defiziterhöhungen beim Postdienst. Außerdem droht ostdeutschen Postämtern der ‚Herzinfarkt', da westdeutsche Arbitrageure zum halben Preis Großmengen dort einliefern – mit verheerenden Wirkungen für die Brieflaufzeiten."[6]

Schnäppchenjagd mit Ulbrichts Konterfei

Mindestens zwei Monate lang konnten vor allem westliche Großauslieferer von Walter Ulbricht profitieren. Buchstäblich und bildlich. Mit dieser auch philatelistischen Merkwürdigkeit hatte es nämlich folgende Bewandnis:

Im Zuge der Währungs- und Wirtschaftsunion, also mit Einführung der DM in der DDR, war beschlossen worden: Die Postwertzeichen beider Länder sollen für einen bestimmten Zeitraum wechselseitig anerkannt werden; sogar sogenannte Mischfrankaturen sollen erlaubt sein – Briefmarken der Deutschen Post und der Deutschen Bundespost gleichberechtigt Zacke an Zacke.

Dieser gegenseitigen Anerkennung waren zunächst erhebliche Bedenken seitens der Deutschen Demokratischen Republik vorausgegangen, die mit einiger Berechtigung auf ihrer Souveränität und Eigenständigkeit pochte. Ein eiliger Brief des Postdienst-Vorstandsmitgliedes Richard Wohlfahrt an das (Ost-) Berliner Postministerium, z. Hd. Herrn Hauptabteilungsleiter Schunke, half, die Bedenken in letzter Minute beiseite zu räumen. Wohlfahrt argumentierte politisch und baute den Postpolitikern der DDR Brükken, über die sie selbstbewußt gehen konnten:

- Mit der gegenseitigen Anerkennung könnte, zeitgleich mit der Währungsunion, ein spektakuläres Zeichen in Richtung Postunion gesetzt werden.

- Sie würde auf eine breite Zustimmung der gesamtdeutschen Bevölkerung stoßen und einen weiteren Schritt zur deutschen Einheit bedeuten.
- Die notwendige Rückgabe der Sendungen mit Postwertzeichen der jeweils anderen Verwaltung (trotz Zahlung der vollen Gebühren in DM!) würde bei den Kunden auf Unverständnis stoßen und zu Recht als kleinkariert und beamtentypisch empfunden werden. Notfalls müßte die Bundespost eine einseitige Anerkennung von Briefmarken (Ost) für Sendungen von West nach West oder West nach Ost erwägen.
- Dem Image der beiden Postverwaltungen wäre es abträglich, wenn sie sich zunächst die gegenseitige Anerkennung der Postwertzeichen versagen würden, dann aber dem mit Sicherheit zu erwartenden politischen Druck z. B. der Öffentlichkeit schließlich doch nachgeben müßten.[7]

Die DDR stimmte schließlich auch deswegen zu, weil man sich ein nicht geringes Zusatzgeschäft mit westdeutschen Philatelisten auf der Jagd nach Rari- und Kuriositäten versprach. „Dabei kann mit Sicherheit davon ausgegangen werden", schrieb der zuständige Oberdirektor Heinrich, „daß – allein bedingt durch die unterschiedliche Bevölkerungszahl – Sammler der BRD in größerem Umfange Marken der DDR erwerben als umgekehrt. Es ist also mit Einnahmesteigerungen insbesondere bei der DP zu rechnen." Also lautete der Beschluß: Bis zum 31. August 1990 sind – auch in der Bundesrepublik – Postwertzeichen der Deutschen Post gültig, die vor dem 30. Juni 1990 erschienen sind.
Die Regelung hatte zur Folge, daß plötzlich Massendrucksachen westdeutscher Unternehmen für westdeutsche Adressen mit ostdeutschen Absendern und ostdeutschen Briefmarken auftauchten. Beson-

7 **Schreiben Wohlfahrt v. 26. 6. 1990, in: WFG, Dienstbesprechungen des Ministers, Bundesarchiv, Außenstelle Coswig, Archivnr. 27113**

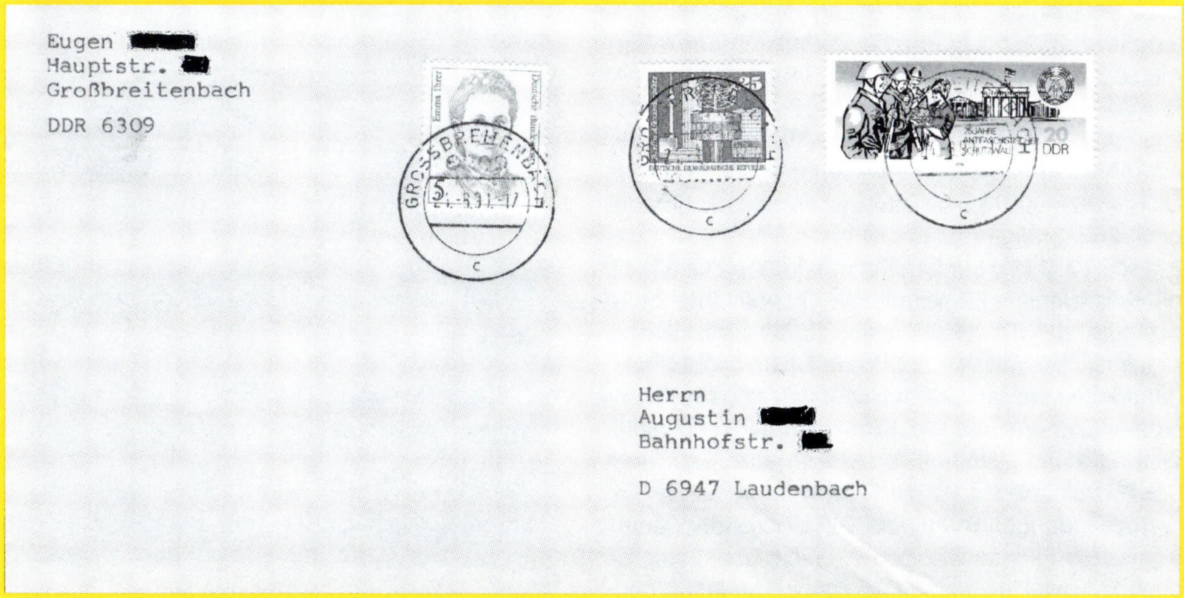

sen! Die ehrenamtlichen Kollegen haben für unseren Weg einer freien, unabhängigen Gewerkschaft geworben. Da entstanden die ersten Kontakte, die eigentlich bis heute anhalten.
Anfang März 1990 wurde dann die DPG Ost gebildet. Wir haben sofort sehr viel technische, praktische und auch inhaltliche Hilfe geleistet.
Wir hatten zuvor, im Februar, zwei Kollegen als Verbindungsgruppe in eine Art Organisationsbüro nach Ostberlin geschickt: Klaus-Dieter Zemlin, der bis 1989 stellvertretender Vorsitzender der DPG war (CDU-Mitglied), und Rolf Johanning, der jetzt unsere internationale Abteilung leitet und vor seiner Abordnung nach Berlin Bezirkssekretär in Kiel war (SPD-Mitglied).
Wir haben auch bei der personellen Besetzung großen Wert darauf gelegt, Zeichen für die Einheitsgewerkschaft zu setzen. Die beiden haben im Kontakt mit den Kollegen in Ostberlin und in der gesamten ehemaligen DDR eine große persönliche Arbeit geleistet. Sie sind sehr viel herumgefahren, waren Ansprechpartner für alle aufkommenden Probleme und haben dann auch umfangreiche praktische Hilfe organisiert.
Wir wußten bis zum Schluß nicht, wie sich die ostdeutschen Postler denn nun eigentlich nennen würden. Auf Zuruf kam schließlich im Verlauf des Gründungskongresses der Vorschlag, sich DPG Ost zu nennen, und auch wir Westler waren damit sehr einverstanden. Denn dahinter stand ja, daß sie sich sehr bewußt abgrenzen wollten von der alten DDR und ihrem Gewerkschaftsapparat.

Peter Praikow
Chef der Postgewerkschaft (Ost)

Es wurde gewählt. Wir haben auf die Wahlen keinerlei Einfluß genommen. Daß dann der ehemalige Jugendsekretär Peter Praikow an die Spitze gewählt wurde, war nach meiner Einschätzung auch ein bewußt gesetztes Zeichen dafür, daß man die Erneuerung tatsächlich wollte. Ende März 1990 unterzeichneten wir dann recht feierlich ein Kooperationsabkommen zwischen DPG und DPG Ost. Das Abkommen hatte sehr praktische Ausformung, gegenseitige Besuche zu Hauptvorstandssitzungen, Partnerschaftsbeziehungen zwischen unseren und den damals noch 15 alten DDR-Bezirken, Partnerschaften auf Ortsebene, materielle Unterstützung, inhaltliche Unterstützung. Erstmals war formuliert: Ziel ist die Schaffung einer gemeinsamen DPG im vereinten Deutschland.
Die Kollegen aus dem Osten legten großen Wert darauf, daß der Begriff Wiedervereinigung nicht benutzt wurde.
Die wichtigste Arbeit bestand ja zunächst einmal darin, Kontakte von unten nach oben aufzubauen. Es war ein wirklich von ehrenamtlichen Kollegen getragenes Unternehmen. Sie sind von Saarbrücken z. B. nach Cottbus gefahren, teilweise im Urlaub, und sie haben dann wirklich beraten und Kontakte aufgebaut. Letztlich ist dieses konkrete Engagement wohl das Geheimnis, warum es bei uns so harmonisch ablief in punkto Gewerkschaftszusammenführung, obwohl es auch inhaltliche Kontroversen gab.
Jetzt mußten die Kollegen im Osten sich als neue Gewerkschaft erst einmal konsolidieren und profilieren. Sie haben auch relativ harte Tarifvertragsforderungen gestellt und durchgesetzt; eine Einmalzahlung gehörte dazu. Ein Programm mit Forderungen wurde aufgestellt, das auf Verbesserung der sozialpolitischen Situation hinauslief.
Am 6. Juni 1990 haben wir gemeinsam den 100. Jahrestag der Gründung der ersten Postgewerkschaft, die am 6. Juni 1890 in Berlin-Friedrichshain gegründet worden, gefeiert. Wir nutzten diesen Anlaß dazu,

um zum ersten Mal die Hauptvorstände gemeinsam tagen zu lassen. Alles lief auf eine Vereinigung der beiden Postgewerkschaften, zeitgleich mit der staatlichen Einheit, hinaus. Auf der gemeinsamen Feierstunde sprachen Christian Schwarz-Schilling als Bundespostminister und Emil Schnell als DDR-Postminister. Die beiden hatten ein paar Wochen zuvor die Postunion gefordert, die baldige Verschmelzung der Postunternehmen.

Natürlich waren die Systeme unterschiedlich. Natürlich haben wir aus dem Westen gestaunt, wie manches im Osten lief und aussah wie 1923, wie hoch der Personaleinsatz war. Sehr schnell nahmen auch die Probleme zu, als mit dem schrittweisen Überstülpen des westdeutschen Rechts konkrete Hilfe gebraucht wurde. Die ist von unseren Leuten allerdings nie gönnerhaft gegeben worden. Wir haben dabei jede Wessi-Mentalität, jedes Besserwessitum vermieden.

Es gab damals, was es ja nicht immer gibt, gute Kontakte von uns zu Christian Schwarz-Schilling und von Praikow zu Emil Schnell, mit denen wir uns sehr bald einig waren, auf den Einigungsvertrag insofern Einfluß zu nehmen, daß es für uns nicht die Reichsbahnlösung gab. Auch wir wollten, gemeinsam beispielsweise mit dem Chef der gelben Post, Klaus Zumwinkel, daß es *eine* Post gibt und die Postunternehmen miteinander vereinigt werden. Es gab dann zwar große organisatorische Schwierigkeiten, z. B. die Trennung der Post- und Fernmeldeämter.

Wir haben dabei die fast unüberbrückbaren Unterschiede im materiellen Niveau gesehen, aber es war ja schon klar, daß der Westen die Hebammenfunktion übernehmen müßte, wenn es zum gewünschten Aufschwung kommen sollte. Aber diese materiellen Fragen standen weniger im Vordergrund als die, wie denn so schnell ein gemeinsames Postwesen aufgebaut werden könnte. Übrigens mit allen daran hän-

Mit dem damaligen Bundespostminister, Christian Schwarz-Schilling, der sich bei einem Besuch im Erfurter Bahnpostamt mit bitteren Vorwürfen auseinandersetzen mußte, waren Postchef Klaus Zumwinkel und Postgewerkschaftsvorsitzender Kurt van Haaren einig, daß die neuen Postunternehmen unter einheitlicher Führung operieren sollten. Die Bahnlösung – hier Reichsbahn, da Bundesbahn – sollte für die Postunternehmen nicht in Frage kommen.

POSTAMT
RETTET UNSERE POSTÄMTER
Wo bleibt das Soziale von Eurer Marktwirtschaft?
Für wen arbeitet die Post
Für die Menschen oder...?
11.7.92 21Uhr
TAG
DEMONTAGE
LIEDER-CAFE
DIE PREMIERE
Total Tote Dose
AUSSTELLUNG AUS BELFAST
QUARTETT

genden menschlichen Problemen, immerhin haben die ja dann in Ostdeutschland insgesamt vier Organisationsänderungen durchgemacht.
Von dem teilweise rigiden Personalabbau und dem Rausschmiß von Frauen will ich erst gar nicht reden. Diese Form der Vereinigung war für die Kollegen auch zugleich eine Belastung. Trotzdem war sie gerechtfertigt, denn die Reichsbahnlösung, die mit drei Jahren Verzögerung zur Integration führte, brachte noch viel einschneidendere Probleme.

Wir wollten *eine* Post, integriert in das restliche System. Als es in der ersten Jahreshälfte 1991 bei der DPG Ost ausgedehnte Streiks gab, machten wir die Arbeitskampfschulung. Unsere Sekretäre gaben tatkräftig Unterstützung. Aber wir haben immer Wert darauf gelegt, daß sie Hilfe zur Selbsthilfe leisten. Die politische Führung der Aktionen lag natürlich jeweils beim DPG-Hauptvorstand DDR. Es gab Konsultationen, aber die Entscheidungen lagen bei ihnen.

Nicht ohne soziale Konflikte, die zum Repertoire eines Rechtsstaates in der Marktwirtschaft gehören, vereinigten sich die Postsysteme in Ost und West. In ähnlichem Tempo wie der Arbeitgeber Post trieben auch die organisierten Postler die Vereinigung zur Deutschen Postgewerkschaft voran.

Kein kollektiver Übertritt

Im Juli 1990 haben die beiden Hauptvorstände die Modalitäten der Vereinigung ausgemacht. Aber wir konnten und wollten dennoch nicht eine klassische Vereinigung von zwei Organisationen vollziehen. Wir wußten noch immer nicht, wie belastet die DPG als Nachfolgeorganisation des FDGB war. Zum anderen war ja der Auflösungsprozeß des FDGB im Gange, an dem Praikow als Mitglied des Sprecherrates wesentlich beteiligt war. Schließlich wären wir auch in alle Pflichten der alten DPG Ost, möglicherweise auch der IG Transport- und Nachrichtenwesen eingetreten, wenn wir zu einer Fusionslösung gekommen wären. Deshalb haben wir zwar politisch von ‚Vereinigung' gesprochen, aber satzungstechnisch ist es so gelaufen, daß jedes Mitglied einzeln seinen Übertritt erklärt hat.

Zum Thema Vergangenheit: Wir haben gesagt, wir akzeptieren alles, was aus freien Wahlen hervorgeht. Und daß die Kolleginnen und Kollegen z.B. im Wissen darum, daß jemand inoffizieller Mitarbeiter der Stasi war, frei entscheiden sollten wer geht oder wer bleibt. Unsere einzige Bedingung war: Ihr wählt im Wissen der vollen Wahrheit.

Den Kolleginnen und Kollegen, die wir hauptamtlich übernommen haben, haben wir gesagt: Wenn sich nachträglich herausstellen sollte, daß sie uns verschwiegen haben, daß sie z.B. Stasi-Mitarbeiter waren, wäre das ein Grund, uns von ihnen zu trennen. Aber das ist bis heute glücklicherweise nicht passiert.

Wenn bei ehrenamtlichen Kolleginnen und Kollegen nachträglich etwas über Stasi-Mitarbeit herauskommt, sollen die ihre persönlichen Konsequenzen ziehen. Wenn sie meinen, daß sie trotzdem unbelastet sind, dann sollen sie vor eine Wahlversammlung gehen und fragen: Bestätigt ihr mich oder bestätigt ihr mich nicht? Das hat es auch in einigen Fällen gegeben, jeweils mit unterschiedlichem Ergebnis.

Wir haben damals – das war Teil einer Übereinkunft – ein achtes Mitglied im Geschäftsführenden Hauptvorstand (GHV) benannt. Das war Peter Praikow. Darüber hinaus sind heute zwei Abteilungsleiter bei uns, die unmittelbar nach dem Vereinigungskongreß bei uns angestellt wurden: Günter Klein, der schon für die IG Transport- und Nachrichtenwesen und die DPG Ost Tarifpolitik gemacht hat, und Uta Pech, die jetzt Leiterin unserer Abteilung Sozialpolitik ist.

Fünf neue Abteilungssekretäre haben wir zusätzlich eingestellt. Ein Großteil der Bezirkssekretäre in den neuen Bezirken kommt aus Ostdeutschland.

Sorge vor Amerikanisierung der Gewerkschaftsidee

Es gibt einen Aspekt, der mich belastet. Nach dem Zusammenbruch der DDR und auch der Sowjetunion wurde alles höhnisch kritisiert, was sich links und sozialstaatlich nannte. Für die Gewerkschaftsbewegung war diese Diskreditierung auch ein Rückschritt. Eine Zeitlang hatte ich, auch mit Blick auf die neuen Bezirke, die Befürchtung, daß sich so eine amerikanische Gewerkschaftsmentalität, so ein Brot-und-Butter-Gewerkschaftsdenken ausbreiten könnte.

Drei, vier Jahre lang, eigentlich bis heute, standen die unmittelbar materiellen Fragen, die 1:1-Angleichung an das West-Niveau absolut im Vordergrund. Geld und Arbeitszeit sind noch offen. Das werden wir demnächst mal auch durchsetzen. Wir haben jetzt in der jüngsten Tarifrunde auch die Zusatzversorgung durchgesetzt, und wir haben sehr viel in der Angleichung erreicht: Sozialpläne, Rationalisierungsschutz, Kündigungsschutz.

Worüber ich eigentlich ganz froh bin: Es gibt mittlerweile, auch in der ehemaligen DDR, wieder eine stärkere Orientierung auf die gesellschaftlichen Fragen, mit denen sich eine Gewerkschaft befassen muß. Nach den Jahren der Unsicherheit und auch der Anpassung an den Westen kommt wieder auch eine gesellschaftspolitische Debatte auf.
Ich will nicht behaupten, daß die Gewerkschaften früher in der DDR nichts für die Leute getan haben. Im betrieblichen Alltag haben sie über ihre Rolle schon das eine oder das andere geregelt. Aber daß eine Gewerkschaft als Interessenvertreterin auch im Gegensatz zum Arbeitgeber auftritt, das war ja nun wirklich etwas völlig Neues für sie.
Die Menschen sind überrollt worden vom neuen System. Ich weiß nicht, wie *wir* klargekommen wären, wenn wir im Westen plötzlich – sagen wir – australisches Arbeitsrecht hätten lernen müssen.

Respekt vor Postlern, die den Wandel tragen

Die Kolleginnen und Kollegen im Osten haben innerhalb kurzer Zeit viel durchgemacht. Sie haben ihre Organisationsstruktur aufgelöst, sie sind entlassen worden, sie mußten sich an ein neues Rechtssystem gewöhnen. Den Menschen ist unendlich viel zugemutet worden. Die Denkweisen mußten sich total ändern.
Was *wir* versucht haben, war, den sozialen Schutz, den wir im Westen haben, durchzusetzen und bei allen Veränderungen die Kolleginnen und Kollegen in Ostdeutschland in den gleichen Regelungsmechanismus einzubinden. Innerorganisatorisch ist der Integrationsprozeß nahezu abgeschlossen. Im Prinzip ist Gleichheit hergestellt: Der Prozeß der gewerkschaftlichen Integration ist abgeschlossen."

Berlin: Eine Stadt – Eine Post

Spätestens am 14. Oktober 1990 wurde Berlin auch politisch und rechtlich wieder eine einheitliche Metropole. An diesem Sonntag, wenige Tage nach der deutschen Einheit, fanden in den neuen Bundesländern erstmals freie und geheime Wahlen statt.

Der staatlichen Einheit des Bundeslandes Berlin widersprach der Umstand, daß die Post – Telekom und Postdienst gleichermaßen – immer noch getrennt auftrat. Neben der Landespostdirektion (LPD) Berlin bestanden weiterhin die Geschäftsbereiche Postdienst (Ost) und Telekom (Ost) fort.

Diese Verwaltungsteilung am sensiblen Standort konnte kein Dauerzustand bleiben, „sie wird auf Unverständnis in der Öffentlichkeit stoßen".[1] Darüber hinaus berge die Trennung „in erheblichem Umfang Nachteile für die Dienstgüte und Wirtschaftlichkeit des Aufgabenvollzuges" und störe die Organisation der innerstädtischen Abläufe der Post.

Knapp einen Monat nachdem Franz Schöll, frischgebackener Leiter der Außenstelle Berlin der Generaldirektion Postdienst, die Empfehlung ausgegeben hatte, die Bildung einer Direktion Postdienst Berlin vorzubereiten, breitete eine Arbeitsgruppe ihre Vorschläge aus, die Anfang 1991 zur Bildung einer einheitlichen Postorganisation im vereinten Berlin führten.

Damit war das Ende einer 40jährigen Episode besiegelt, die gleichzeitig Spiegelbild einer unseligen Teilungsgeschichte der Hauptstadt und Reflexion eines geteilten Postwesens war, das sich unter dem Druck der politischen Umstände diametral auseinanderentwickelt hatte. In Berlin erlebten besonders die Postler, die im Westteil lebten und arbeiteten, die Teilung unmittelbar und, bis zu den Berlin-Vereinbarungen, als alltägliche Bedrohung.

Steinstücken im Sommer 1995 bietet sich als idyllischer Siedlungskomplex im Südwesten Berlins dar. Unmittelbar an den Potsdamer Vorort Babelsberg angrenzend, finden wir gepflegte Einfamilienhäuser an einem wenig auffälligen Straßenzug. 30 Jahre zuvor, im Sommer 1965, ist der Straßenzug links und rechts von Mauern gesäumt, die den Blick auf die angrenzenden Wohnbezirke verstellen. Die Straße führt in die Siedlung Steinstücken, die als West-Berliner Enklave tief in Potsdamer Territorium hineinreicht, also ins Gebiet der DDR. Immer wieder müssen die standhaften Bewohner von Steinstücken Pressionen der DDR-Behörden hinnehmen, die an der Straße zur Enklave übergenau kontrollieren, weil sie offiziell auf DDR-Gebiet liegt.

Die Berliner Post unter politischen Pressionen

Besonders die Zusteller, Bedienstete der Landespostdirektion Berlin, haben unter den politischen Nadelstichen der DDR-Grenzer zu leiden. Ihre Zustelltaschen werden bei Ein- und Ausfahrten peinlichen Kontrollen unterzogen. Man läßt die Postboten preußisch-korrekt spüren, daß sie sich, nach DDR-Verständnis, auf verbotenem Gelände bewegen. Ein ums andere Mal müssen die Bewohner sogar mit alliierten Hubschraubern versorgt werden, auch die Post kommt dann aus der Luft. Derlei Praktiken werden erst abgestellt, nachdem das Berlin-Abkommen freien und ungehinderten Zugang für jedermann zur Enklave Steinstücken garantiert.

Die Alliierten und ihre deutschlandpolitischen Vorbehaltsrechte sorgten freilich auch für ganz andere postalische Spezialitäten: So waren die (West-)Berliner Postler bis zur deutschen Einheit formell Bedienstete und Beamte des Landes Berlin, die freilich von der Deutschen Bundespost (und damit der Bundesrepublik Deutschland) bezahlt wurden und ihr auch disziplinarrechtlich unterstanden.

1 Archiv Czarnetzki: Schreiben AGr LPD P Leiter vom 11. 10. 1990

Bis zur Einheit wurde das Berliner Postwesen in der Stadtregierung formell sogar von einem „Postsenator“ geführt und kontrolliert, der zuletzt in Personalunion Senator für Bundesangelegenheiten war.
Die Situation war nicht unkompliziert; viele Köche stocherten im Berliner Post-Brei: „Wir West-Berliner Postler hatten ja fünf Chefs“, sagt Erika von Fisenne, als Vizepräsidentin damals für die gelbe Post zuständig, „das war der Präsident, der Postminister in Bonn (es gab ja ein besonderes Gesetz zur Regelung der in West-Berlin beschäftigten Beamten), der Senator für Post- und Bundesangelegenheiten und die drei westalliierten Stadtkommandanten.“
Es gab Postwertzeichen mit dem Aufdruck „Deutsche Bundespost Berlin“, die auch im Bundesgebiet gültig waren.
Lothar Lange, bei der (West-)Berliner Post für solche philatelistischen Angelegenheiten zuständig, erinnert sich:
„Die Motive der Dauerserien waren mit denen der Deutschen Bundespost identisch. Darüber hinaus haben wir aber jährlich sieben oder acht Sonderpostwertzeichen herausgegeben. Wir mußten uns strikt davor hüten – das war ein ungeschriebenes Gesetz –, Motive zu veröffentlichen, die irgendwie im Zusammenhang mit der DDR oder Ost-Berlin standen.“

Kommunikation unter aliiertem Vorbehalt

Auf solche Formalitäten achteten die Alliierten durchaus aufmerksam. (West-)Berlins Sonderrolle als Bundesland mit eingeschränkten Rechten wurde auch insofern spürbar, als die Siegermächte Frankreich, England und die USA in die Souveränität der Kommunikation eingreifen durften. Sie hörten vereinzelt den Telefonverkehr ab, kontrollierten schon mal die Post. „Es gab Verbindungsleute zwischen der Post und den Alliierten“, erinnert sich Erika von Fisenne. „Nach allem, was ich über die Einwirkung fremder Mächte in den Postdienst gehört habe, haben die Westalliierten von ihren Rechten moderat Gebrauch gemacht. Sehr behutsam.“
Die Wende – Maueröffnung, Reisefreiheit, Demokratisierungsprozesse in der DDR – traf die West-Berliner Postler so unerwartet wie ihre Kollegen im Ostteil der Stadt. Den Kontakt suchte und fand man freilich schnell. Teilweise kannten sich die Profis vor Ort längst. Die Paketpostler fertigten schon seit Jahren die Sendungen für und aus West-Berlin mit Zügen der DDR-Reichsbahn im Berliner (Bahn-)Postamt 77 ab; Briefsendungen für und aus der DDR wurden, wenn sie Berlin (West) betrafen, im Briefumschlag des Berliner Postamts 11 abgefertigt. Dort trafen sich Post-Profis bereits einen Tag nach Öffnung der Mauer. Inoffiziell, aber mit Erfolg: Ein Ost-Berliner Posttechniker bat händeringend um Ersatzteile für eine defekte Paketsortiermaschine im Ostberliner Bahnpostamt. Dem Mann konnte geholfen werden; der Kontakt wurde sofort auf der Ebene der Amtsleiter fortgesetzt. Erst war die Annäherung inoffiziell, dann geschah sie dienstlich, quasi von Amts wegen.
Im Sommer 1990 organisierte die Berliner Direktion eine der vielbeachteten Autoübergaben, wie sie ähnlich in zahlreichen „Grenz“regionen zwischen der DDR und der Bundesrepublik stattfanden. Alte, aus-

gemusterte Autos wurden nicht versteigert, sondern generalüberholt und Ämtern im Ostteil der Stadt zur Verfügung gestellt. „Jeder hat die volle Bewegungsfreiheit", sagt Erika von Fisenne, „das war die Parole, die wir von der Direktion ausgegeben haben. Solange die Aktionen nicht den politischen Raum allzusehr und zu offensichtlich berührten."

Rätsel um die Warteschlange: Erika von Fisenne erinnert sich

Für die Postler im Ostteil der Stadt bedeuteten die Wendewochen 1989/90 den schier überwältigenden Zwang, mit Sendungsmengen fertig zu werden, die das 400 bis 500fache der üblichen Post übertrafen. Für die West-Berliner Postler waren die Wendetage, ähnlich wie für viele ihrer Kolleginnen und Kollegen in grenznahen Postämtern, das Synonym für Begrüßungsgeld. Zur Erinnerung: Jeder DDR-Bewohner, der die Bundesrepublik besuchte, hatte das Recht auf ein einmaliges „Begrüßungsgeld" in Höhe von 100 DM. Den Einrichtungen der Berliner Post wurde die Auszahlung am Freitag, 10. November, auferlegt. Fatalerweise erst um 16.00 Uhr nachmittags, als sich die zuständigen Fachleute im Westen längst ins Wochenende verabschiedet hatten.
Erika von Fisenne:
„Wir haben die Ämter, die in der Nähe von Grenzübergangsstellen gelegen waren, angewiesen zu zahlen. Ohne schriftliche Verfahrensregeln, ohne Verfügung. Die Amtsleiter sollten ihre normalen Tageseinnahmen, die sie ansonsten abends abführen, zur Auszahlung des Begrüßungsgeldes verwenden. Die Bestimmung mußten wir wenige Stunden später auf alle Postämter der Stadt ausdehnen – grenznah hin oder her.
Samstags morgens um 7 Uhr rief nämlich ein Amtsleiter aus Berlin-Neukölln bei mir zu Hause an und fragte ein wenig ratlos:
‚Was soll ich machen? Vor meiner Tür stehen 1000 Leute, die ihr Begrüßungsgeld haben wollen?'
Es gab damals unter den Kolleginnen und Kollegen eine große Welle der Hilfsbereitschaft. Alle opferten ihr Wochenende, keiner achtete auf Dienstschluß oder Feierabend. In Eigeninitiative haben die Kolleginnen und Kollegen teilweise Toilettenwagen und Wickelstuben eingerichtet, damit auch die Babys versorgt werden konnten."
So kam es denn, daß sich vor einem Toilettenwagen in Berlin-Lichtenrade eine Schlange bildete, die rätselhafterweise immer länger wurde. Sie löste sich schlagartig auf, als man den Letzten erklärte, worauf die Vorderen wirklich warteten – auf die Befriedigung menschlicher Bedürfnisse.
Kinder und Säuglinge hatten den gleichen Anspruch auf die einmaligen 100 DM wie ihre Eltern und Großeltern. Um Manipulationen vorzubeugen, war vorgesehen: Kinder und Babys müssen dabeisein, wenn ausgezahlt wird. Der Eintrag in den Paß allein reicht nicht.
Erika von Fisenne:
„Das war eine etwas unbarmherzige Vorschrift, die wir damals für die Berliner Ämter teilweise gelockert oder sogar aufgehoben haben. Mit etwas Bammel, zugegeben. Als alles vorbei war, kamen Beamte des Bundesrechnungshofes nach Berlin, um das Auszahlungsverfahren zu prüfen.
Wir begleiteten den Prüfer zum Postamt Berlin 36 (Kreuzberg), und er traf ausgerechnet auf eine Familie mit fünf Kindern. ‚Sind die Kinder denn auch da?', fragte er argwöhnisch. Mir wurde mulmig, aber die Mutter klatschte in die Hände, und schwupp, standen fünf Kinder um uns herum. Glück gehabt."
Tatsächlich haben einige Grenzgänger das Auszahlungssystem, das auf die Schnelle und aus der Not geboren wurde, ausgenutzt und manipuliert. Die bundesdeutschen Dienststellen ließen aber die

schwarzen Schafe wissen: Wer zurückzahlt, kommt ungeschoren davon. „Auf diese Weise", lacht Erika von Fisenne, „bekamen wir unerwartet um die 100 000 DM überwiesen, und unsere Buchhalter wußten zuerst gar nicht, wo und wie sie den Betrag verbuchen sollten."

„So ein Problem", sagt Jürgen Pudewill, „hätten wir auch gerne gehabt." Pudewill, heute Mitarbeiter Frau von Fisennes in einer Außenstelle der Generaldirektion, die sich mit Immobilienfragen beschäftigt, war zu Wendezeiten gewissermaßen das östliche Pendant zur West-Berliner Vizepräsidentin und versuchte, wie Zehntausende Postler in der DDR in gleicher Weise, die aktuellen Probleme der Wendetage einigermaßen in den Griff zu bekommen. Ende 1989, Anfang 1990 war die Post der DDR noch nach der alten Struktur organisiert, d. h. es gab die gemeinsame Verwaltung von Telekommunikations- und Postdienstangelegenheiten unter dem Dach der Bezirksdirektion:

„Ich war damals für den Bereich ‚Betriebe und Verkehr' zuständig in der Ostberliner Direktion. Senat, Magistrat und Polizeibehörden machten uns die Hölle heiß – wie sollte etwas zusammenwachsen, wenn man nicht einmal die Möglichkeit zu telefonieren hatte?

Ich muß zugeben, Postämter waren zwar nicht ganz oben auf der Bedarfsskala angesiedelt, was telefonischen Anschluß an Berlin (West) betraf, aber schließlich waren wir die Hausherren und haben versucht, die Postämter schrittweise miteinander zu verbinden. In Eigenhilfe, gewissermaßen. Die meisten Verbindungswege waren vor Jahren gekappt worden. Außer einigen Kanalanlagen, wo wir Kabel einziehen konnten, war nichts mehr vorhanden.

Wir mußten in diesen Tagen ein wahnsinniges Postaufkommen bewältigen, und daß wir es einigermaßen geschafft haben, lag auch daran, daß wir von den Westämtern hervorragend unterstützt wurden – mit Autos und Fahrrädern, aber auch mit Zustellschränken, Zustelltischen, Verteilfächern und anderen Gerätschaften, die man im Betriebsdienst braucht. Das war ein reger Warenumschlag!"

Der Umschlag war auch angesichts der Sendungsflut berechtigt, die die Berliner Postkunden den Postlern alsbald bescherten. „Wir hatten einen Verkehr im Postpaketaufkommen, den es in 40 Jahren DDR nie gegeben hat." (Pudewill)

Nicht anders als ihre Schicksalsgefährten zwischen Anklam und Zwickau orderten auch die Berliner nach der Währungsunion per Versandhauskatalog, was das Zeug hielt. Gerade die Bewohner der großen Trabantenstädte an der Peripherie der Metropole stürzten sich vehement aufs Shopping per Post.

Die Paketflut, damit verbunden aber auch ein Sondergeschäft für die gelbe Post, hielt bis weit ins Jahr 1991 an. Folge: Enorme Rückstände und Verzögerungen in der Zustellung, verbunden mit beträchtlichem Ansehensverlust der gelben Postler, nicht nur in Berlin. Jetzt rächte sich besonders der akute Personalmangel im Betriebsdienst, unter dem die Post im Ostteil der Stadt nach wie vor zu leiden hatte. Trotz der 17 000 Arbeitslosen, die Mitte 1990 bereits in Ost-Berlin registriert waren, scheiterten Anwerbeaktionen zunächst. Zu wenig attraktiv waren Schichtdienst, schlechte Entlohnung und miserable Arbeitsbedingungen.

Per Schneckenpost durch die Metropole

Schlagzeilen wie: „Bundestagsabgeordneter beklagt das Schneckentempo der Post: Warum muß ein Brief von West- nach Ost-Berlin drei Tage unterwegs sein?"[2] machten den emsigen Postlern in ihrer Berufsehre mächtig zu schaffen.

2 B.Z., 6. 9. 1990

Plötzlich glichen sich die Bilder wieder auf eine merkwürdig seitenverkehrte Weise: Wie in den Zeiten, als die Mauer noch die Deutschen von den Deutschen trennte, türmten sich auch im Spätherbst 1991 wieder Pakete und Päckchen in den Berliner und den anderen ostdeutschen Umschlagzentren für Fracht. Der Unterschied: Diesmal beinhalteten die Pakete kaum noch Liebesgaben von Freunden und Verwandten, sondern Güter des täglichen Bedarfs, die von Versandhäusern geliefert wurden.

Eine Lokalzeitung hatte zuvor einen Test gestartet: „Einige Testbriefe, in den vergangenen Tagen von Ost-Berlin mit der Adresse des Tagesspiegels in Tiergarten aufgegeben, erreichten den Westempfänger drei bis sechs Tage nach der Einlieferung.
Vom Bezirk Mitte ging es mit drei Tagen am schnellsten, ein Brief aus Treptow war am längsten unterwegs. Leser aus Ost- und West-Berlin berichteten von Laufzeiten bis zu acht Tagen, manche meinten, es sei nach der Wende schlimmer als früher geworden."[3]
„Wir haben im vergangenen Jahr 50 bis 60 Prozent der Mitarbeiter verloren", entschuldigte sich ein Sprecher der Berliner Ost-Post damals, „und schaffen es nur mühsam, die Lücken aufzufüllen."[4]
Die (unverschuldeten) Probleme der Post im Ostteil Berlins verschafften gleichzeitig den Wettbewerbern Startvorteile. Unverblümt riet der „Verband der Postbenutzer e.V." seinen Vereinsmitgliedern, meist westdeutschen Unternehmen, „die Dienste privater Kurierdienste (zum Beispiel DHL und UPS) in Anspruch zu nehmen".[5]
Ebenso wie es im Bereich der Bundesrepublik firmeneigene Kurierdienste zwischen Zentrale und Niederlassungen gibt, könne es auch sinnvoll sein, diesen Kurierdienst bei entsprechendem Bedarf auch auf die DDR auszudehnen.
Selbst staatsnahe Einrichtungen wie die Treuhandanstalt mochten sich nicht auf die Staatsunternehmen der Post verlassen, zumindest nicht in Berlin.
Lange Zeit bediente sich die größte Holding der Welt für die Kommunikation zwischen Berliner Zentrale und Niederlassungen in den ehemaligen Bezirkshauptstädten eines Kurierdienstes, der sich aus abgewickelten hohen Offizieren der Nationalen Volksarmee zusammensetzte, die in ihren Trabanten, Ladas und Wartburgs Schriftstücke hin- und herkutschierten. Später wurde das Ex-NVA-System auf ein Kuriersystem der Reichsbahn umgestellt, „um die unberechenbaren Postlaufzeiten in den Griff zu bekommen".[6]

3 ebenda

4 bk: Weiter Schneckentempo bei Briefen von Ost nach West, Tagesspiegel (Berlin), 18. 6. 1990, Lokalteil

5 Verband der Postbenutzer e.V., Arbeitsunterlage Nr. 3010, Seite 36, Stand 6/90

6 Birgit Breuel (Hrsg.): Treuhand intern. Tagebuch, Ullstein, Berlin 1993, S. 130

Neuer Konsumeifer läßt die Hallen platzen

„Wir hatten bekanntlich keine Paketzustellung. Unser System war ja: Der Bürger bekommt eine Benachrichtigung und holt sein Paket beim nächsten Postamt ab. Die Postämter waren natürlich nicht auf die neuen Bedingungen ausgelegt. Deren ‚Lager' waren ursprünglich so groß wie geräumige Wohnzimmer.
Mit einem Mal kamen da 40 bis 50 Rollbehälter voll mit Paketen auf jedes dieser Ämter zu. Das Chaos war perfekt. Wir haben wie verrückt leerstehende Bauhallen am Biesdorfer Kreuz angemietet mit 500, 600 Quadratmetern Lagerfläche für Pakete. Die Pakete stapelten sich darin vier, fünf Meter hoch, und die Pakete wurden nur noch hochgeworfen. Das waren Verhältnisse, die man sich heute nicht mehr vorstellen kann.
Für die Zustellung der Päckchen und Pakete haben wir uns mit Firmen im Osten zusammengetan, die sich meist gerade neu formiert hatten. Die Unternehmen und ihre Mitarbeiter wurden kurzfristig auf das Briefgeheimnis verpflichtet, und jeden Morgen wurden ihnen rund 10 000 Sendungen zur Zustellung übergeben."

Diese Sendungsflut war auch ein Preis der neugewonnenen, unbeschränkten Kommunikationsfreiheit Berlins. Die letzten Vorbehaltsrechte der Siegermächte traten mit dem Ende des Vier-Mächte-Status außer Kraft, als die Siegermächte Mitte September 1990 erklärten:

„Die Regierungen der Französischen Republik, der Union der Sozialistischen Sowjetrepubliken, des Vereinten Königreiches von Großbritannien und Nordirland und der Vereinigten Staaten von Amerika (...) erklären die Aussetzung der Wirksamkeit ihrer Rechte und Verantwortlichkeiten in bezug auf Berlin und Deutschland als Ganzes mit Wirkung der Vereinigung Deutschlands bis zum Inkrafttreten des Vertrages über die abschließende Regelung in bezug auf Deutschland. Als Ergebnis ist die Wirksamkeit der entsprechenden, damit zusammenhängenden vierseitigen Beschlüsse und Praktiken und die Tätigkeit aller entsprechenden Einrichtungen der vier Mächte ab dem Zeitpunkt der Vereinigung Deutschlands ausgesetzt."

Zeitweise kurz vor dem Kollaps: Dieter Wöhlert erinnert sich

Deutschland als Ganzes erhielt, eingebettet ins Verteidigungsbündnis Nato und integraler Bestandteil der Europäischen Union, seine volle Souveränität, und Berlin wurde wieder eine ganz normale europäische Metropole.

Die politische Anomalität der Stadt und ihrer Post hatte Dieter Wöhlert, bis zu seiner Pensionierung im März 1995 Präsident der Deutschen Post AG, Direktion Berlin, in den Vorjahren mindestens einmal jährlich von Amts wegen gespürt. Er war Mitglied eines Krisenstabs für die Versorgung Berlins, und innerhalb dieses Stabs Leiter einer Gruppe, die regelmäßig den Krisenfall „Luftbrücke" durchzuplanen hatte: In welchem Rahmen ist es wie möglich, Berlin aus der Luft mit Post zu versorgen? Welche Vorkehrungen sind zu treffen, welche Lehren sind aus der Luftbrücke 1948/49 zu ziehen?

Wöhlert war damals, als er einmal jährlich über mögliche Ernstfälle in Berlin diskutierte, für die gelbe Post in der Direktion Hannover verantwortlich.

„Ich war mit den Berliner Problemen, wenn auch in einem ganz speziellen Ausschnitt, vertraut. Die Stadt, kann ich sagen, war mir ans Herz gewachsen. Deshalb habe ich auch nicht lange gezögert, als man mich 1991 fragte, ob ich bereit sei, als Chef der gelben Post nach Berlin zu gehen. Ich hatte und habe ein Faible für diese Stadt, habe mich allerdings zunächst in der Vielzahl der Probleme verschätzt, die hier auf uns Postler zukommen sollten.

Ich begann meine neue Tätigkeit als Präsident an einem Montag im Frühjahr 1991. Am nächsten Tag machten mich Vertreter des Personals auf die unmöglichen Zustände aufmerksam, die im Paketumschlagzentrum West-Berlins herrschten, dem damaligen Postamt 77. Dort standen bis zu 300 Güterwagen. Das Amt hatte aber nur eine Kapazität von, alles in allem, 60 Wagen: Der gesamte Schienenverkehr in Berlin drohte in Mitleidenschaft zu geraten. Hinzu kamen erhebliche Differenzen zwischen Amtsleitung und Personalvertretung. Kurzum: Nichts schien voranzugehen. Irgendwie haben wir die Konfliktsituation, in der es unter anderem um die Frage ging, welche Verteilanlagen zu welchem Zweck genutzt und von wem zu bedienen waren, entschärft.

Nächstes Problem Kapazität: Wir haben von der Berliner Hallen- und Lagergesellschaft im Osthafen, also an der Spree, eine Halle angemietet. Als Hilfspaketumschlagstelle, natürlich mit Gleisanschluß. Diese Behelfsstelle funktionierte bald recht gut.

Das größte Problem waren, wie überall in der Ex-DDR, die überwältigenden Sendungsmengen, besonders bei Päckchen und Paketen: Im Sommer 1991 standen wir einen kurzen Augenblick vor der Notwendigkeit, die Pakete und Päckchen auf dem Hof zu lagern – ähnlich wie man damals noch die Briketts zu lagern pflegte. Ich glaube, daß die Berliner Postler, die unmittelbar mit solchen Anstrengungen zu tun hatten, hoch motiviert waren, sonst hätten wir das gar nicht geschafft. Sie waren, wie ich, von der Notwendigkeit überzeugt, daß in Berlin so schnell wie möglich postalisch einheitliche Verhältnisse geschafft werden müßten.

Mutmacher: Eine Stadt braucht eine Post

Die Parole ‚Eine Stadt – eine Post‘ habe ich, glaube ich, im Frühsommer 1991 ausgegeben, im Rahmen einer Ansprache in der Direktion. Ich wollte, daß jeder versteht, daß wir ein bißchen Postgeschichte mit schreiben, um für die Bewährungsprobe zu werben, die jetzt auf die Post in der vereinten Stadt zukäme. An die Chance habe ich erinnert, die man nur einmal im Leben haben könne, wenn überhaupt.

Schockiert war ich von der Arbeitsorganisation im Paketumschlagzentrum des Ostteils der Stadt, dem dortigen Bahnpostamt. Die Anlagen, mit denen man dort arbeitete, waren schwer und schwergängig, man hätte mit denen besser Schrott als Frachtstücke transportiert. Trotzdem sind wir eine geraume Zeit mit diesen Maschinen zurechtgekommen – ein Riesenkompliment an alle nachträglich dafür, daß sie mit diesen Maschinen die Post bewältigt haben!

Völlig unverständlich waren die Arbeitsabläufe, wie ich sie in fast allen Einrichtungen im Ostteil vorgefunden habe. Immer gab es da eine Vielzahl von kleinen, abgetrennten Räumen, und es gab keine großen Arbeitsflächen. Man konnte fast den Eindruck haben, es sollte immer der eine nicht wissen, was der andere macht. Jeder arbeitete in anderen Räumen; dort wurde entkartet, nebenan verteilt, wieder nebenan gestempelt. Das beengte die Arbeitsmöglichkeiten ungemein. Kurios erschien mir: Platz war eigentlich durchaus da. Die großen Postämter verfügten meist über große Kulturräume, über Bühnen mit Garderobe für Künstler, zum Beispiel im Postamt 58 (Berlin-Pankow).

Klar, daß wir diese Kulturräume für betriebliche Notwendigkeiten, für die Ausgabe und Verteilung von Sendungen, schnell umfunktioniert haben. Trotzdem reichte der Platz nicht aus, wir mieteten Hallen in der Nähe des Biesdorfer Kreuzes an. Leider waren dort keine Heizungen vorhanden, und die Beschäftigten froren. Von außen haben wir dann durch Löcher in den Wänden Warmluft hineingeblasen.

Man mußte sich, wie so oft, etwas einfallen lassen. Es dauerte noch etliche Monate, wenn nicht Jahre, bis wir auch im Ostteil der Stadt die klare Vorgabe E+1 einlösen konnten.

Spätestens 1993 landete auch im Ostteil der Stadt so gut wie jeder Brief einen Tag, nachdem er in den Briefkasten eingelegt worden war, beim Empfänger.

Der Putz war ab, hatte riesige Löcher. Während die Einrichtungen der Deutschen Post in einem wenig kundenfreundlichen Zustand waren, litt auch die Qualität der Zustellung. Investitionen waren zuletzt ein Fremdwort geblieben. Dennoch: Dank ihrer Improvisationsgabe und des großen Engagements sorgten die Postler in den neuen Bundesländern und Berlin dafür, daß in der Qualität bald an den Standard der alten Bundesländer angeknüpft werden konnte.

Neues Denken braucht der Westen

Damit das möglich war, mußte auch im Westen umgedacht werden. Da hatte sich im Laufe der Jahre in den Umschlagstellen noch vor der Wende das Denken eingenistet, daß Sendungen für den Ostteil nachrangig zu behandeln waren. Es kam zu Rückständen, zu Resten. Die Bürger im Ostteil fühlten sich als zweitklassige Postkunden. Das war ein unhaltbarer Zustand. Ich mußte Konsequenzen ziehen. Im Westteil der Stadt habe ich die Amtsvorsteher zweier zentraler Ämter abgelöst, weil das, was von ihnen ausging, nicht ausreichend war.
Die Führungsmannschaften im Ostteil wechselten ohnehin ständig, weil viele politisch belastet waren, der Staatssicherheit zugearbeitet haben. Das hat der Motivation der Postler vor Ort aber nicht geschadet. In vergleichsweise kurzer Zeit haben die Mitarbeiter im Osten trotz erschwerter äußerer Bedingungen, trotz verbauter Räumlichkeiten und abgeschriebener Verteiltechnik Erstaunliches zuwege gebracht und an Produktivität aufgeholt.
Sicher hat die Sorge um den eigenen Arbeitsplatz dazu beigetragen, das will ich gar nicht abstreiten. Aber man konnte, wenn man aufmerksam genug war, auch etwas anderes in den Ämtern und Dienststellen wahrnehmen – eine Art knisternde Stimmung, wie man sie in den eingefahrenen Abläufen des Westens nicht mehr erlebt hat. Es knisterte im Hinblick auf ein gemeinsames Ziel, man war hoch motiviert.
Und dies, obwohl Postler und Postkunden im Osten sich enorm benachteiligt fühlten, weil wir die Zahl der Postämter im Ostteil erheblich reduzieren mußten. Kunden kamen mit Transparenten in die Direktion, veranstalteten Sit-ins, vergossen Tränen und appellierten an meine Menschlichkeit: ‚Seien Sie mal kein Beamter, seien Sie Mensch und denken Sie doch daran, wie es bei uns im Ostteil war.' Meinen Argumenten, die Post müsse kostengünstig wirtschaften, die Versorgung könne nicht besser sein als im Westteil der Stadt usw., mochten die Demonstranten nicht folgen. Von ihnen habe ich gelernt: Postämter waren zu DDR-Zeiten soziale Errungenschaften, Stätten der sozialen Begegnung vor allem in städtischen Randgebieten und auf dem Lande."
Einem Bericht, den die Direktion Berlin 1993 verfertigte, ist zu entnehmen, welche Umstellungen innerhalb kurzer Zeit für den Ostteil der Stadt postalisch zu erbringen waren.

Beschreibung des Verkehrsgebietes Berlin Ost bei der Vereinigung und nach dem Stand Anfang 1993

Fläche: 403 km^2
1991: 1,28 Millionen Einwohner
1993: 1,29 Millionen Einwohner

	1991	1993
Anzahl der Annahmepostämter	126	87
Anzahl der Briefzustellämter	101	51
Anzahl der Briefzusteller (einschl. Zustellung der Tageszeitungen)	1700	1010
Anzahl der Paketzustellämter	27	7
Anzahl der Paketzusteller	215	417
Anzahl der Telegramm- und Eilzustellämter	28	5
Anz. der Frachtausgabestellen	160	–
Anz. der Kfz bei der Vereinigung (davon nur die Hälfte einsatzfähig)	524	833

Die Aussenstelle in Berlin

Generaldirektion en miniature

Die neue Bundesrepublik war erst ein paar Stunden alt und die postalische Einheit zwischen Deutscher Post (DDR) und Deutscher Bundespost rechtlich gerade vollzogen, als die Führungsmannschaft der nunmehr gemeinsamen gelben Post in einem Berliner Hotel beisammensaß und Ratschlag hielt.
Vielen machte ein gewisser Kater zu schaffen. Die vergangenen Tage in Berlin waren von allerlei öffentlichen und privaten Einheitsfeiern geprägt gewesen. „Es ist schön", sagte der Chef der vereinten gelben Post, Klaus Zumwinkel, „daß es nach 45 Jahren wieder eine gemeinsame Post gibt." In einer Rede deutete Postchef Zumwinkel die Marschrichtung an, aber auch, daß eine wirtschaftliche Post ohne Einschnitte im Personalbereich nicht zu machen sei:

- Wir müssen im Laufe des nächsten Monate einen Leistungsstandard erreichen, der mit der Formel E + 1 im Briefdienst und E + 2 im Frachtdienst beschrieben wird.
- Neue Betriebsstätten müssen geplant und errichtet und mit modernsten Verteilanlagen ausgestattet werden.
- Der Maschinen- und Kraftfahrzeugpark bedarf dringend der Erneuerung. Hierfür müssen Investitionsmittel in Höhe von mehreren hundert Millionen Mark bereitgestellt werden.
- Wir müssen das Kassen- und Abrechnungswesen zusammenführen, die Wirtschaftsführung vereinigen, die Postordnung auf Allgemeine Geschäftsbedingungen umstellen.

Zumwinkel sicherte den Postlern der ehemaligen Deutschen Post zu, „daß fast allen der ca. 75 000 dem Postdienst zuzurechnenden Beschäftigten ein Arbeitsplatz angeboten wird". Ausgenommen wurden freilich die Beschäftigten in der Generaldirektion der Deutschen Post, in Stellen für „Zoll- und Inhaltskontrollen", dem Baureparaturdienst und in der Abteilung „Herstellung, Werbung und Versand von Postwertzeichen in der Philatelie Wermsdorf". Den dort Beschäftigten werde man Zeitverträge anbieten.
Abschließend gab Zumwinkel offiziell bekannt, was inoffiziell seit Wochen jedermann wußte: Eine Außenstelle der Generaldirektion werde in Berlin eingerichtet, an ihre Spitze werde das Vorstandsmitglied der Deutschen Bundespost Postdienst, Franz Schöll, berufen.
„Ich war heilfroh", erinnert sich Klaus Zumwinkel, „daß Schöll meinen Vorschlag annahm. Er konnte dort sein ganzes Maß an beruflicher Erfahrung einbringen. Und er war zu 100 Prozent im Vorstand integriert. Ich wußte: Schöll führt das zusammen."[1]

Problematische Doppelfunktion im Dreiecksverhältnis

Schöll sah der neuen Aufgabe mit durchaus gemischten Gefühlen entgegen. „Ein Dreiecksverhältnis, wie man die Beziehungen zwischen Zentrale – Außenstelle der Generaldirektion – Direktionen und Ämter bezeichnen muß, ist wegen der sich zumindest teilweise überschneidenden Aufgaben und Zuständigkeiten nicht leicht zu managen. Kompetenzgerangel und Reibungsverluste waren zu befürchten. Trotzdem war die Entscheidung, eine Außenstelle der Generaldirektion in Berlin mit weitgehenden Zuständigkeiten für einen vorübergehenden, möglichst kurzen Übergangszeitraum einzurichten, richtig – wegen der Besonderheiten der Produktionsprozesse im Beitrittsgebiet, der Sonderregelungen im Finanzwesen und der Wirtschaftsführung, der rechtlichen Grundlagen der Beschäftigung und der Besoldung sowie der Rechtsverhältnisse zum Kunden.

1 Interview mit Uli Schulte-Döinghaus, 31. 5. 1995

Ferner sprachen die prekären Kommunikationsbedingungen zwischen Ost und West – lange Brieflaufzeiten, Telefonverbindungen in der Zeit von 7 bis 19 Uhr waren meist ein Produkt des Zufalls – für eine Steuerung der Post in den neuen Bundesländern von Berlin aus. Die Außenstelle bot den Vorteil, vor Ort präsent zu sein und das unverzichtbare Know-how der Fachkräfte der DP unmittelbar nutzen zu können.
Ich hatte einige Zweifel, ob ich in meiner noch verbleibenden Dienstzeit angesichts der vielfältigen Probleme viel bewirken könnte. Wegen meiner bisherigen Tätigkeit in der Regierungskommission und der Projektorganisation Postunion konnte ich mich aber kaum verweigern. Dies um so weniger, als sich die meisten der bereits in der Projektorganisation Postunion tätigen Leiter von Arbeitsgruppen wie Herr Neuhoff, Präsident der Direktion Köln, Herr Kutz, Präsident der Direktion Dortmund, Herr Busch, Präsident der Direktion Münster, sowie Herr Heim bereit erklärt hatten, entsprechende Funktionen in der Außenstelle zu übernehmen.
Busch im Personalbereich und Heim im Aufgabenbereich Investitionen und Sachmittel waren auf Direktorenebene in Bonn und Berlin in Personalebene tätig, was der Koordination sehr zugute kam – ein eingespieltes Team."
Zu Franz Schölls Stellvertreter bestellte der Post-Vorstand Hans-Jürgen Niehof, wenige Stunden zuvor noch amtierender Minister für Post- und Fernmeldewesen der DDR. Niehof ist sich auch heute noch sicher, „daß vor allem für uns aus Ostdeutschland diese Außenstelle wichtig war".[2]

Mittelmanagement mit DP-Profis

Eine Reihe von Dienstposten, vor allem des mittleren Managements, sei mit „Ostkollegen" besetzt worden, weil „bei denen nun mal die Kenntnis der spezifischen Probleme nicht nur logistischer und geographischer Art, sondern auch politischer und sozialer Art gegeben war".
Eine erkleckliche Anzahl dieser fachlich kompetenten Profis ging oder mußte gehen, weil sie in DDR-Zeiten allzu eng mit der Staatssicherheit zusammengearbeitet hatten. „Das war für mich nicht sonderlich schmerzhaft", räumt Niehof, heute Präsident der Direktion Erfurt, ein, obwohl „irgendwann war ich schon enttäuscht zu sehen, was von dem Kreis, den ich seinerzeit noch im Ministerium um mich hatte, übriggeblieben war. Irgendwie habe ich mich dann ziemlich alleine gefühlt."
Die Aufgaben der Außenstelle der Generaldirektion wurden erst einige Wochen nach ihrer Einrichtung umrissen.[3] Erstmals wurden in dem Papier die Begriffe „VGW" (Verkehrsgebiet West) und „VGO" (Verkehrsgebiet Ost) verwendet, die noch bis 1993/94 durch den Sprach- und Verfügungsschatz der Post geistern sollten.

In Anlehnung an das Papier bestand die Aufgabe der Außenstelle unter anderem darin:
- Kostensenkungs- und Ertragspotentiale im VGO zu erarbeiten,
- Leistungs- und Kostenrechnung anzupassen, die Leistungskontrollen der Ämter an die bundesdeutschen Normen anzupassen,
- Revisionen zu planen, vorzubereiten und zu steuern,
- einen monatlichen Finanzplan zu prognostizieren,
- Regelungen zur Anwendung des Steuerrechts unter den spezifischen Bedingungen des Verkehrsgebietes Ost bereitzustellen,
- Regelungen bereitzustellen für die Abwicklung des Geldumlaufs und der Kontrolle des raschen Geldumlaufs,

2 Interview mit Uli Schulte-Döinghaus, 8. 4. 1995

3 Archiv Czarnetzki, Generaldirektion Postdienst – Vorstandsbereich V 6 – 22. 11. 0

- bei der Organisation des Postrentendienstes mitzuwirken,
- bei Regelungen für Gebühren in den Briefdiensten mitzuwirken,
- Aufgaben des Marketing wahrzunehmen,
- bei der Bereitstellung von Betriebsregelungen für neue Produkte mitzuwirken,
- Vertragsrecht für den Zeitungsdienst weiterzuentwickeln und auslaufend zu betreuen,
- bei der Gebührengestaltung für den Zeitungsdienst mitzuwirken,
- bei Verhandlungen mit den Verlegerverbänden mitzuwirken,
- Produktpalette anzupassen,
- Gebührenstruktur zu überarbeiten,
- Angelegenheiten der Planung und Steuerung des Vertriebs, für Geschäftskunden in Abstimmung mit der Generaldirektion zu bearbeiten und im Verkehrsgebiet Ost umzusetzen,
- Angelegenheiten des Produktmanagements Frachtdienste I (bestehende Produkte), des Produktmanagements Frachtdienste II (neue Produkte) und des Produktmanangements Kurierdienste (...) zu bearbeiten und im VGO umzusetzen,
- Angelegenheiten des Produktmanagements Schalterdienste I (bestehende und neue Post-Produkte), des Produktmanagements Schalterdienste II (Leistungen für Dritte) (...) im Verkehrsgebiet (Ost) umzusetzen,
- Angelegenheiten der Qualitätssicherung, der Beförderung, der Beförderungsmittel und der Auslieferung (...) im Verkehrsgebiet (Ost) umzusetzen.

In fast gleichlautenden Formulierungen („bearbeiten, im VGO umsetzen") regelt das Papier, einem Handbuch für das VGO vergleichbar, die Geschäftsbereiche „Stationäre Bearbeitung", „Organisation", „Datenverarbeitung", „Immobilien", „Einkauf, Materialwirtschaft, Fahrzeugverwaltung/-Technik", „Personal", „Sozialangelegenheiten", „Berufliche Bildung". Somit wurde in der Berliner Mauerstraße, ehedem Sitz des Ministeriums für Post- und Fernmeldewesen, ein Ableger der Bonner Generaldirektion etabliert, dessen Organisation, im verkleinerten Maßstab, an die Struktur des „Mutterhauses" angelehnt war.

„Mitzeichnung" ein Papiertiger

Diesem Spiegelbild der Organisation sollte eigentlich eine Art institutioneller Zwang zur Kooperation der Experten in Bonn und Berlin innewohnen – Mitzeichnung, im Verwaltungsdeutsch. Dieser immanente Zwang entpuppte sich freilich häufig als Papiertiger. „Das ist", sagt einer, der dabei war, „von vorneherein nicht ernst genommen worden." Die Zentrale empfand den Zwang zur Kooperation als bisweilen lästig, suchte ihn zu umgehen und entschied allein.

Mangelnde Abstimmung konnte aber auch dazu führen, daß zentrale Anordnungen den Verhältnissen vor Ort nicht gerecht wurden mit der Folge, daß man sie nicht beachtete. Nach einigen Anlaufschwierigkeiten verlief die Zusammenarbeit zwischen Zentrale und Außenstelle weitgehend problemlos. Maßgeblich für Wirkung und Einfluß der Außenstelle war letztlich ihre Kompetenz, Anordnungen mit operativem Charakter für das Verkehrsgebiet Ost zu veranlassen. Darunter fiel die Masse der betrieblichen, organisatorischen und personellen Maßnahmen.

Die meisten Fachleute in der Provinz, in den Ämtern und Direktionen freilich wußten die Einrichtung der Außenstelle der Generaldirektion sehr wohl zu schätzen. „Was ich als sehr hilfreich empfunden habe, das war, daß es in Berlin eine Außenstelle der GD gab. Die Leute, die dort arbeiteten, waren weniger am

Schreibtisch als vor Ort, wo die Probleme waren" – so in der Rückschau Gerhard Troschke, Präsident der Direktion Schwerin. Sein damaliger Berliner Kollege Dieter Wöhlert, heute Präsident im Ruhestand, bestätigt bereitwillig:
„Ich habe unter dem Dreiecksverhältnis Direktion, Außenstelle und Bonn nie gelitten."
„Eine meiner wichtigsten und schwierigsten Aufgaben", sagt Franz Schöll, damals Leiter der Außenstelle der Generaldirektion, „bestand in der Notwendigkeit, den Personalbestand von rund 78 000 Kräften, der keineswegs bedarfsgerecht war, erheblich zu reduzieren. Der Abbau von Arbeitsplätzen ist nirgendwo populär. Es war zu erwarten, daß die Führungskräfte bei den Direktionen und Ämtern dem schrittweise anzustrebenden Ziel, den Personalbestand generell um ein Drittel und in 1991 auf rund 67 000 Mitarbeiter abzusenken, mit Skepsis gegenüberstehen würden."
Diese neue unternehmerische Zielsetzung war zwischenzeitlich notwendig geworden

- wegen der unerwartet starken Verkehrsrückgänge,
- wegen der Einstellung beziehungsweise Umwandlung des Zeitungsvertriebs,
- wegen der Einstellung des Lotto- und Totodienstes,
- wegen der Optimierung (Verschlankung) der Ämterorganisation und
- wegen neuer Arbeitseinteilungen.

Schöll: „Beginnend mit Berlin habe ich in der Zeit von Januar bis März 1991 in jedem Direktionsbezirk die Führungskräfte der Direktionen und Ämter sowie, um konkrete Unterstützung für die zu treffenden Maßnahmen zu organisieren, Fachleute der Partnerämter zum Thema ‚Ämterorganisation und Personalabbau' eingeladen. Ausgehend von der wirtschaftlichen Situation des Unternehmens anhand des Wirtschaftsplanes für 1991 und weiterreichenden Perspektive habe ich versucht, plausibel zu machen, daß der Versuch, nicht benötigte Arbeitsplätze zu retten, keineswegs als sozialhumaner Beitrag gewertet werden könne, sondern daß es vielmehr darauf ankomme, durch Kostensenkung Arbeitsplätze auf Dauer zu sichern."
Bereits im Februar 1991 ging die grundlegende Anweisung zum Thema mit konkreten Vorgaben für Direktionen und Ämter in den Geschäftsgang.
Die gelbe Post der DDR bot sich mit ihrem Personalaufwand eher widersprüchlich dar: Während es besonders in Stoßzeiten in der „Produktion" der großen Brief- und Paketumschlagstellen sowie in der Brief- und Paketzustellung oft an geeignetem Personal fehlte, hatte sich in Planung und Organisation eine bemerkenswerte Kopflastigkeit etabliert:

- So war in jedem Amt – unabhängig von der Größe des geleiteten Bereichs – immer eine Grundstruktur vorhanden, die aus dem Leiter des Amtes bestand, aus seinem Stellvertreter, aus Abteilungsleitern für Post- und Zeitungswesen, für Personal, für Arbeit und Löhne, für Planung und Finanzen, für Bau/Kraftfahrzeugwesen/Posttechnik.
- Sehr viele kleine Dienststellen erforderten einen hohen Koordinierungsaufwand.
- Eine schlechte Arbeits- und Ablauforganisation hatte sich gebildet, die durch die allgemeine Mangelwirtschaft bedingt war (Beschäftigung von Handwerkern der verschiedensten Gewerke wie Maurer, Tischler, Elektriker, Fehlen von Werkzeug und Material, Unterhaltung umfangreicher personeller Kapazitäten für Kraftfahrzeuge in den posteigenen Werkstätten; ein Schlosser für 15 Fahrzeuge) und durch Hineinreden örtlicher Verwaltungs- und Parteiorgane.
- Ein dichtes, überadministriertes Amtsstellennetz.

- Hoher personeller Aufwand im Betreuungsbereich (Personal in Kindergärten, Kinderkrippen, Werkküchen, Kantinen, Erholungseinrichtungen, Sportgemeinschaften).[4]

Der erste Einschnitt, die erste Abwicklung betraf das komplette Technische Zentrum Postdienste, eine Art Außenstelle des Posttechnischen Zentralamts in Berlin. „Ich habe den Entschluß, das Technische Zentrum abzuwickeln, selbst in Berlin vorgetragen", sagt Postchef Zumwinkel.

Diskussion um Tempo des Personalabbaus

„Die Enttäuschung, der Zorn – ich konnte das hautnah spüren. Da bauten sich klassische Spannungsverhältnisse auf, die heute noch mitunter nachwirken. Motto: ‚Wir im Osten müssen ins Gras beißen, damit Arbeitsplätze im Westen erhalten bleiben.'"
„Weitere Maßnahmen nach dem 3. Oktober 1990 zielten darauf ab, die Personalentwickung in den Griff zu bekommen: Einstellungsstopp für ständig beschäftigte Kräfte, Einführung neuer Personalstatistiken, um Klarheit zu erhalten über die Zahl der Kräfte und ihre Beschäftigung, Vorgaben für die Zuordnung von Kräften des Postdienstes im Rahmen der Aufteilung des Personals nach Unternehmensbereichen.
Die Reduzierung des Personalbestandes setzte im Mai 1991 ein; der geplante Zielwert, Reduzierung auf 67400 Mitarbeiter, war am 1. Januar 1992 erreicht. Der Abbau des Personalbestandes wurde gefördert durch Vorruhestandsregelungen für die Altersgruppe der 55–65jährigen, durch Abfindungsregelungen bei Abschluß von Auflösungsverträgen mit Arbeitnehmern, die nicht für einen Anspruch auf Altersübergangsgeld in Betracht kamen, und durch Kündigungen.
Nach dem Stand vom 31.12.1991 machten insgesamt 10172 Kräfte davon Gebrauch, und zwar 7176 Kräfte von den Zuwendungen und 2696 Kräfte von den Abfindungen. Kündigungen wurden nur in 254 Fällen ausgesprochen."
Immer mal wieder kam es zu Differenzen zwischen Franz Schöll, der die Verhältnisse aus der unmittelbaren Berliner Nähe beurteilte, und seinen Vorstandskollegen in Bonn. Denen ging das Rationalisierungs- und Reduzierungstempo oftmals nicht schnell genug.
„Ich bekenne mich daran mitschuldig", sagt Vorstandschef Zumwinkel, „wir haben dort wahrhaftig einen strammen Zeitplan vorgegeben."

Streitthema Personalentwicklung

„Das Thema ‚Personalentwicklung im VGO'", sagt Franz Schöll heute, „spielte damals in jeder Vorstandssitzung eine Hauptrolle. Von manchen Kollegen wurde ich halb scherzhaft, halb im Ernst mit der Frage begrüßt: ‚Na, wieviel tausend Leute haben Sie jetzt mehr an Bord?' Das Rätsel des Personalzuwachses in den ersten Monaten des Jahres 1991 entpuppte sich als ein statistisches Phänomen, das mit der Umstellung der Personalbuchführung zutage trat. Bei der DP wurden die Stundenkräfte (Aushilfskräfte) in der Personalstatistik nicht erfaßt."
„Unser Tatendrang wurde merklich gebremst", bemerkt Schöll unter Hinweis auf einen Tagebucheintrag vom 23.2.1991: „Ohne stabile Führungsebenen und ohne eingeschwungene Führungsteams werden wir kaum bewerkstelligen können, was wir uns vorgenommen haben."
Direktionen und Ämter wurden damals weitgehend kommissarisch geleitet. Die Außenstelle erreichten zahlreiche Briefe von Postlern, aber auch von Post-

4 siehe auch: Franz Schöll: Zur Vereinigung der Deutschen Bundespost und der Deutschen Post, PostPraxis, 1–5/93, Sonderdruck, S. 18 ff.

„Wer sich als Führungskraft dieser Aufgabe nicht stellt und nicht sein Bestes gibt, um den Personalbestand bei voller Aufrechterhaltung des Postbetriebs mit dem möglichen Höchstmaß an Sozialverträglichkeit abzusenken, hat mit persönlichen Konsequenzen zu rechnen. Wir werden (...) Stichprobenprüfungen vornehmen, Ergebnisse kontrollieren und – wenn es nötig ist – Fehlverhalten oder Versagen ohne Umschweife sanktionieren."

Die Verfügung zeigte doppelt Wirkung – nach innen und außen: Sie wurde zunächst einmal zurückgezogen. Öffentlich mokierten sich Amtsleiter, so der Erfurter Postchef, in der Presse[6], und die Autoren der Verfügung mußten sich von Personalräten und Gewerkschaftern als realitätsferne Zyniker beschimpfen lassen.

Streiks: Geburtswehen der vereinigten Post

Kein Unternehmen war so im Zentrum sozialer Konflikte, die in den neuen Bundesländern 1990 und 1991 ausbrachen, wie die Postunternehmen. Die Einheit war kaum sechs Wochen alt, da traten die Reichsbahner in den Ausstand mit der Forderung nach Lohnerhöhung und Kündigungsschutz. Wichtigster Großkunde der Bahn war damals die Post – und deren wichtigste Kunden, die Großversandhäuser, gerieten besonders in den Sog des Eisenbahnerstreiks. Zwischen 60 000 und 90 000 Warenlieferungen, so eine Statistik jener Tage, gingen mit der Post via Schienenweg in die neuen Bundesländer und kamen infolge des Reichsbahnstreiks nicht oder mit erheblicher Verspätung an. Immer mal wieder äußerten sich besonders Quelle-Sprecher sorgenvoll: Man sehe zwar noch keinen Anlaß, die Zusammenarbeit mit Bahn und Post in Frage zu stellen. Bei einer Fortsetzung des Streiks müsse man jedoch auf eigene und fremde Speditionskapazitäten zurückgreifen.[7] Der Reichsbahnstreik stellte an das Organisationsgeschick der eben erst installierten Außenstelle der Generaldirektion in Berlin hohe Anforderungen. Kurzerhand mieteten die Logistikexperten aus der (Ost-)Berliner Mauerstraße Kraftfahrzeuge an, die einigermaßen den Ausfall der Eisenbahn kompensieren sollten. Dennoch: Auch nachdem der Ausstand längst mit einem Kompromiß zu Ende gegangen war, mußte die Post in den neuen Ländern die Folgen ausbaden – und das mitten im Weihnachtsverkehr, der (für die Post in den neuen Ländern) nie gekannte Dimensionen erreichte.

Einige Wochen später war die Post selbst von Ausständen betroffen.

Nach zahlreichen Warnstreiks Mitte Januar 1991 legten rund 12 000 der gewerkschaftlich organisierten Postler in den neuen Bundesländern – damals mehr als 100 000 Frauen und Männer – am 24. Januar 1991 im Rahmen eines unbefristeten Streiks die Arbeit nieder. Streikziel: Einmalige Zahlung eines Bruttomonatsgehalts als Teuerungszulage für 1990. Der Streik, von dem besonders Schwerpunktämter sowohl im Post- als auch im Fernmeldebereich betroffen waren, dauerte drei Tage, und der Kompromiß, zu dem sich Arbeitgeber Deutsche Bundespost und Gewerkschaft durchrangen, sah vor:

- 900 Mark Zuschlag für die unteren,
- 650 Mark Zuschlag für die höheren Einkommensgruppen,
- 150 Mark für jedes Kind mit Kindergeldanspruch.

Schneller Schluß statt „Marktverwüstung"

Der Arbeitgeberseite war auch deswegen an einem schnellen Ende des Ausstands gelegen, um einer weiteren „Marktverwüstung" (Postsprecher Gert Schukies) zu begegnen. Die Post, so Schukies da-

6 tlz/ris.: Postgut steht auf den Abstellgleisen. Unternehmensleitung erzwingt ungerechtfertigten Personalabbau, Thüringische Landeszeitung, 28. 10. 1991

7 zitiert nach Lothar Noll: Streik bei Reichsbahn hängt die Quelle ab, in: Westdeutsche Allgemeine Zeitung, 28. 11. 1990

mals, könne sich einen weiteren Verlust ihres Ansehens im Osten nicht leisten, zumal ihr Angebot dort ohnehin nicht dem Weststandard entspreche.[8]

Noch viele Tage lang bekamen Postkunden die Folgen des Streiks zu spüren: Mehr als 8 Millionen Sendungen stapelten sich in den Lagerhallen der Postämter in den neuen Bundesländern und Ostberlins. Zur Streikbilanz gehörte auch, daß 775 Eisenbahnwaggons mit Sendungen unabgefertigt die Schienenwege verstopften.

Im November 1991, offensichtlich auf den nahenden Weihnachtsverkehr zugeschnitten, kam es in ostdeutschen Postämtern wieder zu vielbeachteten Warnstreiks. Thema der Streikforderungen dieses Mal: Rationalisierungsschutz.

Der Sozialvertrag, auf den sich die Verhandlungspartner Anfang Dezember einigten, sieht im Kern vor, daß Rationalisierungsschutzabkommen, die seit 1972 in Westdeutschland gelten, seit dem 3. Oktober 1992 auch für Ostdeutschland wirksam sind. In gewohnter Manier erklärten beide Seiten das Abkommen als Erfolg. Der „Arbeitgeberwillkür" beim Personalabbau, so der Gewerkschafter Ewald Wehner, sei ein Riegel vorgeschoben. Wilhelm Walgenbach von

Das hohe Maß an Leistungsbereitschaft bei den Postlerinnen und Postlern in den neuen Bundesländern – unter den widrigen Bedingungen der Wende- und Nachwendezeit – ist schon fast legendär. Zustellarbeit war und ist Knochenarbeit: Zeit für ein freundliches Schwätzchen mit dem Postkunden von nebenan muß aber immer noch drin sein.

8 zitiert nach enn.: Unbefristeter Streik in den neuen Ländern, in: Frankfurter Allgemeine Zeitung, 25. 1. 1991

der Arbeitgeberseite versicherte, es sei sichergestellt, daß der Weihnachtsverkehr in den neuen Ländern reibungslos ablaufe. Der Gefechtslärm um den (nötigen) Personalabbau ebbte ab; die Post in den neuen Ländern setzte ihre personalwirtschaftliche Schlankheitskur fort, auch ohne überschwappende Entlassungswellen.

Bereitschaft zur Mobilität

Dafür wurde besonders den jungen und jungebliebenen Postlern in Ostdeutschland einiges an Mobilität abverlangt. Kolleginnen und Kollegen aus ländlichen Regionen Sachsens oder Thüringens kamen so in Postämter des Rhein-Main-Raums oder rund um Stuttgart, wo die Post händeringend fachkundiges Personal suchte. Anpassungsprobleme blieben nicht aus.

Mitleidvoll schrieb die „Frankfurter Rundschau": „Die jungen Frauen aus der Ex-DDR hat man drüben vor die Wahl gestellt, entweder in den Westen oder in die Arbeitslosigkeit zu gehen. Zehn wählten die Alternative Bad Homburg und verbringen ihre Freizeit in notdürftig hergerichteten Räumen im Frankfurter Hauptbahnhof. Fünf sind gleich wieder gen Osten abgewandert..."

Wie in anderen Branchen auch nahmen viele Postlerinnen und Postler erstaunliche Strapazen in Kauf, um der Arbeitslosigkeit zu entgehen und vergleichsweise gutbezahlte Arbeit bei der Post zu finden. Die freilich war zu jener Zeit, wenn überhaupt, nur in und um den großen Ballungsräumen zu finden, wo große Verkehrsmengen zu bewältigen sind. „Noch heute", weiß Gerhard Troschke, Präsident der Direktion Schwerin, „fährt eine Reihe von Leuten aus dem Raum Schwerin mit einem gecharterten ‚Postbus' in die Umschlagzentren für Briefe und Pakete im Hamburger Raum."

Eine ganze Reihe von Postlerinnen und Postlern aus den neuen Bundesländern nutzte 1991 den Zwang zur Mobilität zu fachlicher Weiterbildung, zum berühmten „training on the job" oder „learning by doing". Verwundert nahmen beispielsweise die Postlerinnen Carina Schlenk, Corina Mockert und Jana Unger zur Kenntnis, „daß im Postdienst der Ex-DDR manches ganz anders lief als hier". Zeitungszustellung, Toto- und Lottodienst, Paketzustellung – alles anders. Die jungen Frauen aus Gera und Zwickau, die es hinter die Schalter des Postamtes Hof verschlagen hatte, waren Ende 1991 drei von 75 Postlern und Postlerinnen, die aus den östlichen Ländern in Ämtern der Direktion Nürnberg eingesetzt wurden. Drei Wochen lang wurden die 75 (73 Frauen, 2 Männer) in Bamberg zunächst theoretisch unterwiesen, dann folgten drei Wochen Einweisung in die Praxis und schließlich noch eine Woche Training am computerisierten Arbeitsplatz. Den Arbeitsalltag absolvierten die PostlerInnen mit Interesse und Engagement. An das Leben unter westlichen Bedingungen mußten sich die jungen Leute erst gewöhnen. Einige wenige trieb das Heimweh schon nach wenigen Tagen zurück.[9]

Oft waren solche Einsätze das Ergebnis des Patenschafts- und Partnerschaftssystems zwischen westlichen und östlichen Ämtern und Bezirken.

Heute: Auf dem Weg zum schlanken Postbetrieb

„Heute", sagt Hans-Jürgen Niehof, ehedem Vizechef der Berliner Außenstelle, „sind wir im Osten bei der Hälfte der Beschäftigten angelangt, die wir in die Einheit übernommen haben, eine richtige, zwangsläufige Entwicklung. Zum Beispiel Thüringen: Zur Einheit waren dort 14 400 Postler beschäftigt, heute sind es 7200.

9 siehe auch: uwo: Postler aus dem Osten, Nürnberger Zeitung, 28. 8. 1991

Die Kioske des posteigenen Zeitungsvertriebs boten bald ein „westliches“ Bild – wenn auch mit Zeitungen und Zeitschriften, die in den neuen Bundesländern hergestellt wurden. Viele Kioske sind gründlich renoviert worden und wurden von der Posttochter „Post Service Gesellschaft“ mbH übernommen.

Ebenso wie die anderen Mitarbeiter in der Außenstelle habe ich mich aber auch deutlich für die Belange von Kolleginnen und Kollegen eingesetzt, und ich habe mich für eine Reihe von ihnen verwendet."
Den Personalabbau, so Niehof, habe man mit Sensibilität und Konsequenz vorangetrieben, „teilweise bis an die Grenze des Möglichen". Heute, sagt der Chef der Direktion Erfurt, setze man konsequent private Reinigungsdienste ein, übertrage privaten Sicherheitsfirmen Pförtner- und Bewachungsdienste.

Koordination unter Schwierigkeiten: Claus Czarnetzki erinnert sich

Die Vorgaben und Anstöße dazu kamen aus der Berliner Außenstelle der Bonner Generaldirektion. Nicht immer war das Verhältnis der kleinen Tochter zur großen Mutter spannungsfrei, und das hat, wie Claus Czarnetzki vermutet, „mit der unausgesprochenen Furcht seitens der Bonner Generaldirektion zu tun, daß Berlin ein zu großes Eigenleben entwikkeln könnte. Man hätte uns lieber an der kurzen Leine geführt."
Czarnetzki, heute im Bau- und Immobilienzentrum der Post in Berlin tätig, war, als einer der wenigen „einheimischen" Berliner in der Außenstelle, zuständig für Innere Dienste:
„Ich war eine Art Quartiermeister und oft recht hilflos, weil ich als West-Berliner den Ostteil der Stadt ebensowenig kannte wie meine Kollegen aus den alten Bundesländern. Die Quartiersuche war recht abenteuerlich. Die meisten Hotels waren in der damaligen Zeit belegt. Hätte ich nicht eine hilfreiche Dame aus der Protokollabteilung des ehemaligen Ministeriums für Post- und Fernmeldewesen gefunden, ich wäre verzweifelt. Aber die Kollegin konnte helfen, weil sie exzellente Verbindungen zur Ost-Berliner Hotellerie hatte.
Bewundert habe ich Herrn Schöll, der trotz seiner außergewöhnlichen Körpergröße mit einem relativ kurzen Bett im Hotel ‚Unter den Linden' klarkommen mußte. ‚Wie kommen Sie da überhaupt zurecht?' habe ich ihn mal gefragt, und er hat lapidar geantwortet: ‚Ich habe gedient und weiß deshalb, wie ich nachts meinen Körper zu falten habe.'
Später konnten wir den Damen und Herren staatseigene Wohnungen anbieten, die das Bundesvermögensamt als Rechtsnachfolgerin des ehemaligen Dienstleistungsamtes der DDR vermietete. Das waren Wohnungen von Diplomaten ausländischer Vertretungen, die in Ost-Berlin gearbeitet hatten. Viele dieser Wohnungen waren eigenartigerweise in einem sehr undiplomatischen Zustand. (...) Später haben wir die 14 Wohnungen in Schuß gebracht, und sie konnten den Mitarbeitern der Außenstelle zur Verfügung gestellt werden.
Für mich war das Jahr in der Außenstelle sehr lehrreich, eines der schönsten Jahre in meiner Postdienstzeit. Wir waren Tag für Tag gezwungen, das beamtenmäßige Denken über Bord zu werfen. Die Hilfsbereitschaft der Berliner Post-Kollegen war fantastisch, und besonders gerne erinnere ich mich an den Chef der Hausverwaltung im Postamt 11, Glöckner, der uns mit allem aushalf, was gerade für eine ordnungsgemäße Verwaltung wichtig war.
In der Außenstelle selbst haben Ost- und Westpostler sehr kollegial und engagiert zusammengearbeitet, obwohl jeder aus dem Osten wußte, wieviel wir Westler monatlich verdienten."

Mit Teamgeist gegen Problemberge: Regina Reinhold erinnert sich

Aus der Sicht einer Postlerin, die über eine Karriere als Expertin für Finanzfragen bei der Deutschen Post zunächst zur Arbeitsgruppe Finanzen der Postunion kam, später auch in der Außenstelle der Generaldirektion mit Finanzfragen beschäftigt war, bevor sie zur Direktion Regensburg wechselte – aus dieser Sicht hat Regina Reinhold ihre Erinnerungen an bewegte Monate zusammengetragen:

„Diese Jahre werden allen, die wir noch hier sind, in unvergeßlicher Erinnerung bleiben, denn sie waren eine Zeit des Umbruchs in unserem Leben mit anfänglicher Unsicherheit und Unklarheit über das Künftige, mit zunehmendem Optimismus und steigender Sicherheit, mit wachsendem Teamgeist bei der Durchführung der Aufgaben.

Nicht im Traum habe ich jemals daran gedacht, daß buchstäblich über Nacht die Mauer fallen könnte und das leidige System, in dem wir uns nun einmal abgefunden hatten zu leben, zu Bruch ging. Die Post wurde von dem gesamten Geschehen berührt. Im Osten wurden durch die politische Situation tiefgreifende Veränderungen notwendig, während im Westen die Teilung der DBP in drei Unternehmen im Gange war.

Andere Dienstleistungen hatten Vorrang – und so kam es, daß noch ein Jahr nach der Vereinigung im Oktober 1990 auf manchen Dienstwagen der Marke „Trabant“ sowohl das Signet der „Deutschen Post“ der DDR als auch das Signet der Bundespost prangte – sehr zum Verdruß der Marketingfachleute der gelben Post, die auf Einheitlichkeit bedacht waren.

Ich war stolz darauf, von Anfang an dabeisein zu können, ein winziges Stück Einheit Deutschlands mitaufzubauen – nämlich indem ich in die Arbeitsgruppe Finanzen der Postunion aufgenommen wurde. Nie werde ich vergessen, wie ich am 4. Mai 1990 zu einer ersten offiziellen ‚Kontaktaufnahme' mit Vertretern des Fachgebietes Finanzen der DBP hinzugezogen wurde. Ich hatte mir bei der DP einen Ruf als ‚Finanzexpertin' erarbeitet und galt wohl u. a. auch offiziell als Aushängeschild für die ‚Demokratie' im Sozialismus, weil ich parteilos war.
Die durch die Arbeitsgruppe Finanzen noch 1990 vorgeschlagene Entscheidung zur Beibehaltung des Finanz- und Abrechnungssystems im Osten bei gleichzeitiger Herstellung der Kompatibilität zum Abrechnungssystem der DBP bis zur Einführung einer einheitlichen kaufmännischen Buchführung ab 1. 1. 1993 stellte höchste Anforderungen an alle Beteiligten. Im Rechnungswesen galt es, die komplizierten Strukturen des aufgeblähten Abrechnungsprozesses zu entflechten, das hieß:

1. ein neuer Kontenrahmen mit neuen Kontierungsvorschriften war zu erarbeiten, der den Anforderungen der kaufmännischen Buchführung entsprach,
2. eine Regelung für die DM-Eröffnungsbilanz zum 1. 7. 1990 zu schaffen (die DM-Eröffnungsbilanz wurde für Telekom und Postdienst gemeinsam, aber ohne Postbank erstellt),
3. die Schlußbilanz 1990 als letzte gemeinsame Bilanz für Telekom und Postdienst im Osten vorzubereiten, die gleichzeitig die Grundlage für die Teilungsbilanz beider Unternehmen zum 1. 1. 1991 bildete,
4. Trennung der Zentralbuchhaltung ab 1. 1. 1991 und damit gleichzeitig den Geldverkehr innerhalb Postdienst Ost und zur Postbank (GPK) neu regeln,
5. die gesamten Verrechnungsbeziehungen innerhalb Postdienst und zu den Schwesterunternehmen neu gestalten.

Ich wurde nicht nur im Rahmen der Arbeitsgruppe in die Aufgaben einbezogen, sondern kam zum 1. 7. 1990 in das zu dem Zeitpunkt bestehende Gebilde der ‚GDU' (Generaldirektion der Unternehmensführung im Post- und Fernmeldewesen), eine von vielen wechselnden Strukturen der DP 1990.
Erst mit der Bildung der Außenstelle der GD Postdienst Berlin zum 3. Oktober 1990 kam etwas mehr Übersicht in das bis dahin bestehende Wirrwarr.
Zu meiner Schande muß ich gestehen, daß mich zu diesem Zeitpunkt die Strukturen absolut nicht interessierten, denn ich war total besessen von der Lösung der anstehenden Aufgaben und damit auch voll und ganz beschäftigt. Es war ja zudem nicht allein die Lösung der Aufgaben, sondern für uns alle begann ein Lernprozeß. In die Entscheidungsfindung, welche Kollegen zu welchem Unternehmen sollten, wurden wir ohnehin nicht einbezogen, und gefragt wurde keiner. So kam es denn, daß ein wild durcheinander gewürfelter Fachbereich Finanzen der GDP in Berlin entstand und darüber hinaus eine Kräftegruppe Finanzen im Zentrum Postdienst angesiedelt wurde, mit deren Leitung ich betraut war. Eine Aufgabenverteilung gab es zwar auf dem Papier, aber dirigiert wurde in Berlin aus meiner heutigen Sicht so ziemlich nach Laune, und ich muß sagen, daß ich vor lauter Arbeit auch nicht zur Besserung der bestehenden Situation beitragen konnte. Im Gegenteil, ich wurde immer mehr demotiviert, weil ich lange Zeit nicht verstehen konnte, warum der alte Leitungsstil weiter beibehalten wurde.
Durch meine euphorischen Ansichten zur Angleichung zwischen Ost und West schon ohnehin in die ‚rechte' Ecke gestellt, wurden viele meiner Lösungs-

vorschläge mißtrauisch beäugt, es wurde hinterm Rücken auf die Wessis geschimpft und eine notwendige straffe Durchsetzung der zu lösenden Probleme nicht angepackt. Demoralisierend für alle war m. E. insbesondere, daß die ‚Wendehälse' es wunderbar verstanden, bei den Mitarbeitern Angst und Unsicherheit vor der Zukunft zu verbreiten und sich selbst täuschend echt ins rechte Licht zu setzen. In meinem ganzen Berufsleben habe ich mich nie so unsicher gefühlt wie in dieser Zeit. Meine Enttäuschung wuchs, ich wollte weg. Aber dann kam ein Ereignis, das wieder Hoffnung schöpfen ließ. Die alte Leitung wurde abgelöst, und es kam frischer Wind in das Geschehen. Das war im Juni 1991. Frau von Fisenne als Geschäftsbereichsleiterin für Finanzen wurde gleichzeitig Fachbereichsleiterin und beauftragte Frau Heinzelmann im Juni 1991 mit der Leitung des Fachbereiches. Von dieser Zeit an ging es aufwärts, sowohl die Organisation der Aufgaben als auch unsere Interessenvertretung nach außen betreffend. Die Auflösung der Außenstelle der GDP Berlin zum 1. Oktober 1991 und die damit schrumpfende Anzahl der Dienstposten im Fachbereich bzw. in der Kräftegruppe hat aus meiner Sicht zur Gesundung des Arbeitsklimas beigetragen, obwohl die Aufgaben durchaus nicht weniger oder leichter wurden.

Wenn ich heute an die Jahresabschlußarbeiten 1991 denke, dann ist mir immer noch nicht ganz klar, wie wir es geschafft haben. Die Entscheidung, eine Zwischenbilanz zum 30. 6. 1992 zu erarbeiten, war klug und vorausschauend, denn die Auswertung unserer Fehler (und damit auch die der 72 Buchungskreise) von 1991 trug in jedem Fall dazu bei, Organisationen zur Fehlervermeidung zu finden und den gesamten Arbeitsablauf so zu gestalten, daß wir doch sagen können, einen reibungslosen Abschluß des gesamten ‚alten System' 1992 geschafft zu haben.

Ohne diesem Teamgeist, der sich bei all der Arbeit entwickelt hat, und ohne diese Leitung mit der ganzen Unterstützung durch ständige Bereitschaft zur Mithilfe und Vertretung wäre diese Motivation zur Leistung aller nicht zustande gekommen. Ich glaube, daß diese Haltung unserer Wessis (und diesen Ausdruck gebrauche ich hier äußerst liebevoll und kann ihn mir an dieser Stelle auch nicht verkneifen) einen wesentlichen Teil zur Lösung der Probleme zwischen Ost und West beigetragen hat."

Die erste Gesamtbilanz des Postdienstes liegt vor

„WIR SIND AUF ERFOLGSKURS"

GESCHÄFTSBERICHT 1991

DIE POST faßt die wichtigsten Zahlen zusammen:

Geschäftsergebnis: mehr erwirtschaftet, weniger Verlust

In den alten Bundesländern wuchsen die Erträge um fast zwölf Prozent auf 22,34 Mrd. Mark, davon entfallen 19,42 Mrd. Mark auf Umsatzerlöse. Die Aufwendungen stiegen um 8,6 Prozent auf 21,67 Mrd. Mark. Damit wurden 665 Mio. Mark erwirtschaftet, das Ergebnis aus gewöhnlicher Geschäftstätigkeit wurde gegenüber 1990 vervierfacht. Nach der Ablieferung von zehn Prozent an den Finanzminister ergibt sich ein Verlust von 1,19 Mrd. Mark, der also 300 Mio. Mark geringer ausfällt als im Vorjahr.

Weniger gut sieht es in den neuen Bundesländern aus. Hier stehen den Erträgen von 2,17 Mrd. Mark – davon Umsatzerlöse von 1,74 Mrd. Mark – Aufwendungen von 3,01 Mrd. Mark gegenüber. Das Minus von 850 Mio. Mark stieg durch die Ablieferungen an den Bund auf etwas mehr als eine Milliarde Mark.

Zusammengefaßt weist die Bilanz also einen Negativwert von 2,21 Mrd. Mark aus.

Erträge: zwei Drittel durch den Briefdienst

Von den 24,5 Mrd. Mark Erträgen entfallen auf den Briefdienst 15,95 Mrd. Mark (VGW 14,83/VGO 1,12), den Frachtdienst 3,72 Mrd. Mark (3,57/0,15) und auf den Postzeitungsdienst 1,18 Mrd. Mark (0,85/0,33). Weitere 3,65 Mrd. Mark kommen aus dem Rentendienst, aus Erstattungen der Schwesterunternehmen und aus sonstigen Erträgen.

Damit entfallen auf den Briefdienst 65, auf den Frachtdienst 15 und auf den Postzeitungsdienst fünf Prozent der Erträge.

Verkehrsmengen: mehr Briefe und Pakete, weniger Päckchen

Der Briefverkehr hat um 6,1 Prozent zugenommen – mehr als 15,5 Milliarden Sendungen wurden befördert. Davon weist die Statistik für die alten Bundesländer 13,9 Milliarden aus (+ 6,0 Prozent), für die neuen Länder 1,7 Milliarden (+ 6,4 Prozent).

Der Frachtdienst hat sich in den beiden Verkehrsgebieten unterschiedlich entwikkelt. Bei einer Gesamtzunahme von 11 Prozent auf 640,2 Millionen Sendungen ergab sich in den alten Ländern ein Zuwachs von 12 Prozent auf 609,2, in den neuen Ländern eine Verringerung um 4,9 Prozent auf 31,0 Millionen Sendungen.

Auch der Vergleich zwischen Paketen und Päckchen zeigt Unterschiede. Die Pakete nahmen gesamt um 31,6 Prozent auf 342,5 Millionen zu – Zuwachs in den alten Ländern auf 327,3 Millionen (+ 37,5 Prozent), Abnahme in den neuen Ländern auf 15,2 Millionen (– 31,8 Prozent). Die Päckchen hingegen gingen um 6,1 Prozent auf 297,7 Millionen zurück – Abnahme in den alten Ländern um 8,1 Prozent auf 281,9 Millionen, Zunahme in den neuen Ländern um 54,2 Prozent auf 15,8 Millionen.

Personal: mehr in den alten, weniger in den neuen Ländern

Von den 395 000 Beschäftigten, davon fast die Hälfte weiblich, sind 317 000 in den alten Ländern tätig (Frauenanteil 41 Prozent), 79 000 in den neuen Ländern (Frauen 77 Prozent). Gegenüber 1990 ist die Zahl des Personals um rund 4400 gesunken (alte Länder + 4000, neue Länder – 8400). Für Löhne, Gehälter, Bezüge, soziale Abgaben und Aufwendungen für die Altersversorgung hat der Postdienst fast 18,9 Mrd. Mark aufgewendet.

Schlußfolgerung? Der Postdienst ist sicher, daß er auch das nächste Geschäftsjahr erfolgreich abschließen kann.

Aufgabe der Außenstelle war es, wie im Geschäftsbericht des Unternehmens für 1990 berichtet wird, die Verhältnisse in beiden Teilen Deutschlands so weit zu vereinheitlichen, daß eine gemeinsame Leitung möglich wird. Da die Anpassung des Dienstleistungsangebots praktisch abgeschlossen, die Angleichung der Arbeitsverfahren und Arbeitsabläufe bei zunehmendem Einsatz technischer Hilfsmittel fortgeschritten, die Maßnahmen zur Verbesserung der Dienstgüte auf gutem Wege, die Investitionsprogramme angelaufen waren und die personellen Vorgaben seit Mai 1991 Wirkung zeigten, das Ende des Umbaus des Zeitungsdienstes sowie die Umstellung des Rechnungswesens abzusehen waren, hatte die Außenstelle der Generaldirektion nach einem Jahr Tätigkeit ihre Aufgabe weitgehend erfüllt.

Zum 1. Oktober, so der Vorstandsbeschluß, sollten die Aufgaben der Außenstelle an die Zentrale übertragen werden, im Rahmen einer Anpassung der Unternehmensorganisation, wie es hieß. Ein Teil der Aufgaben würde freilich Geschäftsbereichen der Generaldirektion übertragen, die in Berlin bleiben sollten. Fast jeder der 65 Mitarbeiter konnte irgendwo anders im Postdienst „untergebracht" werden – in Berlin, in Bonn, im Verkehrsgebiet West oder im Verkehrsgebiet Ost. Der Chef der Außenstelle, Franz Schöll, „würdigt im Rückblick die Ergebnisse und dankt den Kolleginnen und Kollegen für das große Engagement in einer außergewöhnlichen Situation".[1]

Abschied von der Außenstelle

Anschließend trat er seinen wohlverdienten Ruhestand an, nicht ohne zu einem ordentlichen Umtrunk einzuladen, der in einer bitter-süßen, melancholischen Atmosphäre absolviert wurde. „Die Blütezeit der Außenstelle", bedauert Claus Czarnetzki diplomatisch, „war sehr kurz."

Einen Aufgabenbereich, den es ohne die Vereinigung der deutsch-deutschen Postsysteme nie gegeben hätte, übernahm anschließend die gelernte Juristin Erika von Fisenne, die zuvor Chefin der gelben Post in Berlin und Finanzmanagerin in der Außenstelle gewesen war. Nunmehr bot man ihr und einigen Mitarbeitern an, ein wachsames Auge auf den Immobilienbestand der Post in Ostdeutschland zu haben, ihn möglichst endgültig zu klären und, notfalls in rechtlichen Auseinandersetzungen, zu sichern.

„Wir versuchen natürlich, möglichst keine Prozesse zu führen, weil die ewig dauern. Schon deshalb ziehe ich es vor, Streitfragen einvernehmlich zu lösen", sagt Erika von Fisenne.[2] „So kommt es zum Beispiel dort, wo früher vielleicht einmal Sozialeinrichtungen der DDR-Post unterhalten wurden, zu typischen Konflikten mit Kommunen, die Anspruch auf die Immobilie erheben.

Viele Eigentumsfragen bis heute ungeklärt

Wir haben es natürlich auch mit dem umgekehrten Fall zu tun: Alteigentümer erheben Anspruch auf unsere ‚Betriebspostämter', die auf ihrem Grund und Boden eingerichtet wurden. Da versuchen wir, die Angelegenheiten, die bis in die Details meist äußerst kompliziert sind, sehr zu beschleunigen.

Ein interessanter Job für uns acht Postlerinnen und Postler hier. Wir haben das, was wir in den drei Jahren unserer Tätigkeit kosten werden, schon mehrfach wieder hereingeholt. Wir waren keine Fehlinvestition."

Als Erika von Fisenne ihren Job als Immobilienbewahrerin der Post im Oktober 1991 begann, hatte das Bewährungsjahr 1991 postalisch schon einige Höhepunkte erlebt. Rückschauend erinnert sich Wolfgang Zeh, damals Pressesprecher der Direktion Erfurt und,

1 Archiv Czarnetzki: Protokoll der Leitungsbesprechung Nr. 28 der GD P-AuSt Berlin vom 18. 9. 1991

2 Interview mit Uli Schulte-Döinghaus, April 1995

vor seiner Pensionierung, Abteilungsleiter für Betriebsdienst, an Abläufe, die mild chaotische Züge trugen.
„Hier in Erfurt wechselten die Abteilungs- und Stellenleiter in den Ämtern am laufenden Band; immer wieder wurden neue Strukturen eingezogen und immer wieder neue Technologien eingeführt. Zwangsläufig kam es zu ständigen Veränderungen in den Ablauforganisationen durch veränderte Betriebsgestaltung. Neue Manager, meist aus dem Westen, brachten neue Konzepte und neue Führungsstile mit.

Zu viele Köche ...

Das konnte dann schon mal zu solchen Episoden führen, wie wir sie in Saalfeld erlebt haben. Die dortige Paketumschlagstelle war in DDR-Zeiten dürftig mechanisiert, eigentlich gar nicht. Man verfügte nicht einmal über Fördertechnik, alles ging von Hand zu Hand. Nach der Vereinigung heuerte dort ein Postler aus dem Westen als Abteilungsleiter an, und er ließ erst einmal – vernünftigerweise, wie ich denke – Fördertechnik anschaffen und einen Rundlauf einrichten, damit die Arbeit besser wurde. Nach einem halben Jahr ging er zurück in den Westen, planmäßig. Sein Nachfolger stellte fest, daß die Einrichtung ineffektiv sei, und ließ die Technik kurzerhand wieder abreißen. Beide waren übrigens fleißige, kreative Postler. Es ging hin und her im Jahr nach der Vereinigung."
Die postalische Unübersichtlichkeit spiegelte sich in einem fatalen Nachlassen der Qualität – übrigens deutschlandweit – wider, wie Günter W. Tumm monierte, im Vorstand für den Briefdienst verantwortlich. Die durchschnittliche Laufzeit der Briefe vom Westen in den Osten (und umgekehrt) war so miserabel, daß die Medien mit dem wenig ruhmreichen Etikett „Schneckenpost" geradezu verschwenderisch umgingen. Zumal die Boulevardzeitungen schossen sich auf die gelbe Post ein, sekundiert von gewerkschaftlichen Kombattanten.

Dauerthema Qualitätsmängel

„In den ersten Jahren", erinnert sich Klaus Zumwinkel, „haben wir sehr, sehr große Sorgen gehabt und sehr große Probleme gewälzt. Manchmal, wenn die Problemberge sehr groß waren, hatte ich die Furcht: ‚Schafft das die Post?' Die Sorge betraf sowohl die Finanz- als auch die Managementseite: ‚Kommen die Briefe bald zeitiger an? Schaffen wir das mit der Paketzustellung an der Haustür?'
Wir hatten ja zwei Ziele miteinander in Einklang zu bringen, die sich gegenseitig überlagerten:
- Erstens die Sanierung der gelben Post zu einem eigenständigen, wirtschaftlich gesunden Unternehmen, auf das wir Postler stolz sein können, weil es nicht mehr Kostgänger von Telekom zu sein brauchte und Zukunftsperspektive hat.
- Zweitens die Integration des Ostens, die uns ein zusätzliches Defizit von 1,5 Milliarden Mark bescherte."

Die dürftige Qualität der „Gelben" brachte den privaten Kurierdiensten für einige Monate Extraprofite ein. Die Konkurrenten schossen wie Pilze aus dem Boden. „Immer mehr Leute lassen durch uns ihre Sendungen in der Stadt austragen", bestätigten Kurierunternehmer in Leipzig.[3]
In Leserbriefen und Eingaben an die Post beschwerten sich Kunden über lange Laufzeiten und rechneten den verdutzten Post-Oberen vor, daß manche Briefe in ihrer Beförderungszeit ungefähr zehn Meter pro Stunde zurücklegen würden. „Laufzeiten von Wochen", entschuldigte sich der damalige Präsident der Direktion Postdienst Erfurt, Herbert Lotze, „kann ich mit nichts rechtfertigen."[4]

3 Wolfgang Steinweg: Post drückt bei Briefen aufs Tempo, Leipziger Volkszeitung, 19./20. 10. 1991

4 Sabine Gottfried: Jeder Privatunternehmer ginge bald zum Konkursrichter, Freies Wort Suhl, 5. 10. 1991

Kunden (Ost): Enttäuschung über die neue Post

Besonders in den neuen Bundesländern hatte die Post bei ihren Kunden teilweise dramatische Vertrauensverluste hinnehmen müssen. Die Ergebnisse einer qualitativen Studie, die auf der Basis von Bürgerbefragungen in Leipzig, Bad Doberan, Rostock und Kühlungsborn entstand, waren alarmierend. „Allen gemeinsam", so resümierten die Analytiker der Werbeagentur Lintas 1991, „ist die große Enttäuschung über die neue Post, die im Prinzip in ihren Leistungen genauso geblieben sei wie die alte, dafür aber um ein Vielfaches teurer, was sie wiederum subjektiv schlechter erscheinen läßt als früher."[5] Als einzige neue Errungenschaft wurde wohlwollend eine neue Qualität der Frachtzustellung begrüßt: „Päckchen und Pakete werden wieder ins Haus gebracht." An ostdeutschen Postkunden waren ansonsten die internen und externen Veränderungen, die die Post in Deutschland durchgemacht hatte, beinahe spurlos vorübergegangen; sie nahmen sie in ihrem Alltag nicht wahr: „Es interessiert doch keinen", zitiert die Studie einen Kunden, „ob es verschiedene Postunternehmen gibt. Die Hauptsache ist doch, daß etwas passiert." Andere Stimmen:

- „Nehmen Sie bloß die Laufzeiten: das dauert doch viel länger als früher."
- „Die Post ist doch viel zu sehr mit sich selbst beschäftigt."
- „Früher war alles viel einfacher, heute haben wir bei der Post viel mehr Bürokratie."

„Die Post", monierte die Lintas-Studie, „wird im Vergleich zu früher als zu kompliziert erlebt. Die Leute fühlen sich ohnmächtig und ausgeliefert, nach der Devise: Ihr da oben – wir da unten. Ihr erhöht die Gebühren, und wir können nichts dagegen tun."

5 **Lintas: Der Postdienst in den neuen Bundesländern. Ergebnisse einer qualitativen Studie in den neuen Bundesländern 1991. Hamburg 1991**

Trotz allen Engagements verzögerten sich die Laufzeiten beträchtlich. Die Kunden murrten mehr und mehr.

Kaum Verständnis für höheres Porto

Mitte 1991 war auf die Postkunden eine Gebührenerhöhung zugekommen, die alle Produkte und Dienstleistungen erfaßte und – aus betriebswirtschaftlicher Sicht – längst überfällig war. Diese ökonomische Notwendigkeit, Gebühren anzupassen, um auf Dauer wettbewerbsfähig bleiben zu können, war freilich bis dahin beim ostdeutschen Kunden nicht angekommen. Zumal die Qualität der Leistungen in den hektischen Monaten nach der Vereinigung zu wünschen übrig ließ:

„Ein Brief kostet das Fünffache und braucht dafür wesentlich länger", monierte ein Postkunde. „Wir würden gerne mehr zahlen, wenn es Anzeichen von Verbesserungen gäbe."

Nicht selten stauten sich Güterwagen mit Post zu Dutzenden. In Halle wurden in einem besonders spektakulären Fall 34 Paketwaggons regelrecht vergessen.

Garten
BAUR

Pingelig notierten die Lintas-Befrager Mängelrügen von Postkunden. Da wurden die Dienstleistungen der Postbank ebenso heftig mit Beschwerden überzogen wie der Service der Telekom: „Ich warte schon vier Monate auf meine neuen Schecks."
„Die Leute", schalt das vornehme hanseatische Werbekontor ungewöhnlich derb, „fühlen sich verarscht. Die Post", so das Resümee der Werber, „verspielt zusehends den Goodwill der neuen Bundesbürger."
„Angesichts der gegenwärtigen Schwierigkeiten", räumte auch die Generaldirektion der Post ein, „besteht die Gefahr, daß das Ansehen der Post in Mitleidenschaft gezogen wird. Sinkendes Ansehen und wachsende Unzufriedenheit wiederum können zur Folge haben, daß ein Teil der Kundschaft zur privaten Konkurrenz abwandert und damit Arbeitsplätze gefährdet werden."

Info-Kampagne: Verständniswerbung ohne Schnickschnack

Das Postmanagement konnte und wollte diesen verheerenden Eindruck nicht auf sich sitzen lassen und startete eine vielbeachtete Image-Offensive, die ganz auf die Informationsbedürfnisse und Lesegewohnheiten der neuen Bundesbürger zugeschnitten war. Schon bald nach dem Fall der Mauer hatte sich nämlich gezeigt, daß ostdeutsche Konsumenten gedruckte oder gesendete Werbebotschaften anders, und zwar unmittelbarer, wahrnehmen als ihre westdeutschen Landsleute: Sie ziehen klare Informationen und harte, womöglich sogar eher unbequeme Fakten einer Werbung vor, die auf die Entfaltung von Atmosphäre, Ambiente und Ausstrahlung eines Produktes oder einer Dienstleistung abzielt. Die Kommunikationsexperten der Post trugen dem Rechnung. „In dieser Situation", machte der Chef der Unternehmenskommunikation der gelben Post, Gert Schukies, klar, „kommt beim Publikum nur eines an: ungeschminkte Wahrheit, klare Information, der Nachweis von echtem Engagement und Gründe für berechtigten Optimismus. All dem tragen wir Rechnung durch ganzseitige Anzeigen, die nichts beschönigen, sondern die Kunden mit ihren Alltagssorgen ernst nehmen – und ihnen zeigen, was wir unternehmen, um ihnen einen immer besseren Service zu bieten."[6]

„Minus" und „Plus" der neuen Post

Daraufhin erschienen in allen großen Regionalzeitungen Ostdeutschlands zwischen dem 27. November und dem 20. Dezember 1991 insgesamt sieben ganzseitige Anzeigenmotive, mit denen argumentativ und betont sachlich um Verständnis für die akuten Probleme der Post geworben wurde. Die wurden in der Schlagzeile („Minus: ...") immer erst beim Namen genannt, bevor („Plus ...") die Anstrengungen der Post beim Abbau der Unzuträglichkeiten der Infrastruktur in den neuen Bundesländern dargestellt wurden. Man schickte darüber hinaus sogenannte Posttrucks über Land, die auf den Marktplätzen der Städte Postkunden anlockten. Rund um die Trucks kamen Manager und Verantwortliche mit ihnen ins Gespräch, stets bemüht, die komplizierte Situation des Unternehmens deutlich und sachlich darzulegen. Keine vergleichbare Einrichtung, kein Unternehmen war zuvor so ungeschminkt in die ostdeutsche Öffentlichkeit gegangen und hatte sich weniger auf stimmungsvolle Werbebotschaften, sondern auf die Überzeugungskraft der Argumente gestützt.
Die Kampagne war erfolgreich; zögernd und im Verlauf von vielen Monaten, wenn nicht Jahren, begannen die Postkunden in den neuen Ländern, sich ein authentisches Bild von ihrer Post zu machen – heute

6 in: Deutsche Bundespost Postdienst: So gehen wir in den neuen Bundesländern in die Image-Offensive, Bonn 1991, S. 2 ff.

ist das Image der Post und ihrer Postler ein realistisches Abbild der Unternehmenswirklichkeit: Es kündet von Zuverlässigkeit, Qualität, Serviceorientierung und – kein Wunder bei einem 500 Jahre alten Unternehmen – von milder Modernität. „Die Kampagne", rekapituliert Schukies rückbetrachtend, „hat für Rükkenwind in der öffentlichen Meinung gesorgt."

Vorbild DDR-Post: Die Sache mit der fünfstelligen Postleitzahl

Eine weitere Kampagne, die um Verständnis und Akzeptanz bemüht war, folgte bald – die Werbung um die fünfstellige Postleitzahl, die in Ost und West ihre Vorgeschichte hatte.

Vorgeschichte West: Mit der Einführung eines vierstelligen Postleitzahlensystems 1961 schuf die Deutsche Bundespost eine logistische Innovation, die sich in den nächsten 30 Jahren „geradezu revolutionierend auf alle Bereiche des Beförderungswesens ausgewirkt hat" (Steinmetz/Elias). Das vierstellige Leitzahlensystem der Nachkriegszeit, 1961 aus der Taufe gehoben, war ursprünglich eine Hinterlassenschaft des Krieges, in dessen Verlauf das Reichspostgebiet in 24 „Päckchenleitgebiete" eingeteilt worden war, eine Regelung, die im Oktober 1943 auch im Briefdienst übernommen wurde. Das System war zunächst nicht wiederbelebt worden, bis sich die Rationalisierungsstrategen der Bundespost Anfang 1953 daran erinnerten, als es darum ging, den Briefverteildienst zu automatisieren.

Erfahrene Bahnpostler erinnern sich nur ungern an die unterschiedlichsten Ortsangaben auf Sendungen, denen meist gemeinsam war, daß ihnen das eigentlich obligatorische „über" fehlte, etwa: B-Dorf über A-Stadt. Das nunmehr numerische System der Postleitzahlen empfanden viele, nicht nur die Postler, als Vorzug.

Die Hauptelemente dieses Postleitzahlensystems, das am 3. November 1961 eingeführt wurde, waren:

1. Als Grundlage für die Leitung der Sendungen wurde ein Gefüge flächenartig abgegrenzter Leiteinheiten gebildet, von denen jeweils mehrere kleine in einer größeren zusammengefaßt waren.

2. Für diese Leiteinheiten wurden numerische Kennungen festgelegt, die die jeweilige Zugehörigkeit einer kleineren Leiteinheit zu den übergeordneten Leiteinheiten erkennbar machten.

3. Der Briefeingang wurde gestrafft, indem 503 Eingangsknoten gebildet wurden.

Mit Hilfe populärer Werbekampagnen („Vergißmeinnicht – die Postleitzahl") und vertrauensbildender Maßnahmen gelang es der Post in kurzer Zeit, die Postleitzahlen durchzusetzen. Zwei Jahre nach Einführung lag der Anteil der Sendungen, die mit den korrekten Postleitzahlen versehen waren, bei 90 Prozent. „Die Vorteile der Neuregelung", staunten die Posthistoriker Steinmetz und Elias, „schienen so überzeugend, daß sich in rascher Folge viele weitere Postverwaltungen zur Einführung eines ähnlichen Verfahrens entschlossen." Heute gibt es ähnlich strukturierte Systeme in etwa 60 Ländern.
Vorgeschichte Ost: Kaum noch bekannt ist, daß die Deutsche Bundespost, ähnlich der Regelungen für Kfz-Zulassungsbehörden, Postleitzahlen für das Gebiet der DDR „reserviert" hatte – und zwar die „9". Die Ost-Post scherte sich nicht um derlei Regelungen und entwickelte Anfang der 60er Jahre ein eigenes System, das unter Postexperten in aller Welt große Beachtung fand, weil es gegenüber anderen Postleitsystemen Vorteile bot. Der Vater des DDR-Postleitzahlensystems, der Mathematiker Fredo Queck, gehörte in den 90er Jahren an führender Stelle zu dem Team der nunmehr gesamtdeutschen Post, das das fünfstellige System der Postleitzahlen entwickelte.
Die Deutsche Post der DDR war bis 1965 mit einem vierstelligen System nachgezogen, dessen Systematik sogar noch flexibler als die westdeutsche war. Auf der Ebene der Leitbereiche waren dort ganze Zahlenbereiche zusammengefaßt, während es in Großstädten eigene Zahlen für Zustell- und Ausgabeämter gab.
In der Bundesrepublik war die vierstellige Postleitzahl zunächst eigentlich nur dazu gedacht, die Beförderungsprozeduren des Briefdienstes zu vereinfachen und zu beschleunigen. Bald stellte sich aber auch der unbestreitbare Vorteil des numerischen Systems für die Bearbeitung von Frachtstücken, von Päckchen und Paketen heraus.

Schluß mit „O" und „W"

Spätestens mit der Übernahme der Deutschen Post der DDR und der Vereinigung zur Deutschen Bundespost Postdienst wurde die Entwicklung eines gemeinsamen Postleitzahlsystems für die alten und die neuen Bundesländer überfällig. „Zum einen", schreibt Heimo Thomas, einer der Väter der fünfstelligen Postleitzahl, „existierten rund 500 Doubletten, die beseitigt werden mußten: zum Beispiel 5300 Bonn und 5300 Weimar. Zum anderen nahm mit der Öffnung der Grenze der Postverkehr erheblich zu. Da gleichzeitig die politische Entwicklung auf die Wiedervereinigung hinsteuerte, wurden im Frühjahr 1990 erste Planungen für ein gesamtdeutsches Leitsystem aufgenommen." Lange vor der offiziellen Vereinigung waren ostdeutsche und westdeutsche Experten gemeinsam mit einer Fortentwicklung ihrer Leitzahlensysteme beschäftigt, die in der „Arbeitsgruppe 22" der Projektunion Postorganisation betrie-

Ab 1.7. gelten neue Postleitz
RADIO
Postdienst

FÜNF IST TRÜMPF!

ben wurde. Eine kurze Weile war dort die Fortentwicklung der (vierstelligen) Leitzahlen der ehemaligen DDR erwogen worden; die Idee mußte freilich verworfen werden. Die Deutsche Post hatte die Zahlen von 1000 bis 9999 für den eigenen Bereich voll ausgeschöpft, aber auch eine Ausweitung der bundesdeutschen Leitsystematik wäre unsinnig gewesen: die ehemalige DDR hätte das weniger differenzierte westdeutsche System übernehmen müssen. Also mußte ein ganz neues System geschaffen werden. Man entschied sich, auch aus politischen Gründen, für ein fünfstelliges („numerisches") Zahlensystem und gegen eine („alphanumerische") Kombination aus Zahlen und Buchstaben – etwa nach niederländischem oder US-amerikanischem Vorbild. In Deutschland war es notwendig, das „O" und „W", das seit dem Mauerfall vor die alten Leitzahlen geschrieben wurde, aus dem wiedervereinigten Deutschland endgültig zu verbannen.
„Die Kunden", so Heimo Thomas, „erwarteten eine eindeutige Postleitzahl ohne Zusatz." Alles sprach also für eine fünfstellige Zahl, die auch die Voraussetzung für eine hohe Automatisierung und damit auch kostengünstige Bearbeitung bot. Planspiele und Vorabuntersuchungen ließen die Entwickler hoffen, daß das fünfstellige System gut zum neuen Briefkonzept der Post passen würde, das auf 83 Briefzentren in ganz Deutschland basierte und – wichtig im Wettbewerb – die angestrebte Laufzeit E+1 ermöglichen würde.
Das fünfstellige System bot darüber hinaus genügend Reserven für Differenzierungen nach Bearbeitungszielen. Dabei wird schon vom Zahlencode für den Sortiervorgang streng danach unterschieden, ob eine Sendung vom Briefträger zugestellt wird oder ob sie in den Postfachschrank gelegt oder bei Großkunden an einen geeigneten Ausgabeplatz, zum Beispiel eine Rampe, geführt wird.

Sachsens Null: Kein Grund zum Volksaufstand

Mitte Oktober fiel die Entscheidung: Der Vorstand der Deutschen Bundespost Postdienst gab grünes Licht für die Einführung eines fünfstelligen Systems zum 1. Juli 1993. Die Systematik, die schließlich ersonnen wurde, war im Prinzip einfach und einleuchtend: Die ersten beiden Zahlen der „Fünfstelligen" weisen auf die Zielregion hin, die identisch ist mit dem Briefzentrum einer Region. Die Ziffern drei bis fünf zeigen an, wie ein Kunde seine Post erhält – über Postfach oder Zustellung – oder ob er ein Großkunde ist. Böses Blut befürchteten die Erfinder des Systems, als sie Sachsen und Teile von Sachsen-Anhalt mit einer Null als erster Ziffer bedenken mußten – anders wäre es sonst nämlich nicht möglich gewesen, daß die erste Ziffer der alten Postleitzahl in 70 Prozent aller Fälle hätte behalten werden können. Der sächsische Proteststurm hielt sich später – auch dank einfühlsamer Informationsarbeit des Postdienstes – in Grenzen. Mit Hilfe massiver, gleichzeitig einfallsreicher und professioneller Werbung, die auch die mild sächselnde Post-Leitfigur Rolf („Fünf ist Trümpf") gebar, setzte sich das neue System rascher durch, als viele Kritiker zunächst erwartet hatten. Die Werbung war mit 80 Millionen Mark eine der teuersten Kampagnen der bundesdeutschen Geschichte – aber sie zahlte sich in Heller und Pfennig aus: Der Erfolg der Werbekampagne widerlegte die Skeptiker und – wichtiger noch – minimierte die Kosten der Postleitzahlen-Einführung. Man wußte: Jedes Prozent der Briefe, das anstatt der neuen, richtigen Ziffern eine falsche Angabe trägt, würde die Post durch Nachbearbeitung rund 50 Millionen Mark kosten. Würden somit durch die Kampagne nur 1,6 Prozent mehr Sendungen die Fünfsteller verzeichnen, wären die Kosten bereits nach einem Jahr ausgeglichen.

Der 1. 7. 1993 wurde zum Schicksalstag der Post in Deutschland – im positiven Sinn. Die Einführung der neuen, fünfstelligen Postleitzahl wurde mit informativen, heiteren und aufmerksamkeitsheischenden Aktionen unterstützt. Ein Aufgebot an Prominenz – Henry Maske, Eberhard Gienger – sorgte für Stimmung und Action. Ergebnis: Die Postkunden in Ost und West, die bis dahin durch lästige „O“ und „W“ unterschieden wurden, akzeptierten das neue System, nach anfänglicher Skepsis, bereitwillig. Schnell setzte sich die Fünfstellige durch. Auch dank der Kultfigur Rolf.

Diesem Ziel – Information plus Kostenreduktion – näherte sich die Post zwischen Ende 92 und Mitte 93 in drei Stufen: der Akzeptanzphase, der Informationsphase und der Motivationsphase. Fünf Zielgruppen mußten wenn nicht überzeugt, so doch mindestens informiert werden: 60 Millionen Privatkunden, 3 Millionen Geschäftskunden, alle Postler, Meinungsführer in den Medien, Unternehmen und Postdienste im Ausland.

Loriot und Dörrie: Spots für die Fünfstelligen

Teil der Kampagne war ein vielbeachtetes Novum in der Geschichte des deutschen Kinos. Sechs der besten deutschen Filmemacher konnten als Regisseure für Werbespots gewonnen werden, die die Postleitzahl zum Thema hatten: Doris Dörrie („Männer"), Hark Bohm („Nordsee ist Mordsee"), Helmut Dietl („Schtonk"), Michael Verhoeven („Die weiße Rose"), Carl Schenkel („Abwärts") und Vicco v. Bülow alias Loriot („Pappa ante portas").

Erfolg der Mühen: Wenige Monate nach Einführung der fünfstelligen Postleitzahl waren 95 von 100 Briefen, Päckchen und Paketen mit der korrekten Leitzahl versehen. Die Fünfstellige, die auch auf der ausgeklügelten Systematik basierte, die einst von Postlern in der DDR ersonnen wurde, hatte sich verblüffend rasch durchgesetzt, gehörte bald zur deutschen Normalität wie Tagesschau, Bundesliga und Sonntagsbraten. Respektvoll urteilte die Stendaler Volksstimme: „Neue Postleitzahlen komplett. Jetzt fällt die Brief-Mauer".

„Der Nachweis ist erbracht", resümierte Heimo Thomas, „daß der Postdienst auch höchst komplexe und umfangreiche Projekte bewältigt. Dies wird das Vertrauen in die Leistungsfähigkeit des Unternehmens stärken."

Das Qualitätsproblem im Visier – und im Griff

Briefchef Tumm gab den Startschuß für eine sogenannte Qualitätsoffensive und schrieb:
„Wir müssen feststellen, daß sich die Qualitätssituation im Briefdienst seit einigen Monaten verschlechtert. Die bisher u.a. im Zusammenhang mit den VGO-Mengen durchgeführten Maßnahmen im Bereich der stationären Bearbeitung und im Beförderungsnetz haben noch nicht ausreichend gegriffen. (...) Sofern nicht sofort eine Wende zur Verbesserung der Qualität erreicht wird, ist zu befürchten, daß für unser Unternehmen dauerhaft negative Folgen entstehen. (...) Die Laufzeiten in die, aus den und innerhalb der neuen Bundesländer sind ungenügend. Die Laufzeiten im Frachtdienst haben sich ebenfalls verschlechtert."
Tumm ließ telefonische Hotlines einrichten, eine Zentralstelle Qualitätsoffensive (ZSQ) wurde gebildet. Nach japanischem Vorbild hielt ein „Total Quality Management" (TQM) Einzug – in ost- wie westdeutschen Postämtern. Alleiniger Maßstab, so die Parole, sollte die meß- und nachweisbare Zufriedenheit der Kunden sein; Ziel ein Höchstmaß von Qualitätsarbeit im internationalen Spitzen-Maßstab. Aufwendige Incentive-Programme, die lukrative Preise und Vergünstigungen verhießen, sorgten dafür, daß sich der neue Trend zum kundenorientierten Qualitätsbewußtsein bis in jeden Winkel der Republik herumsprach. Ein möglichst hohes Maß an Dienstgüte war schließlich auch Bedingung für die Durchsetzung der neuen Brief- und Frachtkonzepte, die den Postkunden zugleich sichere und rasche Zustellung ihrer Sendungen garantieren. Die Qualitätsoffensive, in ostdeutschen Ämtern zunächst skeptisch und ironisch beäugt, wurde aufgegriffen und zeigte allmählich Wirkung im innerpostalischen Wettbewerb.

Maßstab für die Dienstgüte soll die Zufriedenheit des Kunden sein. Diese Qualitätsoffensive wurde nach anfänglicher Skepsis in allen Ämtern aufgegriffen.

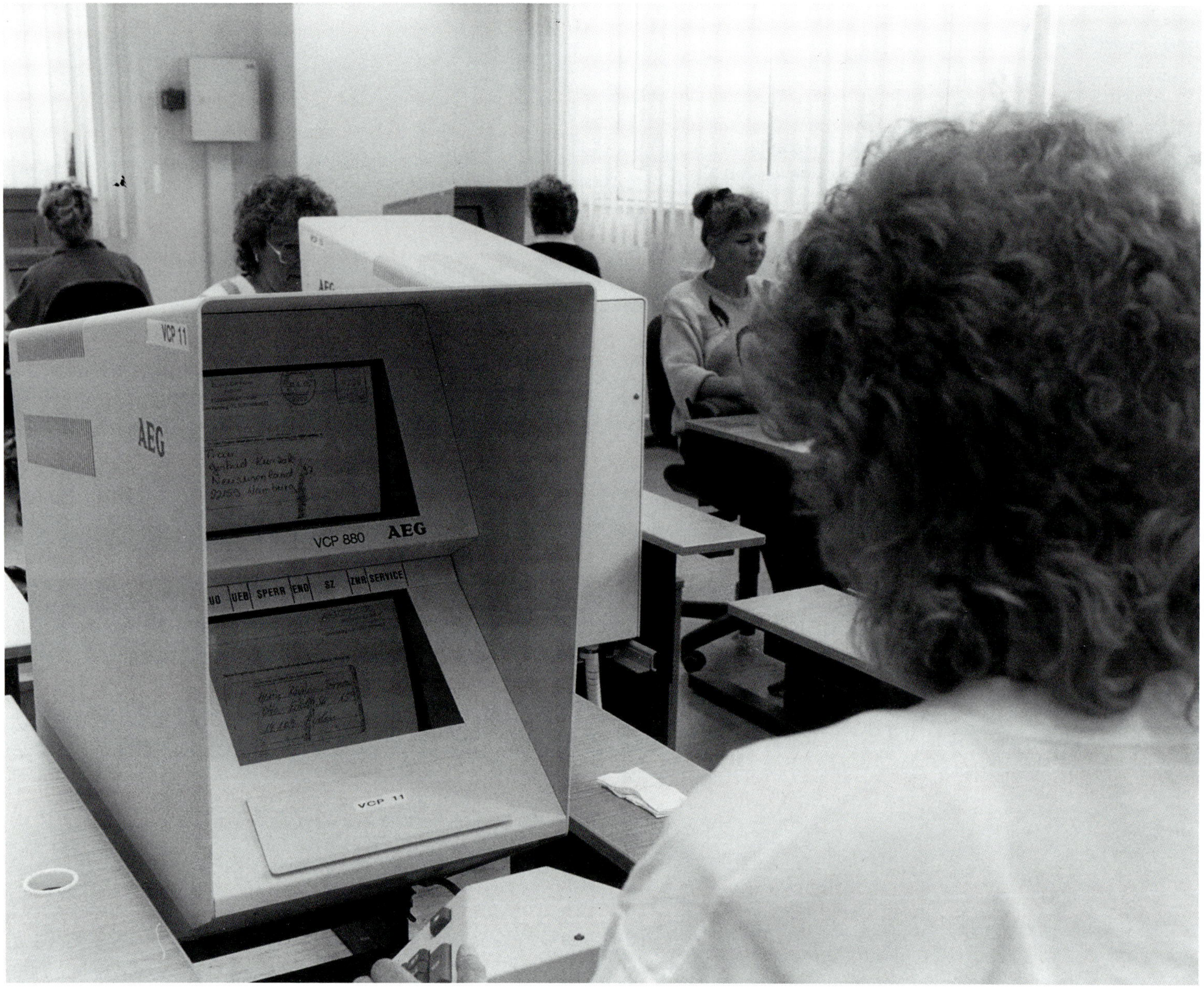
VCP 11
AEG
VCP 880
AEG
UEB
SPERR
END
SZ
ZWR
SERVICE
VCP 11

Hitparaden melden Hits und Nieten

Regelmäßig mußten Ämter ihre Reste und Rückstände nach oben melden, wo Hitlisten mit den Tops und Flops der Post aufgestellt werden.
In den ersten Hitlisten schnitt Erfurt „beinahe traditionell" mager ab, wie sich der heutige Pensionär Zeh lächelnd erinnert:
„Personalreduzierung war Thema Nummer 1 damals. Dicht gefolgt von Qualität und Laufzeit. Schon zu DDR-Zeiten haben wir immer gespottet: ‚Willste Erfurt vorne seh'n, mußte die Tabelle dreh'n.'"
Die Situation im Frühjar 1995 deutet auf eine Trendwende hin; erstmals konnte Erfurt den fünftbesten Platz unter 23 deutschen Direktionen einnehmen, was die Reste und Rückstände im Brief- und Frachtverkehr betrifft.
Unter anderem mit Hilfe eiliger und aufwendiger Sofortprogramme entkam nicht nur der Direktionsbezirk Erfurt allmählich der Blamage.

Schwerpunkte des Programms waren:

- Vervollkommnung des Postverbindungsnetzes auf Straße und Schiene unter Berücksichtigung eines neuen Brief- und Frachtkonzeptes,
- Anbindung des Verkehrsgebietes Ost an das Nachtluftpostnetz der Deutschen Bundespost mit dem Ziel einer spürbaren Verbesserung der Sendungslaufzeiten im Briefverkehr,
- flächendeckende Wiedereinführung der Paketzustellung im gesamten VGO,
- Neuordnung der Briefzustellung, einschließlich der Einrichtung von Postablagestellen zur Entlastung der Zusteller,
- Auslieferung der Briefsendungen über Hausbriefkästen an den Wohnungen bzw. Wohngrundstükken,
- Zentralisierung und Motorisierung der Landzustellung, verbunden mit der Neugestaltung der Ämterorganisation,
- Einführung neuer Leistungen mit dem Inkrafttreten der „Allgemeinen Geschäftsbedingungen" im gesamten Bundesgebiet,
- Einsatz weiterer Mittel, wie Briefaufstellmaschinen in den größten Briefbearbeitungszentren sowie zusätzlicher Kraftfahrzeuge,
- Einführung des zweistufigen Päckchenlaufs zur Reduzierung der „handlings" im Beförderungs- und Umschlagprozeß,
- Erweiterung des Behälterverkehrs in beiden Verkehrsrichtungen zur effektiveren Gestaltung des zwischenbetrieblichen Transports und der Umschlagprozesse in den Frachtzentren des VGW und des VGO,
- Erhöhung der Sicherheitsstandards in den postalischen Einrichtungen des VGO durch Einsatz diverser technischer Anlagen und Geräte.

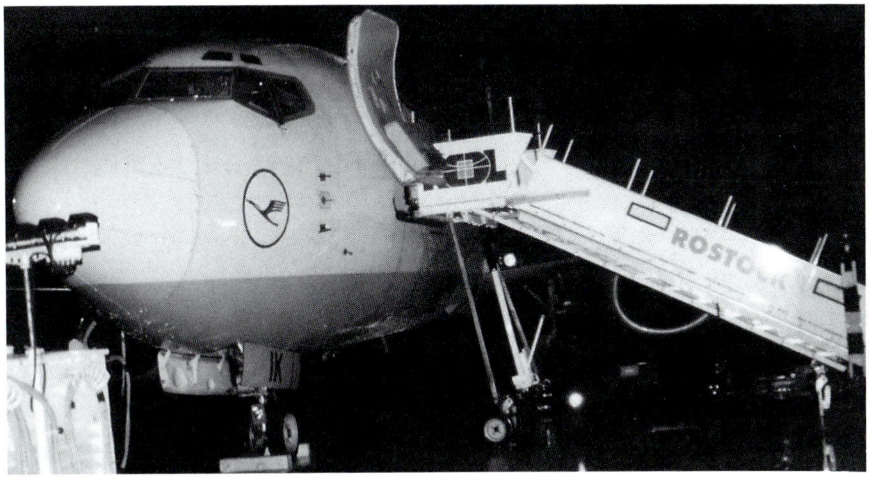

Luftpost verschafft Postlern Luft

Das Sofortprogramm löste millionenfache Investitionen aus, allein 1991 flossen 500 Millionen Mark für Investitionen der gelben Post nach Ostdeutschland. Bis Ende 1995 sollten es mehr als vier Milliarden DM werden.

Besonders die Anbindung ans Nachtluftpostnetz der Deutschen Bundespost machte bemerkenswerte Verbesserungen bei den Laufzeiten möglich. Bald, nachdem die Airports in Leipzig, Dresden, Berlin-Schönefeld und Rostock regelmäßig von Postfliegern angeflogen wurden, klappte die Zustellung pünktlicher.

Zufrieden konnte der Präsident der Direktion Dresden, Armin Stoffleth, konstatieren: „Bereits über 50 Prozent der Briefe zwischen Deutschland West und Ost erfüllen seitdem die Anforderung E+1, weitere knapp 33 Prozent benötigen zwei Tage vom Absender zum Empfänger. Damit ist eine wesentliche Forderung der Privatkunden und Unternehmen an die Deutsche Bundespost Postdienst erfüllt."[7]

1995: Laufzeit Ost = Laufzeit West

Heute, im Herbst 1995, sind selbst die letzten Unterschiede in der Laufzeitqualität zwischen den alten und den neuen Bundesländern dahin, wie die Deutsche Post AG zufrieden feststellte. Nach der jüngsten Laufzeitmessung eines Hamburger Marktforschungsinstituts landeten 87 Prozent aller Briefe einen Tag nach Einwurf in den Briefkasten oder nach Abgabe am Postschalter beim Empfänger (E+1). Nach zwei Tagen waren 98 Prozent aller Briefe zugestellt. Verbesserungen konnten insbesondere für die Kunden in den neuen Bundesländern erzielt werden, „wo Briefe mittlerweile ebenso schnell befördert werden wie in Westdeutschland". Ursache für den hochwillkommenen Trend, so die Deutsche Post AG, seien die hohen Investitionen der Post in das ostdeutsche Beförderungsnetz.

Die Qualitätsanhebung und gleichzeitige Rationalisierung setzte freilich auch einen neuen Zuschnitt der Ämterorganisation vor Ort voraus. Bis Juli 1991 wurden die kleinen Ämter, die in DDR-Zeiten das letzte Glied in der Verwaltungskette gebildet hatten, zugunsten weniger, aber effizient organisierter Postämter mit Verwaltung (V) ersetzt. Die Leitung dieser Einrichtungen wurde bundesweit ausgeschrieben, einschließlich der wichtigen Abteilungsleiterposten.

Wer sich bewarb, mußte sich u. a. einem sogenannten Assessment-Center-Verfahren unterziehen, das für Bewerber aus Ostdeutschland ebenso galt wie für westdeutsche Bewerber. Besonders Bewerber, die vordem bei der Deutschen Post gearbeitet hatten, standen diesem Personalausleseverfahren, das so in der DDR unbekannt war, skeptisch und mißtrauisch gegenüber.

„Es gab Leute", erinnert sich der pensionierte Berliner Präsident Dieter Wöhlert, „die verkrampften förmlich bei dem Gedanken daran, sich noch einmal qualifizieren zu müssen. Sie waren so gefangen in ihren negativen, abwehrenden Empfindungen, daß sie nicht mehr imstande waren, in dem Verfahren frei und selbstbewußt aufzutreten. Sie haben in jeder Frage eine Provokation gesehen, und sie haben sich im Verfahren entsprechend schlecht verkauft."

Im März 1991 stand fest, daß 31 Postämter (V) mit Bewerbern aus dem Verkehrsgebiet Ost, 30 Postämter mit Bewerbern aus dem Westen besetzt wurden.[8] Ähnlich wurden im Laufe der Zeit auch die Dienstposten der Abteilungsleiter in den Ämtern besetzt. Auch hier heuerte eine stattliche Anzahl von Westdeutschen an, die sich vom neuen Job Qualifizierung, Karriere und einen Schuß Pioniergeist versprachen.

7 o. A.: „Ein echtes Abenteuer", Mittelständische Wirtschaft, 08/91, S. 12 ff.

8 Archiv Czarnetzki: Protokoll der Vorstandssitzung GD Postdienst Nr. 37 vom 19. 3. 1991

Sparen
mit festem Zins
Hier werden
Nachwuchskräfte ausgebildet
Bitte haben Sie Verständnis
BIZERBA
BIZERBA

Paketverteilanlage Postamt Cottbus

Westprofis – meist gern gesehene Experten

Kaum jemand im Osten nahm Anstoß daran, daß westdeutsche Post-Profis in Ostdeutschland interessante Dienstposten besetzten. Im Gegenteil: „Es war dringend nötig, gute ‚Westkräfte' hierher zu bringen", sagt der Thüringer Wolfgang Zeh, bis Ende 1994 Referatsleiter Betriebsdienst in der Direktion Erfurt. Und sein zeitweiliger Chef Herbert Lotze, Ex-Präsident in Erfurt und heute Präsident der Direktion Regensburg, bestätigt: „Die Abteilungsleiterstellen in den Direktionen waren in ganz Ostdeutschland mit West-Beamten besetzt, und das war so gewollt. Selbst die Ostler wollten meist nicht, daß ein ‚Einheimischer' den Dienstposten besetzte, das hatte vornehmlich betriebliche Gründe. Der gesamte Ablauf sollte ja auf westliche Standards umgebaut werden, und mit dem waren nun mal West-Beamte besser vertraut. Die kannten den Laden, die wußten, was wohin kam. Das wurde auch akzeptiert."

Postchef Zumwinkel ist sich heute sicher, daß es richtig war, westdeutsche Führungskräfte und Experten zur Post nach Ostdeutschland zu bringen. „Das war eine unserer erfolgreichsten Aktionen." Die Kenntnisse betrieblicher, technischer und organisatorischer Abläufe sei, bei allem guten Willen, doch sehr gering gewesen, „und deswegen mußten wir Know-how aus dem Westen dorthin bringen. Und natürlich glaubwürdige Führungskräfte. Wir hatten ja dort im Laufe der Zeit eine Menge Führungskräfte verloren, weil sie politisch belastet waren."
Den Bedarf an Managern und Experten aus dem Westen deckte die Post in zwei Schüben. Im ersten Anlauf machten sich Engagierte, Patrioten, Pioniere, Hilfsbereite und Heimatbewußte auf den Weg in den Osten der Republik.

„Sie haben tolle Arbeit geleistet“

„Tolle Menschen“, lobt Zumwinkel heute, „sind damals rübergegangen. Ich habe mit vielen gesprochen – vor Ort, und nachdem sie wieder zurückgekommen sind. Sie bestätigten mir: ‚Das war für mich die reichste Zeit.‘ Das waren Postler, die beruflich eigentlich satt waren, innerlich schon abgeschlossen hatten. Die wurden in so einer Ausnahmesituation noch einmal gefordert und haben ihr Bestes gegeben. Sie haben klasse Arbeit geleistet.“

Gleich nach der Wende traten auch schon mal Postler (West) auf den Plan, die offenbar von purer Hilfsbereitschaft angetrieben waren, wie jener schon legendäre Briefzusteller aus Berlin-Steglitz, der jedes Wochenende, samstags wie sonntags, zum Postamt Berlin-Lichtenberg in den Ostteil der Stadt fuhr und dort unentgeltlich Sendungen verteilte. Motiv: Er wollte helfen.
Oder Postler Eberhard Heydt, Profi und Patriot zugleich, der Postamtschef in Bielefeld war und als Personalchef der Direktion Schwerin aushalf: „Er hat uns manchmal“, erinnert sich sein damaliger Chef Gerhard Troschke, „richtig beschämt. Schon zu Zeiten, als kein Mensch über eine Wende nachdachte oder die Wiedervereinigung ernsthaft im Munde führte, hatte der sich intensiv mit dem Osten Deutschlands beschäftigt. Er hat für das Zusammenführen der Menschen in Ost und West, in der Direktion und im Direktionsbezirk, durch seine persönliche Haltung viel getan. In seiner Position war er für uns ein echter Gewinn.“

Barmherzige Samariter, bei allem Engagement, freilich waren die Aufbauhelfer der ersten Phase der West-Ost-Kooperation nun auch wieder nicht. Meist verpflichtete man sich für ein paar Monate. Aber eine Reihe von ihnen blieb in den neuen Bundesländern und holte die Familie nach. Ihnen wurden Beförderungschancen im Osten zuteil, die sie im Westen so schnell nicht hätten erreichen können. Die meisten Aufbauhelfer zogen freilich nach einem halben oder dreiviertel Jahr planmäßig wieder von dannen. In der Zwischenzeit bekamen sie die Wochenendfahrten bezahlt sowie anständige monatliche Aufwandsentschädigungen, die sich an den allgemeinen Richtlinien für Bundesbedienstete orientierten und zusätzlich zum Gehalt vorsahen:

Aufwandsentschädigungen je Besoldungsgruppe	
A 1 – A 8	1500 DM
A 9	1700 DM
A 10	1900 DM
A 11	2100 DM
A 12	2300 DM
A 13 u. höher sowie B, C u. R.	2500 DM

Es war die Geburtsstunde des damals gern geschmähten „Di-Mi-Do-Beamten“, der die Montage und Freitage zur An- und Abreise nutzen mußte. „Insgesamt war eine Zulage aus meiner Sicht schon berechtigt“, sagt Herbert Lotze, geborener Dortmunder und eine Zeitlang Präsident der Direktion Erfurt. „Man hatte erhebliche Mehrausgaben.“ In Lotzes Direktionsbezirk brachte der Einsatz westlicher Postmanager einerseits ein hohes Maß an Know-how nach Thüringen, andererseits aber auch eine gewisse Unübersichtlichkeit. Damals waren von den 10 Ämtern (V) in Thüringen sieben mit westlichen Amtsvorstehern besetzt. Von denen ist heute keiner mehr da. Sie waren zum Teil sehr lange in Thüringen, sind aber schließlich planmäßig wieder gegangen.

Post
Post
Post
Post
Post

Die rasche und sichere Zustellung von Frachtsendungen wird in den neuen Frachtzentren der Deutschen Post AG gesteuert – eines der ersten entstand 1994 in Börnicke bei Nauen nahe Berlin. 500 Mitarbeiterinnen und Mitarbeiter sind an modernen und zukunftsfähigen Arbeitsplätzen beschäftigt.

Expertenteams als Wandervögel

„Sicherlich wird immer wieder über die Bedeutung der Führungskräfte gesprochen werden. Gewiß, die waren wichtig", schränkt Gerhard Troschke, Präsident in Schwerin, ein, „aber es gab auch die Implementierungsteams, die vor Ort in den Ämtern praktisch gearbeitet haben, Leute, die die praktische Arbeit gemacht, die die Gedanken, Ideen und Vorgaben der Führungskräfte umgesetzt haben – sie kommen manchmal etwas zu kurz weg. Ich hatte da Top-Leute.

Gut erinnere ich mich an einen Kollegen aus Köln. Der hat erst Güstrow in Ordnung gebracht und dann habe ich ihn in Stralsund gesehen. Phantastisch, was diese Teams auf die Beine gestellt haben."

„Das ebbte dann ein wenig ab", erinnert sich Klaus Zumwinkel, Vorstandsvorsitzender der Deutschen Post AG. Die Folge: Mancher West-Experte mußte quasi „rübergeprügelt" werden, mußte ständig an seine Beamtenpflichten dem Dienstherrn gegenüber erinnert werden.

Das Know-how durfte freilich nicht versiegen, noch längst war die Integration der Post im Osten Deutschlands nicht abgeschlossen, als die Generaldirektion Postdienst im Februar 1992 eine Verfügung erließ, die zum größten zivilen Manageraustausch der Vereinigungsgeschichte führte.

Nur noch die Bundeswehr, die ihren Soldaten den Osteinsatz per Marschbefehl ohne weiteres diktieren konnte, schickte mehr Leute von hüben nach drüben und umgekehrt.[9]

Klaus Zumwinkel: „Das war die zweite Welle. Mit ihr sind auch Leute, die vorher unschlüssig waren, rübergegangen. Diesmal konnten sie den Anreizen nicht widerstehen."

4500 Postmanager: Mal nach hüben, mal nach drüben

Das so geschaffene Personalaustauschprogramm für Führungskräfte[10] sah vor, daß bis 1994 insgesamt 2600 Postler mindestens ein halbes Jahr im jeweils anderen Verkehrsgebiet Dienst tun sollten. Vorgesehen waren 800 Experten und Manager jährlich, die vom Westen in den Osten, und 500 Postler jährlich, die vom Osten in den Westen auf Zeit wechseln sollten. Davon versprach sich der Postdienst die Fortsetzung des „Know-how-Transfers" und einen fachlich-kollegialen Erfahrungsaustausch.

Nur wer auf diese Weise zeitweise wechselte, den erwarteten nach Rückkehr reelle Chancen auf eine Beförderung. Je länger der Aufenthalt in den neuen Bundesländern, um so größer die Beförderungschancen zu Hause. Für zusätzliche Motivationsschübe sollten die finanziellen Rahmenbedingungen sorgen, die sich von „amtlich unentgeltlicher Unterkunft" über Reisebeihilfen, Trennungsgelder bis zu den zitierten Aufwandsentschädigungen erstrecken.

Die Botschaft kam über Erwarten gut an. Statt der 2600 Postler, mit denen der Vorstand im Februar 1992 gerechnet hatte, hatten sich bereits eineinhalb Jahre später 4500 Postler aus Ost und West zu einem Austausch bereit erklärt. Im August taten 1650 Westdeutsche Dienst in Ostdeutschland und 650 ostdeutsche Führungskräfte sahen sich in westlichen Postämtern und -verwaltungen um.

„Das bringt Berufserfahrung": Renate Drack erinnert sich

Die Motive der westdeutschen Postler waren unterschiedlich: Für die meisten war die Karierre der Anreiz Nummer 1, andere gingen des guten Geldes

9 siehe auch: Jörg Schönbohm: Zwei Armeen und ein Vaterland. Das Ende der Nationalen Volksarmee, Siedler Verlag, Berlin 1992

10 Udo Eschenbach: Das Personalaustauschprogramm für Führungskräfte in beiden Verkehrsgebieten, Postpraxis, April 1993, S. 78 ff.

wegen rüber, andere wieder fanden den Reiz des Neuen anziehend. Bei den meisten, die sich auf Zeit für Jobs in den neuen Bundesländern bewarben, war es wohl eine Mischung aus allen Elementen. Renate Drack (32) beipielsweise, Beamtin im Regionalen Buchhaltungszentrum (RBZ) in Köln, ging für ein paar Monate ans neueingerichtete RBZ in den Ostteil Berlins, weil sie glaubte: „Das bringt Berufs- und Lebenserfahrung. Ich reise gerne, komme gerne mit neuen Menschen zusammen und bin an allem interessiert, was neu ist und unbekannt. Das bringt Spannung ins Leben. Außerdem konnte ich die Zulagen gut gebrauchen: Damit habe ich mein Studenten-Darlehen aus dem Bafög zurückbezahlt. Mit der Aussicht auf eine baldige Beförderung hatte es nichts zu tun, daß ich mich für ein halbes Jahr nach Berlin beworben habe. Ich bin noch nicht lange genug bei der Post, um Beförderungssprünge zu absolvieren.

Die Zeit in Berlin war fachlich insofern interessant, weil wir es mit einem doppelten Problem zu tun hatten. Einerseits wurde die Buchhaltung – wie überall – von der kameralistischen (Staatshaushalts-)Buchführung auf die kaufmännische Buchführung umgestellt. Andererseits hatte man mit internen Problemen der Umorganisation zu kämpfen, die auch noch mit den Umstellungen vom Ost- auf das Westsystem zu tun hatten.

Ich will nicht verhehlen, daß es unter den Mitarbeitern im RBZ Berlin teilweise erhebliche Spannungen gab. Das hatte mit der brisanten Mischung der Leute zu tun, die dort arbeiteten. Da arbeiteten in einem Raum am selben Thema mit vergleichbaren Kenntnissen: Leute wie ich, die zur Aushilfe nach Berlin gekommen waren, erhielten ihr Westgehalt, dazu kamen die Heimflüge und die kostenlose Unterbringung in einem Appartement; Ostberliner(innen), die 30 % des Westgehalts verdienten; Westberliner(innen), die normales Westgehalt bezogen.

Als ob ich die Verursacherin für diese komplizierte Mischung gewesen wäre, nannten die beiden Kolleginnen, mit denen ich das Büro teilte, mich schon mal ‚Westmieze'. Da war zu Anfang eine Menge Mißtrauen und Skepsis auch bei mir. Als ich nach sechs Monaten zurückging, hatte sich das gottlob längst gelegt. Wir waren ganz gerührt beim Abschied."

Austauschprogramm: Postlerinnen (Ost) zögern

Der vergleichsweise geringe Andrang von Ost-Managern, die bereit waren, zeitweise in den Westen zu gehen, hat teilweise sogar historische Ursachen, die mit der Sozialstruktur der Deutschen Post zusammenhängen: Das Führungspersonal der DDR-Post setzte sich, ebenso wie das Gesamtpersonal, zu großen Teilen aus Frauen zusammen, die häufig als Alleinerzieherinnen ihre Familien versorgten. Man scheute sich, die Kinder für sechs oder auch nur zwei Monate in fremde Obhut zu geben. Ursache der Zurückhaltung (Ost) sei überdies, daß die Zahl der besetzten Führungspositionen im VGO im Februar 1992 erst bei 80 Prozent lag, zum anderen bestand auch eine gewisse Zurückhaltung, als „Lernender" auf einem Dienstposten im Westen eingesetzt zu werden.[11]

Die Ost-Postler, die dennoch die Hürden nahmen, sammelten reiche Erfahrungen. „Wichtig erscheint mir", bekannte der Dresdner Edgar Starck, den es für ein halbes Jahr in die Direktion Freiburg verschlug, „daß ich hier nicht bloß Hospitant bin, sondern voll verantwortlich arbeiten kann. Mit diesem Austausch verläßt der Postdienst jene Einbahnstraße, die bisher allein Führungskräfte aus dem Westen zur Mitarbeit in die östlichen Bundesländer lenkte. Hier in Freiburg kann ich Know-how erwerben, das zum Aufbau einheitlicher und effizienter Strukturen beitragen

11 ebenda, S. 80

soll." Im übrigen habe ihn der Freiburg-Aufenthalt inspiriert, einen Französisch-Lehrgang zu absolvieren.[12] Den fachlichen Nährwert seiner Abordnung sah der Hallenser Postler Klaus Pauly zunächst skeptisch, als er als Aufsicht ins Paketpostamt nach Frankfurt/M. abgeordnet wurde. „Wovon der Sachse wirklich profitiert, sind die Gespräche mit Arbeitskollegen über Lohnsteuer, Versicherungen oder andere für Wessis alltägliche Dinge, bei denen Ostdeutsche noch immer übers Ohr gehauen werden."[13]

Anders Daniela Arendt aus dem brandenburgischen Henningsdorf, die für sechs Monate nach Lengerich, ins Tecklenburger Land, hinter den Schalter ging: „Post ist nicht gleich Post. Mit vielen Leistungen, wie Ein- und Auszahlungen im Auslandsdienst oder Bildschirmtext habe ich in Lengerich erstmals zu tun gehabt."[14]

Der Dresdnerin Gisela Bessel, promovierte Ingenieur-Ökonomin, geriet die halbjährige Zeitarbeit in der Leitung des Postamts Herford zum angewandten Know-how-Transfer: „In der Zukunft weiß ich jedenfalls, wo ich mal anrufen kann, wenn bei uns in Dresden neue Verfahren, zum Beispiel die Datenverarbeitung, eingeführt werden. Und ein paar gute Tips und Kniffe aus Herford kann ich auch mitnehmen." Im übrigen hat sie Vorteile, wenn sie denn je bestanden, gegenüber den angeblich sturen Westfalen ausgeräumt: „Alle Leute sind hier so freundlich und hilfsbereit."[15]

Ihre Landsmännin Ursula Zimmermann, ebenfalls Dresdnerin, war dabei, als in Friedberg bei Augsburg erstmals rollierende Dienstpläne für die Fünf-Tage-Woche in der Briefzustellung eingeführt wurden. „Ich wollte mein fachliches Wissen erweitern und vor allem postalische Ansprechpartner im Westen finden."[16]

Als „Lernen durch Mittun" empfand Sonja Lingner aus Naumburg/Saale das halbe Jahr in der Geschäftskundenberatung der Bielefelder Post: „Neue Postleitzahlen und Umstrukturierungen im Briefdienst (z. B. Wegfall der Briefdrucksachen) rufen viele Fragen gerade bei den Geschäftskunden hervor. Sie wollen natürlich wissen, wo es Preisnachlässe zu welchen Bedingungen gibt."

Ein verlorenes, schwarzes Schaf

Nur wenige West-Postler, die das Austauschprogramm in die neuen Bundesländer führte, entsprachen dem Klischee der Kolonialoffiziere, der „Besser-Wessis" und „Könige des Abzockens". Dem Postamtsleiter aus dem Schwäbischen, der Anfang 1994 eigentlich nur Mißfälliges über seinen Zeit-Job in Thüringen zu berichten wußte und mäkelig am Leben und Arbeiten in Ostdeutschland Anstoß nahm, zeigte man schon nach drei Wochen die rote Karte und schickte ihn zurück.[17] Über den weiteren Verlauf seiner Postkarriere ist nichts bekannt geworden.

Die meisten Postler, die in den Osten „nübermachten", erwarben sich Respekt, mitunter sogar Freundschaft. Erfahrungsberichte von Postlern aus dem Westen, die bei der Post in den neuen Bundesländern gearbeitet haben, belegen dies eindrucksvoll.

„Ein wesentlicher Abschnitt meiner Dienstzeit": Werner Quay erinnert sich

Werner Quay, Abteilungsleiter in Oberhausen, war sechs Monate Abteilungsleiter im Postamt Leipzig.[18] „Ich selber bin 1992 mit der Vorstellung nach Leipzig gegangen, mal ganz was anderes zu machen. Offen gestanden hat mich Leipzig auch deswegen gereizt, weil hier im Westen allmählich vieles in Routine erstarrt war. Ich selbst vielleicht auch ein bißchen, notgedrungen. Hier konnte ich mich, was die Arbeit angeht, nicht mehr verbessern. In Leipzig bot man mir

12 erl. Kurzinterview, in Badische Zeitung, 5. 9.1992

13 Dorothee Beck: „Man kann nicht über Nacht die Mentalität ausknipsen", in: Beamte heute 10/92, S. 12 ff.

14 mw: In Henningsdorf gehen schon mal die Formblätter aus, Westfälische Nachrichten, o. D.

15 Manfred Hörstmann, Ein paar Tips und Kniffe aus Herford, in: Neue Westfälische, Ausg. Herford, 13. 11. 1992

16 Berthold Funk: Den „rollierenden Dienstplan" hat sie fest im Griff, Friedberger Allgemeine, 21. 11. 1992

17 Ma. Postwendend zurück, in: Neue Zeit, Thüringen-Seite, 17. 2. 1994

18 Interview mit Uli Schulte-Döinghaus, Mai 1995

einen Abteilungsleiter-Dienstposten an, mit der Möglichkeit zu entwickeln, zu gestalten.
Und so kam es auch. Als zeitweiliger Abteilungsleiter konnte ich eine Menge dort bewegen. Mir hat die Zeit viel gebracht, sie war für mich ein ganz wesentlicher Abschnitt in meiner Dienstzeit. Zunächst ging es um die Neuorganisation der Briefverteilung. Ich habe versucht, die sächsischen Postämter auf ein System einzuschwören, das sich im Westen gut bewährt hatte. Das halbe Jahr, für das ich mich verpflichtet hatte, war im Nu vergangen, aber es war noch genug zu tun. Das konnten ganz einfache Verfahren sein, wie Eingangsverteilung über Verteilspinde statt überm Küchentisch. Das konnten aber auch komplizierte Fragen der Bemessung in Zustellbezirken sein, wo es dann oft um die Frage ging, Fahrrad oder Karre? Bei solchen Fragen horchten natürlich die Personalräte besonders auf, und sie waren erstaunlich gut informiert. Bemerkenswert, was die Personalräte im Laufe der Zeit gelernt haben, und wie selbstbewußt sie auch in die Auseinandersetzung mit dem westdeutschen Amtschef gingen.
Man bat mich nach einem halben Jahr: ‚Können Sie nicht noch ein paar Monate dranhängen?' Es sind dann insgesamt 17 Monate geworden, die ich in Leipzig gearbeitet habe. Ein halbes Jahr wäre sowieso zu wenig gewesen. Weil ich wußte, daß die Zeit knapp war, um etwas zu bewegen, und weil ich aber großes Interesse an der Arbeit hatte, spielten solche Termine wie Feierabend (offiziell 16.00 Uhr in Leipzig) für mich keine Rolle. Meistens wurde es 18.00 oder 19.00 Uhr, und es hat mich nicht gestört, weil ich an der Sache, die ich zu bearbeiten hatte, interessiert war. Ich hatte mir Ziele gesetzt, und an denen habe ich gearbeitet.
Im übrigen war da noch ein ganz anderes komisches Gefühl, das Leute wie mich daran hinderte, auf die Uhr zu schauen. Man fühlte sich quasi gezwungen, länger zu arbeiten, weil jeder der Ost-Kollegen, die eigentlich vergleichbare Arbeit machten, wußte, wieviel ich im Monat nach Hause trug. Die kriegten die Hälfte für dieselbe Arbeit. Die ersten sechs Wochen habe ich den Kolleginnen und Kollegen einfach zugehört, um mir einen Überblick über die betrieblichen Abläufe zu verschaffen. Erst nach drei Monaten wußte ich, was ich in sechs Monaten überhaupt anschieben könnte. Die Kolleginnen und Kollegen wußten es sehr zu schätzen, wenn man ihnen zunächst zuhörte, ihnen mit Aufmerksamkeit und Geduld begegnete. Durchreisende ‚Besser-Wessis' hatten jedenfalls die Leipziger Kollegen schon reichlich ‚genossen'. Auch organisatorisch war da wohl schon viel Porzellan zerschlagen worden.
‚Sie sind jetzt der fünfte Postler aus dem Westen, der damit zu uns kommt', sagten sie, als ich mit ihnen das System der Eingangsverteilung durchgehen wollte. Kein Wunder, daß man zu Anfang erst einmal eine Mauer aus Mißtrauen vor mir aufbaute, nach dem Motto: ‚Erzähl' du uns nicht auch noch was.' Nur weil ich mir die Zeit für diese wichtige Diskussion genommen habe, konnten wir diese dicke Mauer aus Skepsis abtragen. Auf diese Weise habe ich mich von einem Bereich in den anderen vorgekämpft. Siebzehn spannende Monate lang.
Ost-West-Probleme kamen mitunter auf, und meist waren Vorurteile oder Informationsmängel schuld daran.
Als die Sendungsflut über sie hereinbrach, warfen die Leipziger Zusteller uns Ausbeutung und ungerechte Behandlung gegenüber West-Kollegen vor. Wir haben aus Düsseldorf vier erfahrene Zustellerinnen nach Leipzig einfliegen lassen, die den Ost-Kolleginnen zeigten, wie ein Berg Werbesendungen nach dem Begehungsplan in die richtige Reihenfolge gebracht werden kann. Kurzbriefe sind auf diese Weise leicht zu sortieren, bei den Langbriefen

habe einen völlig neuen Bereich kennengelernt und neue Menschen mit interessanten Erfahrungen und Einsichten. Eine einmalige Situation. Ich würde jedem, der eine ähnliche Chance bekommt, raten, sie wahrzunehmen."

Das Hochgefühl der Improvisation: Mathias Jansen erinnert sich

„Mein Job in Köln ist es, den Bedarf der Filialen und Niederlassungen an Postwertzeichen, also Briefmarken, Postkarten und so weiter, ständig zu ermitteln und die Filialen im Bezirk kontinuierlich zu beliefern. Ich bin seit 30 Jahren bei der Post, fing im einfachen Dienst an und bin heute Beamter im mittleren Dienst. Darüber hinaus bin ich Mitglied des Personalrats im Bezirk Köln.

Wie die meisten Rheinländer hatte ich vor der Maueröffnung und der Vereinigung keine besonderen Beziehungen zur DDR, zu Ostdeutschland. Wir hatten einige Bekannte in Halle, zu denen wir aber heute keinen Kontakt mehr haben. Ostdeutschland war für uns ein unbeschriebenes Blatt. Das hat sich gründlich geändert, seit ich ein dreiviertel Jahr in Leipzig gearbeitet habe.

Es fing damit an, daß ich Anfang 1992 hörte, daß man im VGO Probleme hatte, was die Bedarfsermittlung bei Wertzeichen anging, die Versorgung der Schalterkassen und das Abrechnungswesen. Man suche jemand für die Wertzeichenverteilstelle Leipzig, der sich auch mit der Umstellung auf EDV auskennt. Also genau mein Fach. Leipzig war die einzige Verteilstelle, von der aus alle Direktionen des Verkehrsgebietes Ost bedient wurden. Eine ähnliche Funktion hatte die Vorgängereinrichtung für die Deutsche Post. Ich habe mich also gemeldet, und Anfang 1992 kam ein Anruf vom Abteilungsleiter des Postamts Leipzig: ‚Wir würden uns freuen, wenn Sie im Mai zu uns kämen!'

Ich bin dort übrigens sozusagen freiwillig hingegangen, ohne Aussicht auf Beförderung. Natürlich war mir die Aufwandsvergütung hochwillkommen, aber gereizt hat mich die Aufgabe. Hier im Westen läuft alles wie am Schnürchen, alles klappt. Ein eingefahrener Trott. Drüben waren unbürokratische Lösungen gefragt, Improvisation war dort Trumpf, wo hier 1000 Anträge hätten gestellt werden müssen.

In Leipzig war mein erster Weg ins Lager der Wertzeichenverteilstelle. Beinahe wäre ich in Ohnmacht gefallen! Dort wurden Mengen gelagert, die bestimmt ausgereicht hätten, die gesamte Bundesrepublik zehn Jahre lang mit Briefmarken zu versorgen. Nur um die Spitze der Paketstapel einer einzigen Wertzeichensorte zu sehen, brauchte man eine Leiter. Ein Irrsinn, was da gehortet wurde. Ich kann's den Leuten nicht einmal verübeln. Dahinter verbarg sich, was nicht schwer herauszufinden war, das alte Hort- und Sammeldenken der DDR-Bürokratie, nach dem Motto, es könnte mal wieder knapp werden.

Die zuständigen Stellen im Westen hätten dieses Horten stoppen können, aber die haben jede Anforderung aus Leipzig prompt bedient. Im Osten war schließlich alles Neuland, und keiner kannte den tatsächlichen Bedarf an Wertzeichen. Eine Rücklieferung an die Bundesdruckerei war nicht möglich. Wir haben diese grotesken Berge aus Briefmarken dann peu à peu abgebaut, indem wir mit der Bundesdruckerei abgesprochen haben: ‚Wenn bei euch Bestellungen aus dem Westen kommen, gebt sie an uns in Leipzig weiter. Wir beliefern die, damit wir hier von den Beständen runterkommen.' Bis die Lager auf ein normales Maß schrumpften, verging ein Jahr.

Abgesehen von solchen Merkwürdigkeiten habe ich es drüben sehr gut getroffen. Unter anderem hatte ich das Glück, nicht im Postwohnheim oder im Hotel einquartiert zu werden, wo die Westdeutschen unter sich waren. Ich hatte quasi Familienanschluß bei Privatleuten. Bei der Gelegenheit habe ich übrigens auch ein ums andere Mal mitbekommen, wie die Leute im Osten von Westdeutschen beschissen wurden, um es mal ganz deutlich zu sagen. Ein Beispiel: Meine Wirtsfamilie brauchte neue Jalousien, und sie hatte bei einer Rolladenfirma um einen Kostenvoranschlag gebeten. Die Firma rückte mit einer bemerkenswert hübschen jungen Dame und einem Vertreter an. Das Mädchen lächelte süß, und der smarte Vertreter füllte unentwegt irgendwelche Formulare aus. Er legte meinen Leuten schließlich ein Formular vor mit der Bitte, mal eben zu unterschreiben. Sie baten mich, drüber zu schauen. Siehe da: Es war kein Kostenvoranschlag, sondern ein Kaufvertrag.

Auch im Betrieb kamen wir sehr gut miteinander zurecht, obwohl es auch meine Aufgabe war, die Belegschaft auf eine wirtschaftliche Zahl zu reduzieren. Die Wertzeichenstelle bestand aus 12 Mitarbeiterinnen, als ich dort anfing. Heute arbeiten dort sechs Postler.

Ich kreide es mir im nachhinein als ‚Verdienst' an, daß ich mich dafür eingesetzt habe, daß keine der sechs Kolleginnen entlassen wurde. Jede konnte woanders bei der Post untergebracht werden. Zugegeben, nicht in Traumjobs, aber sie behielten ihre Arbeit zu den gleichen Bedingungen wie in der Wertzeichenverteilstelle.

Es war übrigens nicht so, daß die Kolleginnen auf der faulen Haut gelegen hätten. Sie mußten teilweise sinnlose Arbeiten ausüben, die auch noch körperlich schwer waren. Noch nach der Wende wurden Lastwagen, die von der Bundesdruckerei mit Wertzeichenpaketen kamen, per Hand und Menschenkette ausgeladen, statt mit dem bereitstehenden Gabelstapler. Den zu benutzen hatte ihre Leiterin nicht gestattet. Sie war auch verantwortlich dafür, daß der Betrieb zeitweise in Bürokratie und Formalismus erstickte.

Mit der Dame, von der sich die Post alsbald trennte, bin ich nicht zurechtgekommen. Sie sehnte sich nach den alten Zeiten, konnte aber den Mitarbeiterinnen nicht einmal den Sinn der Arbeit vermitteln. Statt dessen rief sie regelmäßig Mitte 1992 (!) sogenannte Kollektivberatungen ein. Dann wurde die laufende Arbeit unterbrochen und über allgemeine Themen diskutiert, mit Protokoll und Niederschrift und allen Schikanen. Eine Woche, nachdem ich in Leipzig angefangen hatte, nahm ich an einer dieser Beratungen teil. Das Thema war: Fahrpreiserhöhungen der Leipziger Straßenbahnen. Nach zehn Minuten habe ich das abgebrochen und gesagt: ‚Dafür werden wir nicht bezahlt.' Zuerst waren die Kolleginnen sehr verwundert. Das sei, sagten sie, gang und gäbe.

Als ich nach zwei, drei Wochen einen besseren Überblick bekommen hatte, traf ich auf eine Kollegin. Sie ist heute Leiterin der Stelle.

Ich fragte: ‚Was machen Sie eigentlich?'

Sie antwortete: ‚Ich schreibe diese Listen hier ab.'

Ich: ‚Und was passiert mit den Listen?'

Sie: ‚Die hefte ich ab.'

Ich: ‚Und was wird dann?'

Sie: ‚Keine Ahnung.'

Ich habe den Ordner geschnappt und auf den Müll geschmissen.

Eine Arbeit, die keinen Sinn ergibt, ist menschenverachtend. Darum waren die Kolleginnen nicht besonders unglücklich, als wir im Laufe der Zeit die Arbeitsabläufe zügiger und sinnvoller gestalten konnten. Man brauchte sie dann auch nicht lange zu überreden, wenn es darum ging, die eine oder andere Überstunde dranzuhängen. Sie verstanden das betriebliche Problem, merkten, daß sie wirklich gebraucht wurden, weil es Probleme gab, und machten

mit. Wir sind hervorragend miteinander ausgekommen, und noch heute ruft man mich an, wenn es um kleine Probleme im Betrieb geht.
Wenn es nach mir gegangen wäre und wenn meine Familie mitgespielt hätte, wäre ich in Leipzig geblieben. Man hat mir den Job mindestens zweimal angeboten. Finanziell hätte es sich sicherlich rentiert – ich wäre alsbald in den gehobenen Dienst befördert worden. Aber die Familie hat nein gesagt."

Dresden – vertraut wie die eigene Westentasche: Reinhold Mocha erinnert sich

„Am 17. Dezember 1991 bin ich für sechs Monate nach Dresden gegangen. Ich habe mich dort in sechs Ämtern um die Umorganisation gekümmert, zunächst in der Briefeingangsverteilung, später um die Umstellung der Zustellbezirke von Teilbezirken auf Vollbezirke. Ein anderes Verteilwesen war in Dresden schon deswegen fällig, weil Dresden mittlerweile ins Nachtluftpostnetz eingebunden war und die Zustellung nach der Vorgabe E + 1 zu funktionieren hatte. Es mußte alles schneller gehen.
Das setzte auch voraus, daß die Zustellbezirke zu Vollbezirken umgestellt wurden. Als ich dort Dienst tat, gab es keinen einzigen Zusteller, der einen 40-Wochenstunden-Vertrag hatte. Das war ein Relikt aus DDR-Zeiten, wo die eine Kollegin 18 Wochenstunden arbeitete, die andere 34, je nachdem, wie sie es mit Familie, Kindern, Krippe, Hort und Haushalt einrichten konnte. Das war zwar sozial gedacht, war aber ineffizient und verzögerte die Zustellung. Es kam also darauf an, die 57 Zustellbezirke, auf die das Postamt Dresden 21 verteilt war, auf 36 Bezirke zurückzuführen. Wir haben das zunächst für das Postamt Dresden durchexerziert, später auch in den kleineren Ämtern.
Das bedeutete für mich Kartenstudium, ich mußte mich mit den Verhältnissen der Stadt vertraut machen. Ich habe praktisch auf der Landkarte geschlafen, sogar während der Heimflüge von Dresden nach Köln habe ich sofort nach dem Start den Stadtplan ausgebreitet. Die Mitflieger dachten, ich sei Grundstücksmakler. Oft war ich draußen, um mir den Zustand der Straßen anzusehen und zu schauen, wo noch Briefverteilanlagen existierten. Sie wurden damals peu à peu abgebaut und durch Hauszustellung ersetzt. Dresden hat, wie Aachen auch, eine Reihe von sehr langgezogenen Straßen, die von einem Stadtbezirk in den anderen führen. Solche Straßen für die Verteilung ‚zuzuschneiden', das ist immer ein unglückliches, kompliziertes Geschäft. Die Altenburger Straße ist so ein langes Ding oder die Spandauer Straße. Meine Lieblingsecke waren natürlich die Straßen und Wege rund um den Zwinger, Wilsbrucher Straße (früher Ernst-Thälmann-Straße) und Ecke Tolkewitz an der Loschwitzer Brücke.
Weil ich mich im Laufe der Zeit mit der Umstellung der Eingangsverteilung und dem Neuzuschnitt der Zustellung in fast allen Dresdner Ämtern beschäftigte, habe ich die Stadt sehr genau kennen- und lieben gelernt.
In Dresden hat mich überrascht, daß die Post in der DDR und in den neuen Bundesländern offenbar eine reine ‚Frauenfirma' war. Von dem, was die Frauen leisten, war ich sehr beeindruckt. An eine Kollegin aus dem Postamt Dresden 21 erinnere ich mich besonders gut: Die war morgens als erste da, abends ging sie als letzte – und das bei mäßiger Bezahlung. Ich war der Meinung, die Gehälter müssen schneller angeglichen werden. Die Kolleginnen und Kollegen, die ich kennengelernt habe, waren sehr engagiert. Nur ein Eilzusteller – Hauptzusteller nannte der sich – glänzte durch ständige Krankheit und Abwesenheit. Lange hat er das nicht durchge-

Noch bis 1993 wurden Zustellfachanlagen in den neuen Bundesländern unterhalten, bis sie durch kundenfreundlichere Hauszustellungen abgelöst wurden.

halten. Das war das einzige schwarze Schaf unter 70 oder 80 Kolleginnen, die ich kennengelernt habe.
Einiges von dem, was sie drüben als Deutsche Post entwickelt haben, sollte man getrost übernehmen. Zum Beispiel war das Vollmachtenwesen drüben besser geregelt.
Wir haben uns gelegentlich über Politik unterhalten, über den Unterschied zwischen den früheren und heutigen Verhältnissen. Ich habe mich bei solchen Gesprächen wohlweislich aufs Zuhören beschränkt. Aber wie sie früher gelebt und gearbeitet haben, darüber konnte ich gar nicht genug wissen."

Bewunderung für Lerneifer (Ost): Bert Könen erinnert sich

„Jeder Beamte will befördert werden, ich mache da keine Ausnahme. Zumal nach meiner A 9-Übertragung im Mai 1991 meine ‚Beförderungsentzugserscheinungen' immer stärker wurden, war doch die letzte Beförderung 1974 gewesen.
Um diesen Druck durch die Entgegennahme der Beförderungsurkunde endlich zu verlieren, kam mir die GD-Vfg vom 31. 1. 92 gerade recht. Sie versprach schnelle Realisierung der Beförderung bei ‚freiwilligem' Einsatz im VGO. So meldete ich mich zum Einsatz bei unserem Patenamt Leipzig.
Der Eingang des PA Leipzig 18 wurde durch die Betriebswache ‚abgeschirmt'. In den neuen Bundesländern kennt man den Begriff Pförtner nicht. Die Aufschrift ‚Betriebswache, Dienstausweis unaufgefordert vorzeigen' ließ bei mir zuerst den Drang verspüren, die Hände an die Hosennaht zu legen und strammzustehen. Doch es war alles einfacher.
Freundlich und zuvorkommend wies man mir den Weg zur Personalstelle. Diese war, bis auf den Stellenvorsteher, nur mit Damen besetzt, fünfzehn an der Zahl. Meine Anpassungsfähigkeit mußte sich erneut bewähren. Nach 32 Jahren Bahnpostdienst nur mit Männern, sechs Jahren Personalstelle mit Damen und Herren, nun eine reine Damenriege! Mit der Situation bin ich gut fertig geworden, psychische Schäden wurden nicht registriert.
Meine angeborene ‚Lautstärke' war zunächst für die Damen etwas ungewohnt, doch mit der Zeit gewöhnten sie sich daran. Sie fanden es zwar am Anfang erstaunlich, daß man schon um 7.00 Uhr in der Früh' singen und pfeifen konnte, später aber waren sie richtig ‚süchtig' danach. Außerdem räumte man ihnen nicht die nötige Zeit ein, sich einzuarbeiten. Wer stets auf dem laufenden sein wollte, konnte dies nur dadurch erreichen, daß er die Dienstwerke mit nach Hause nahm, um sie dort zu studieren. Das geschah, wie ich selbst sehen konnte, sehr oft. Man mutet den Mitarbeiterinnen im VGO zu, in zwei bis drei Jahren den Wissensstand des Westens zu erreichen, der hier in über 40 Jahren kontinuierlich gewachsen ist. Das ist einfach unmöglich. Betroffen von all diesen Neuerungen ist auch der private Lebensbereich. 1992 fertigten die Kollegen im VGO den ersten Lohnsteuerjahresausgleich ihres Lebens an. Und wer weiß schon von uns, daß unser Finanzminister auch die Arbeitnehmer in den neuen Bundesländern den gleichen prozentualen Solidaritätszuschlag zahlen ließ? Warum erhielten die KollegInnen im VGO bei der Geburt eines Kindes eine Sparbucheinlage von nur 5,00 DM und das erst ab dem 1. 5. 92 und im VGW werden 20,00 DM ausgezahlt? Das sind zwar nur Kleinigkeiten, aber in vielen Dingen sind sie symptomatisch für das Zusammenwachsen beider Teile Deutschlands.
In den ersten fünf Wochen, als ich noch alleine wohnte, schaute ich mir die Stadt und ihre nähere Umgebung an. Sehenswürdigkeiten wie die Thomaskirche, die Nikolaikirche, von wo die Montagsdemos ausgingen, die letztendlich die friedliche Wende

einleiteten, das neue und alte Rathaus, das Völkerschlachtdenkmal, die renovierten Prachthäuser am Markt, all das war interessant und sehenswert.
Das Kulturangebot ließ auch nichts zu wünschen übrig, zumal immer Eintrittskarten zu erhalten waren. Dem weltberühmten Thomanerchor zuzuhören, war schon ein Genuß! Das Gewandhausorchester bot hervorragende Unterhaltung. Die Oper hatte immer gute Opern und Operetten im Programm. Kabaretts, wie die ‚Akademixer' oder die ‚Funzel', rundeten das Kulturprogramm ab.
Probleme gab es in den Vororten Leipzigs mit vernünftigen Restaurants und Gaststätten. Als abgeordneter Postbeamter muß man ja irgendwie auch einmal eine warme Mahlzeit zu sich nehmen. Das tägliche Kantinenessen erfüllte in dieser Richtung nicht alle Wünsche. Die Gastronomie in Grünau beschränkte sich in einem Stadtteil von 40 000 Einwohnern auf zwei Gaststätten.
Beim PA Leipzig 18 ging die Arbeit mit neuen Problemen weiter. In der Personalstelle kamen wir uns vor wie in einer Auskunftei. Die ersten Bezügemitteilungen waren von der Besoldungskasse erstellt worden; sie galt es zu erläutern. Die Umstellung vom alten Lohnbüro zur neuen BesK brachte viel zusätzliche Arbeit mit sich. Unterschwellig ging bei den Mitarbeiterinnen die Angst um, ihren Arbeitsplatz zu verlieren. Rationalisierungsgerüchte machten die Runde. Ich wurde um meinen unkündbaren Beamtenstatus immer mehr beneidet. Verständlich, denn bei steigenden Mieten und Lebenshaltungskosten und dazu unsicheren Arbeitsverhältnissen wären alle liebend gern Beamte geworden.
Mit meinen 57 Jahren war ich bei der Personalstelle der älteste Mitarbeiter. Mit 55 Jahren bot man in der Regel den dortigen Kollegen und Kolleginnen den Vorruhestand mit Zahlung einer Abfindung oder Zuwendung – je nach Dienstzeit – an. Ich hatte manchmal ein schlechtes Gewissen, wenn 55jährige Kollegen ‚ermuntert' wurden zu ‚gehen' und ich weiterarbeiten durfte. Hier prallten verschiedene Welten aufeinander.
Der Büroschlüssel wurde jeden Morgen gegen Anerkenntnis bei der Wache abgeholt und nach Dienstschluß wieder abgegeben. Die Materialausgabe war in der Woche 2 x 2 Stunden geöffnet. Wurde ein Büro verlassen, so wurde immer abgeschlossen. Eine Unsitte aus alten DDR-Zeiten, die einfach nicht abzustellen war. Mittags waren die Büros für ca. 30 Minuten geschlossen, obwohl es keine festgeschriebenen Öffnungszeiten gab. Mein Vorschlag, doch wechselweise essen zu gehen, damit immer jemand ansprechbar sei, wurde freundlich, aber bestimmt abgelehnt. Man hatte das immer so gemacht, warum sollte man es ändern?
In der früheren DDR begann man immer sehr früh mit der Arbeit. Diese Gewohnheit ist weitgehend beibehalten worden. Morgens um 6.00 Uhr ist die Stadt voll erwacht. Mütter fahren dann ihre 2–4jährigen Kinder in die noch bestehenden Kinderkrippen, die wegen mangelnder Subventionierung immer weniger werden. Uns taten die kleinen Kinder immer sehr leid, wenn sie halb schlafend mit dem Fahrrad oder Pkw in die Krippe gebracht wurden. Unseres Erachtens gehörten die Kinder noch ins Bett. Über dieses Thema mit den Frauen zu diskutieren war unergiebig. Es prallten erneut verschiedene Weltanschauungen aufeinander, wir kamen zu keinem Konsens.
Der 23.12.92 war mein wehmütigster Tag in Leipzig. Überall wurde ich auf das herzlichste verabschiedet, der AV, Herr Porzucek, kredenzte noch einen Whisky. Die Mitarbeiterinnen der Personalstelle, mit denen ich acht Monate zusammengearbeitet hatte, waren gerührt. Es waren beeindruckende Momente.
Diese acht Monate in Leipzig möchte ich nicht missen. Sie haben mein Leben bereichert. Vor Ort sieht

doch alles ganz anders aus als aus der Ferne. Ich hoffe, daß ich dazu beitragen konnte, die Aufgaben einer Personalstelle zu erläutern und erfolgreich ‚rüberzubringen'. Für meine Freunde in Leipzig hoffe ich nur, daß sie ihren Arbeitsplatz behalten können und schnell mit den veränderten und sehr schwierigen Anpassungsproblemen fertig werden."

Hunderttausende Postler schreiben Erfolgsstory in Gelb

„Bei uns geht es aufwärts", diktierte Manfred Fauck, Vizechef der Niederlassung Frankfurt/Oder, einem Zeitungsreporter in den Notizblock. Der gebürtige Rheinländer, den es Ende 1990 an die Oder zog, blickt für seine Region auf fünf Jahre gemeinsamer Post zurück, die sich letzten Endes, trotz vieler Stolpersteine auf dem Weg dorthin, als Erfolgsstory in Gelb erwiesen hat. „Heute haben wir im Bereich Frankfurt/Oder den westlichen Standard nicht nur erreicht, in der Verwirklichung des Brief- und Frachtkonzeptes sind wir sogar schon etwas weiter als im Westen."

Der Wahl-Frankfurter Fauck gibt damit eine Stimmung wider, die derzeit vielen Postlern in den neuen Bundesländern zu eigen ist – trotz oder wegen aller Mühen, die hinter (und noch vor) ihnen liegen. Daß die gemeinsame Post, die sich heute als Deutsche Post AG darstellt, reüssieren konnte, hat sie wesentlich dem mitunter hingebungsvollen Engagement ihrer Mitarbeiter beiderseits der Elbe zu verdanken. Dieses Engagement fällt um so bemerkenswerter aus, als die Bedingungen, unter denen die Postler aus den neuen Bundesländern in die Einheit kamen, widriger kaum sein konnten.

Tagtäglich mußten sie mit Mängeln zurechtkommen, die das untergegangene System der Post hinterlassen hatte: Sie war zuletzt nicht mehr als ein gigantischer Zeitungsvertrieb, der nebenbei auch für Brief- und Paketzustellung zuständig war.

Dieses unzeitgemäße Postsystem galt es den neuen Kundenwünschen und den wirtschaftlichen und politischen Bedingungen anzupassen, die für die Traditionsbehörde Post geradezu eine Kulturrevolution bedeuteten:

Sie war, gleichzeitig mit der Übernahme der ostdeutschen Poststrukturen, dabei, sich zu einem Unternehmen zu wandeln, das im nationalen und internationalen Wettbewerb bestehen und, wirtschaftlich erfolgreich, in ein paar Jahren an die Börse geführt werden soll. Die dicksten Brocken auf dem Weg zur Börse sind bereits heute weggeschafft. Die gelben Postler haben 1994 einen Unternehmensgewinn von über 250 Millionen Mark erwirtschaftet; insgesamt hat das Unternehmen 28,4 Milliarden Mark umgesetzt.

Auf die Wertschätzung der Kunden, die aus diesen Zahlen spricht, kann sich das Unternehmen gleichermaßen in den alten und neuen Bundesländern stützen. „Die Qualität wurde kontinuierlich verbessert", bestätigt Postchef Zumwinkel und ergänzt, so beiläufig wie selbstverständlich: „In den neuen Bundesländern ist mittlerweile Westniveau erreicht."

Maßstab der Arbeit: Was will der Kunde?

Als Schlüssel zum Erfolg in Ost und West gilt die Hinwendung zu den Kunden und ihren Wünschen. Ausdrücklich als „kundenorientiert" firmieren neue Konzepte, die derzeit mit Verve entwickelt und umgesetzt werden.

Frachtpost

Beispiel dafür ist die Frachtpost. Im Juli 1995 nahm die Deutsche Post AG das modernste Paket-Logistiksystem Europas in Betrieb. Vorteil für die Postkunden: Bei Entfernungen bis etwa 550 km werden Post-Pakete innerhalb Deutschlands dann bereits nach einem Tag zugestellt. 80 Prozent der Post-Pakete erreichen so innerhalb von 24 Stunden ihre Empfänger, der Rest wird nach zwei Tagen ausgeliefert. Spezielle Strichcodes auf jedem Paket ermöglichen eine lückenlose Verfolgung des Transportweges. Weitere Neuerung: Empfänger, die vom Paketzusteller nicht angetroffen werden, können künftig bei 12 000 statt bisher 6000 Postfilialen ihre Pakete abholen.

Not-Aus

FRACHTPOST

Gewaltige Investitionen hat die Post in den neuen und alten Bundesländern ausgelöst, um ihre Infrastruktur von Grund auf zu modernisieren. Die Milliarden flossen in den Bau zahlreicher neuer Brief- und Frachtzentren.

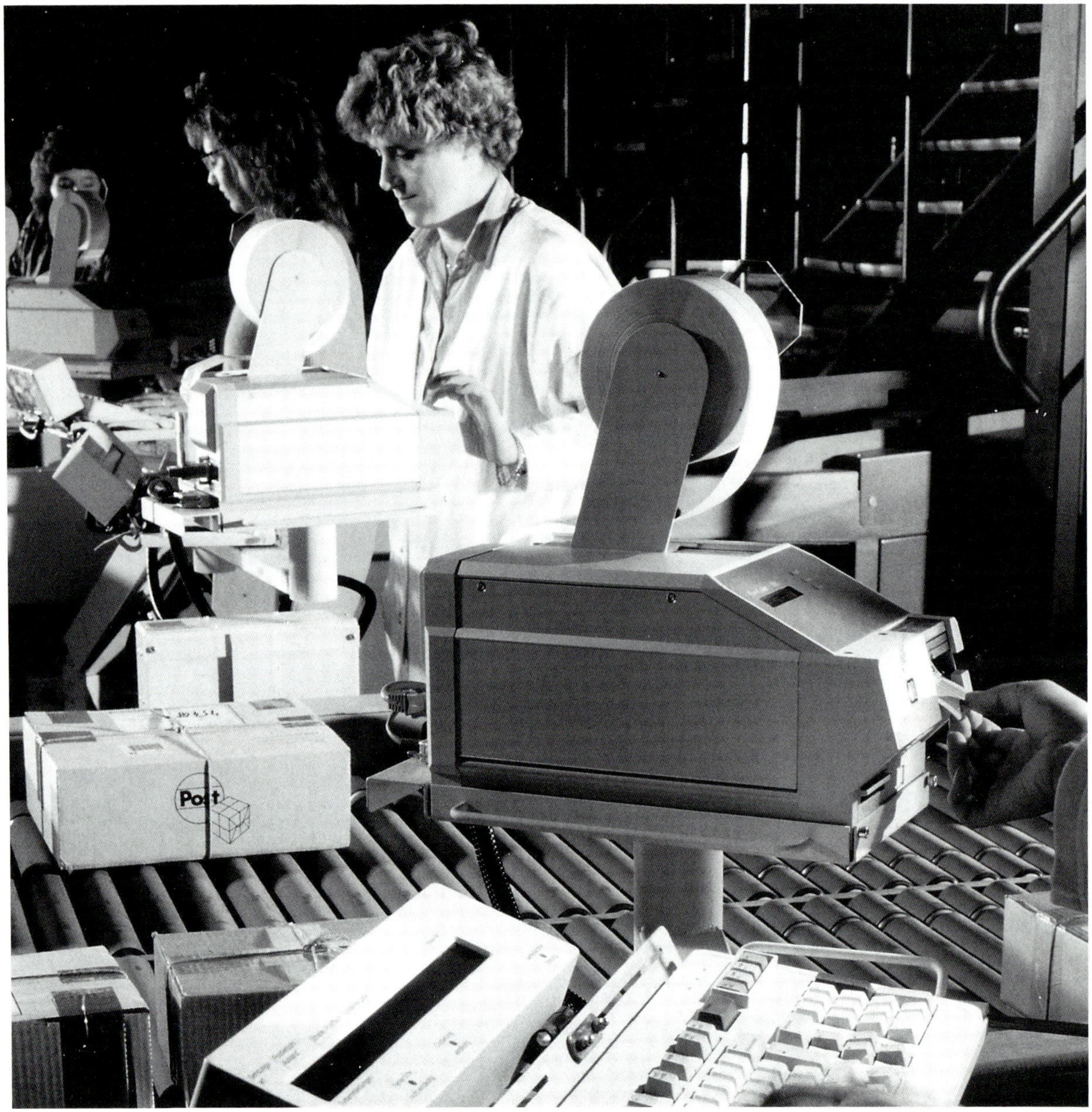

Briefpost

Bei der Briefpost befindet sich derzeit das Konzept BRIEF 2000 in der Umsetzungsphase. Bundesweit werden bis zum Jahr 1999 insgesamt 83 Briefzentren in der Regel außerhalb der Innenstädte entstehen. Derzeit sind zwei Briefzentren in Betrieb, 14 weitere werden noch in diesem Jahr folgen. Rund die Hälfte der 83 benötigten Standorte liegen bereits fest. Hierfür investiert die Deutsche Post AG 3,9 Milliarden DM. Ziel ist es, den Brieftransport in Deutschland zuverlässiger und schneller zu gestalten. Deutliche Qualitätsverbesserungen konnte die Post bereits in den vergangenen Monaten erzielen. Für die Deutsche Post AG bringt BRIEF 2000 einen deutlichen Rationalisierungseffekt. So werden durch Einsatz moderner Briefsortiertechnik und Optimierung der Transportfahrten jährlich 1,8 Milliarden DM eingespart.

Postfilialen

Die Deutsche Post AG hat mit knapp 20 000 Vertriebsstellen das größte Filialnetz in Deutschland. Viele dieser Filialen arbeiten aufgrund zurückgehender Nachfrage jedoch nicht kostendeckend und bieten nur sehr eingeschränkte Öffnungszeiten. Einen Ausweg aus dem Teufelskreis „hohe Kosten, reduzierte Nachfrage, eingeschränkte Öffnungszeiten" bietet die neue Vertriebsform „Postagentur" in Lebensmittelgeschäften oder Schreibwarenläden. Hierbei übernimmt der Geschäftsinhaber alle Postdienstleistungen einer kleinen Postfiliale. Die Postkunden haben die bisher in Deutschland eingerichteten 1800 Postagenturen sehr positiv angenommen. 98 Prozent aller befragten Kunden sind mit den Öffnungszeiten zufrieden oder sogar sehr zufrieden. Peu à peu werden jetzt die größeren Postfilialen mit offenen, kundenfreundlichen Schaltern und speziellen Beratungsbereichen ausgestattet. Diese neuen Schalterlandschaften – offen, modern, kundengemäß – demonstrieren die neue Offenheit der Post, die besonders in den Filialen der neuen Bundesländer mit großer Aufmerksamkeit registriert wird.

Wettbewerb diktiert die Unternehmensdynamik

Fünf Jahre nach der Vereinigung ist die postalische Einheit in Deutschland zu einer Selbstverständlichkeit gediehen, über die man keine hehren Worte mehr zu verlieren braucht. Die Post, eingebettet in einen sich verschärfenden Wettbewerb, hat wichtigere Aufgaben, als in Eigenlob andächtig zu verharren. Die Konkurrenzsituation und die Jahrhundertentwicklungen in der Kommunikationstechnik lassen das nicht zu:

- Mit 50 Prozent ihres Umsatzes steht die Deutsche Post AG im Wettbewerb, vor allem in der Frachtpost und im Versand von Presseerzeugnissen.
- Der größte Konkurrent der gelben Post surrt und brummt, und er ist klein, grau und unscheinbar: die Faxmaschine. An ihrer Seite entfaltet sich mehr und mehr das e-mail, die elektronische Übermittlung von Nachrichten von Computer zu Computer. Global aktive Hersteller von Computerprogrammen drängen in diese Märkte und etablieren sich als Wettbewerber der „klassischen" Postunternehmen in der ganzen Welt. Seit Jahren machen neue Technologien dem klassischen Brief zu schaffen. 1994 wurden in Deutschland beispielsweise 3,2 Milliarden Faxe von über 3,5 Millionen Fax-Geräten verschickt. Das Briefmonopol der Post ist längst aufgehoben, in der realen Geschäftswelt existiert es nicht mehr. Auf Dauer rechnet die Deutsche Post AG beispielsweise mit

- einer Zwei-Drittel-Substitution ihrer Briefprodukte durch elektronische Übertragungswege. Zwei von drei Briefen werden künftig somit nicht mehr vom Zusteller in den Hausbriefkasten eingelegt werden, sondern auf den Bildschirm gebracht.
- Auch im Bereich der Frachtpost verschärft sich der Wettbewerb mit nationalen und internationalen Paket-, Expreß- und Kurierdiensten.

Die Märkte werden zunehmend internationaler. Von den Anbietern in der Kommunikations- und Transportindustrie, also auch von den deutschen Postlern, wird erwartet, daß sie auch international einen Service von höchster Qualität bieten.

Beste Chancen lohnen beherztes Engagement

Viele Gründe sprechen dafür, daß die Post in den neuen Ländern für diese säkularen Herausforderungen besonders gut gerüstet ist. Hier konnten, oft aufgrund besonders günstiger Umstände, die neuen Brief-, Fracht- und Filialkonzepte zügig angepackt und umgesetzt werden – dank des beherzten Engagements der Postler in Ost und West, die heute mehr als nur die „Einheitsfarbe Ginstergelb" verbindet. Ohne sie hätte die Erfolgsstory der Vereinigung nicht geschrieben werden können.

Register